Heideloff / Langosch

Organisationen selber verändern

Organisationen selber verändern

Trainingskonzepte und Trainingsunterlagen

Frank Heideloff
Ingo Langosch

 Lucius & Lucius · Stuttgart

Anschrift der Autoren:

Dr. Frank Heideloff
Bain & Company
Karlsplatz 1
80335 München
Frank.Heideloff@Bain.com

Dr. Ingo Langosch
Universität-Gesamthochschule Siegen
Fachbereich 2
57068 Siegen
langosch@psychologie.uni-siegen.de

Die Deutsche Bibliothek – CIP-Einheitsaufnahme

Heideloff, Frank:
Organisationen selber verändern : Trainingskonzepte und
Trainingsunterlagen / Frank Heideloff ; Ingo Langosch
– Stuttgart : Lucius und Lucius, 2000
ISBN 3-8282-0143-1

© Lucius & Lucius Verlagsgesellschaft mbH, Stuttgart 2000
    Gerokstr. 51, D-70184 Stuttgart

Druck und Einband: F. Spiegel, Ulm

Printed in Germany

Inhalt

1.	**Einleitung**	1
2.	**Teamentwicklung**	5
2.1	Ziele und Kurzbeschreibung	5
2.2	Ablauf	6
2.3	Fallstudien	11
2.3.1	Zur Methode Fallstudie	11
2.3.2	Übung: Seenot	15
2.3.3	Fallstudie 1 „Gehaltssystem"	19
2.3.4	Fallstudie 2 „Veränderung eines Beurteilungssystems"	24
2.4	Checkbögen für die Entwicklung von Gruppenprozessen	30
2.4.1	Einschätzung der Gruppensituation und der Gruppenarbeit	30
2.4.2	Gruppencheck zur Verbesserung der Zusammenarbeit	31
2.4.3	Übung Aquarium	34
2.4.4	Checkbogen für ein individuelles Feedback	38
2.4.5	Signale	42
2.5	Evaluation des Seminars	42
3.	**Planspiel Croisex (CROISance Externe)**	47
3.1	Das Planspiel als Methode	47
3.2	Lernziele	51
3.3	Ablauf	52
3.4	Ausgangsszenario	54
3.5	Hinweis zu alternativen Interventionsformen für die Spielleitung	65
3.6	Aufgaben	66
3.7	Bewertung der Organigramme und Managementsysteme	71
3.8	Methoden des gruppendynamischen Bereichs	74
3.8.1	Gruppenprozesse	74
3.8.2	Übung Aquarium	77
3.8.3	Feedback	83
3.8.4	Checkbogen 4: Verhaltensbeschreibung	86
3.9	Evaluation des Spiels	89
4.	**Planspiel *Schmackig* AG**	95
4.1	Ablauf und Ziele	95
4.2	Das Unternehmen Schmackig AG	97
4.2.1	Normativer Bereich	98

4.2.2	Strategischer Bereich: Organisation	101
4.2.3	Strategischer Bereich: Managementsysteme	118
4.3	Die beteiligten Gruppen	125
4.4	Die Aufgabenstellungen	128
4.5	Interventionsvorschlag	136
4.6	Übung: Kreativer Wandel	136
4.7	Analysebögen	137
4.7.1	Gruppencheck 1: Analyse der Gruppenarbeit	137
4.7.2	Gruppencheck 2: Entwicklung der Gruppe	139
4.7.3	Checkbogen 3: Bezüge zu den anderen Gruppen	140
4.7.4	Checkbogen 4: Individuelle Fähigkeiten	141
4.7.5	Feedback: Signale	143
4.8	Fragebögen für die Kontrolle von Vorgängen in der Organisation	143
4.8.1	Unternehmensklima	143
4.8.2	Einstellungen zum Wandel	145
4.8.3	Einstellungen zur Methode des Veränderns	146
4.9	Evaluation des Planspiels	148

5. Planspiel *Pappenheim*

		151
5.1	Ablauf und Regeln	151
5.2	Das Szenario	153
5.2.1	Die Stadt Pappenheim	153
5.2.2	Interpapp AG	156
5.2.3	Interpapp – Werk Pappenheim	159
5.2.3.1	Produktionsverfahren und Umweltbelastungen	162
5.2.3.2	Die Kläranlagensysteme	167
5.3	Die beteiligten Gruppen	169
5.3.1	Gruppe 1: Geschäftsleitung Werk Pappenheim	169
5.3.2	Gruppe 2: Hauptabteilungsleiter	173
5.3.3	Gruppe 3: Betriebsrat der Interpapp	175
5.3.4	Gruppe 4: Sozial Fortschrittliche Partei (SFP)	177
5.3.5	Gruppe 5: Christlich Demokratisches Zentrum (CDZ)	179
5.3.6	Gruppe 6: Die Alternative	181
5.3.7	Gruppe 7. Die Querulanten – eine Eigeninitiative e.V.	182
5.3.8	Gruppe 8: Die Presse	184
5.4	Gestaltung der Analysephase	184
5.5	Ergebnisse einer Durchführung	191
5.5.1	Die Spielphase 1 bis 3	191
5.5.2	Die Entwicklung der Beziehungen zwischen den Gruppen	196
5.5.3	Die Analysephase aus der Sicht der Gruppe	199
5.6	Evaluation des Verhaltensplanspiels	202

6. Skript – Entwicklung von Organisationen   207

6.1 Wandel und Veränderungen – Organisationsdynamik   207
6.2 Veränderungsformen: Intensität und Umfang   211
6.3 Veränderungsabläufe: Entwicklungsphasen und Krisen von
      Organisationen   213
6.4 Veränderungsbereiche einer Organisation   218
6.5 Widerstände gegen Veränderungen   223

7. Skript – Gruppenprozesse gestalten   229

7.1 Führungssituationen und Soll-Qualifikationen   229
7.1.1 Die optimale Erfüllung der Aufgaben in der Abteilung sichern   230
7.1.2 Probleme in der Abteilung lösen, Verbesserungen erzielen   231
7.1.3 Innovative Konzepte erarbeiten und realisieren   233
7.1.4 Abteilung, das Unternehmen nach außen darstellen   234
7.2 Gruppe   235
7.2.1 Gruppenarbeit in Organisationen   235
7.2.2 Gruppenmerkmale   237
7.2.3 Determinanten der Interaktion   238
7.2.3.1 Periphere Determinanten   239
7.2.3.2 Zentrale Determinanten   240
7.2.4 Interaktionsmessung   242
7.3 Gruppenentwicklung   244
7.3.1 Johari-Fenster   245
7.3.2 Modell der Gruppenentwicklung   247
7.3.3 Die reife Gruppe   249
7.3.4 Dysfunktionale Rollen   251
7.3.5 Prozessanalyse   252
7.3.6 Feedback   256

8. Skript – Kommunikationsgestaltung   259

8.1 Inhaltliche Gestaltung   259
8.2 Beziehungsgestaltung   260
8.3 Formen der Verhaltensbeeinflussung   261
8.4 Gesprächstypen   263
8.5 Selbstoffenbarung   265
8.6 Konflikte zwischen Personen   266
8.6.1 Auslöser von Konflikten   267
8.6.2 Konflikttransformation   268
8.6.3 Konflikthandhabungsformen   270
8.7 Regeln für die Gestaltung von Gesprächen   273
8.8 Leitung einer Diskussion   275

8.9	Moderation und Visualisierung	277
8.9.1	Moderieren	277
8.9.2	Moderatorenverhalten	279
8.9.3	Bedeutung der Visualisierung	280
8.9.4	Gegenstand und Regeln der Visualisierung	280
8.9.5	Instrumente der Visualisierung	281

Literaturliste 285

Die Autoren 288

1. Einleitung

Die Konzepte des vorliegenden Bandes greifen verschiedene Aspekte auf, die für die Gestaltung des Wandels in Organisationen notwendig sind. Fast alle Bestandteile für die Durchführung der vier Seminare sind im Buch selbst verfügbar. Dies bezieht sich sowohl auf Hinweise zur Durchführung wie auch auf die Materialien zur Vorbereitung der Teilnehmer. Eine Ausnahme stellt die unterstützende Software des Planspiels Croisex dar, die nicht im Buch enthalten, aber über die Autoren erhältlich ist. Zu den einzelnen Seminarveranstaltungen findet man:

· Lernziele
· Ablaufplanung
· Aufgabenstellungen für die Teilnehmer
· Materialien für die Bearbeitung
· Instrumente für die Evaluation des Seminars
· Theoretische Hintergrundinformationen im Skript

Strategien für Veränderungen in Unternehmen können sehr unterschiedlich ausgerichtet sein. In der Praxis sind mindestens die folgenden vier Typen zu identifizieren:

· Macht- und Zwangsstrategien. Man geht davon aus, dass die Geschäftsleitung Verfügungsgewalt über die Mitarbeiter hat. Mit Belohnung und Bestrafungen wird das Veränderungsvorhaben durchgesetzt.
· Empirisch-rationale Strategie. Durch Veränderung des Wissens wird der Mitarbeiter von einem Vorhaben überzeugt.
· Normativ-reedukative Strategie. Veränderung von Normen und Werten bei den Mitarbeitern führen zu einer Vorbereitung von Neuerung und einer Akzeptanz des Vorhabens.
· Partizipative Strategie. Mitarbeiter werden bei allen Phasen der Problemabgrenzung, Alternativengenerierung und Lösungsauswahl beteiligt.

Die Autoren dieses Bandes beziehen eine klare Position in bezug auf die Wahl von Veränderungsstrategien. Die in den vier vorgestellten Seminaren vertretene Strategie folgt den Gesichtspunkten von OE-Programmen sowie der Position der systemischen Beratung, die beide durch folgende Merkmale gekennzeichnet sind:

· Einbeziehen des Organisationsumfeldes
· ganzheitliches Berücksichtigen aller Bestandteile einer Organisation (normative, strategische und operative Ebene)
· systematisches Vorgehen
· zyklisches Gestalten der Veränderungen: Analysieren, Planen, Durchführen, Kontrollieren und Wiederbeginn mit Analysieren

- Gestalten der sozialen Prozesse als Grundlage für den Wandel
- Einbeziehen der Mitarbeiter und möglichst vieler Betroffener
- Vermeiden von Einmischung aus "Expertenperspektive" in die Prozesse im Unternehmen

Das Seminar **Teamentwicklung** greift grundlegend die Gestaltung der sozialen Prozesse in einer Gruppe auf. Die Teilnehmer analysieren ihre Gruppenprozesse, planen Verbesserungen, führen die Maßnahmen durch und kontrollieren die Wirkungen. Außerdem erhält jedes Mitglied der Gruppe ein Feedback über seine Verhaltensweisen, um sie überprüfen zu können. Das Bearbeiten von Fallstudien hat vor allem die Funktion, das systematische Vorgehen bei Problemen zu üben, aber auch den Bezug zur Projektarbeit in der Praxis herzustellen. Auf diese Weise kann der gruppendynamische Teil als integrierter Bestandteil des Arbeitens verstanden werden.

Das Planspiel *Croisex* (Croissance Externe) setzt andere Akzente. Teilnehmergruppen übernehmen Funktionen von Geschäftsführern von konkurrierenden Unternehmen. Es wird eine Konkurrenzsituation vorgegeben, die allerdings Kooperationen nicht ausschließt. Geschäftsentscheidungen sind nur ein Teil des Lernfeldes. Mit dem Wachsen der Unternehmungen sollen auch Organigramme und Managementsysteme angepasst und weiterentwickelt werden. Außerdem analysieren die Gruppen ihre dynamischen sozialen Prozesse. Bei diesem Seminar geht es also insgesamt um die Integration verschiedener Kenntnisse und ihre Umsetzung in eine simulierte Praxis. Die Beeinflussung des Verhaltens der Mitarbeiter in einer Organisation durch Strukturen und Systeme soll in einer abschließenden Reflexionsphase zum Ende des Seminars von den Teilnehmern in einem Modell herausgearbeitet werden. Organisationsstrukturen beeinflussen die Motivation und strukturieren Konkurrenz oder Zusammenarbeit. Managementsysteme können die Verhaltensweisen auf die Ziele der Organisation hin optimieren und die Flexibilität hinsichtlich der Umfeldveränderungen erhöhen. Sie können ebenso die Effizienz und Effektivität in starkem Maße beeinträchtigen (bürokratische Organisationen). Deshalb wirkt die Gestaltung dieser Bereiche auf den Erfolg des Unternehmens auch in der Simulation des Planspiels ein.

Die beiden anschließenden Seminare sind als Verhaltensplanspiele konzipiert und teilen die Zielsetzung, dass jeweils aufgabenbezogen ein Konsens hergestellt werden muss. Damit kommt der Beziehungsgestaltung zwischen Gruppen eine wichtige Funktion zu. Das zu gestaltende soziale Feld erweitert sich über die Grenzen der Abteilungen/Unternehmen bzw. Institutionen hinaus. Bei dem ersten Verhaltensplanspiel *Schmackig AG* bleibt die Aufgabenstellung auf die Organisation bezogen. Ein Konzern muss reorganisiert werden. Vier bis sechs Gruppen verfolgen dabei unterschiedliche Interessen, die zu einer gemeinsamen Vorstellung und zu einem gemeinsamen Vorhaben zusammengeführt werden müssen. Das Konkurrenzdenken mit seiner traditionellen Orientierung an Ressorts muss dabei überwunden werden, um die Entwicklung und den Fortbestand des Unternehmens zu gewährleisten. Die durchgeführten Analysen beziehen sich auf die Einschätzung der Veränderungsprozesse, das (Arbeits-)Klima, die getätigten Aktionen, die Gestaltung der Zwischengruppenprozesse sowie die Gestaltung der Gruppenprozesse. Das Feld der kognitiven Gestaltungsbereiche wird im Vergleich zu Croisex dadurch erweitert.

Das Verhaltensplanspiel *Pappenheim* erweitert noch einmal die Gestaltungsbereiche. Innerbetriebliche Bereiche *und* das Umfeld einer Organisation sind gleichermaßen in der Aufgabenstellung enthalten. Ein Unternehmen will seine Produktion erweitern und gleichzeitig innerbetrieblich Personal abbauen. Bei diesem Vorhaben stößt es auf den Widerstand verschiedener Gruppierungen in seinem Umfeld, weil die Erweiterung der Produktion sowohl Entlastungen wie Belastungen der Umwelt mit sich bringt und der Verlust von Arbeitsplätzen die Stadt schwächt. Mit diesen verschiedenen Spannungsfeldern muss das Management umgehen und sie für seine Ziele gestalten, will es nicht den Standort verlieren. Flexibilität in der Sache, Kompromissbereitschaft und Ideen sind von allen Gruppen in dieser Simulation gefragt. In diesem Spiel sind die Phasen des Handelns und des Analysierens zyklisch gestaltet. Sie werden dreimal durchlaufen. Die Phasen des Spielens und des Analysierens sind deutlich voneinander abgesetzt und in ihrem Zeitumfang gleich lang.

Die durchgeführten Analysen beziehen sich auf drei Bereiche:
· Gestaltung und Wirkungskontrolle der Aktivitäten
· Analyse und Verbesserung der Gruppenprozesse
· Darstellung der Beziehungsstruktur zwischen den Gruppen und Gestaltung der eigenen Beziehungen zu anderen Gruppen

Alle Seminare haben eine Beziehung zur Gestaltung von Wandel und bilden auf diese Weise eine Einheit. Die Seminare wurden zum Teil mit mittelständischen Unternehmen gemeinsam entwickelt. Gerade dieser Praxisbezug hat zu sehr erfolgreichen Durchführungen an unterschiedlichen Universitäten (z.B. TU Chemnitz, Universität-GH Siegen und WU Wien) beigetragen. Studenten haben anhand der Seminare gelernt, Gruppen auf Wandel hin zu organisieren.

Umgekehrt glauben wir auch, dass Unternehmen die Seminare als Vorbereitung auf eine Veränderung ihrer Organisation durchführen können. Das eigene Unternehmen zu verändern wird leichter, wenn man an einem anderen in spielerischer Form schon geübt hat. Die Spiele Croisex und Schmackig haben von der Expertise eines Praktikers profitiert, dem wir für seine Unterstützung an dieser Stelle danken möchten: D. Haidekker. Ohne seine Erfahrung als Qualitätsauditor wären die Darstellungen der Organigramme und die Bewertungskategorien sicher theoretischer geraten. Auf eine kompendienartige Darstellung aktueller Reorganisationskonzepte wie z.B. Reengineering oder Netzwerkbildung haben wir bewusst verzichtet. Zu häufig werden Modekonzepte blind umgesetzt, ohne ihre Angemessenheit und ihren konkreten Bezug zum Unternehmen kritisch zu überprüfen. Mit den Mitarbeitern zusammen eine Organisation umzugestalten, scheint uns der bloßen Umsetzung einer Standardlösung in fast allen Situationen überlegen zu sein. "Organisationen selber verändern" bedeutet, eine individuelle Reorganisation zu verfolgen, die für genau *ein* Unternehmen angemessen und durchführbar ist. Viel Spaß dabei.

Frank Heideloff und Ingo Langosch   München/Siegen, Januar
2000

2. Teamentwicklung

Die Teilnehmer sollen lernen, wie man Teams systematisch entwickelt und seine eigenen Verhaltensweisen auf die Zusammenarbeit abstimmt. Es ist ein Irrtum anzunehmen, dass die Teilnehmer anschließend in der Lage seien, problemlos in einer Gruppe arbeiten zu können. Dies ist auch nicht das eigentliche Ziel. Das Lehrziel besteht in der Vermittlung von Methoden, die die Teilnehmer anwenden können, um eine Gruppe systematisch zu entwickeln. Daneben lernen die Teilnehmer Denkstrategien, wie man zusammen Konzeptionen erarbeitet und Probleme löst. Allerdings werden diese Ziele im Seminar nicht eingehend und systematisch genug trainiert. Ein Lernergebnis in diesem Bereich ist deshalb unsicher.

Gezielte Gestaltung der Gruppenentwicklung

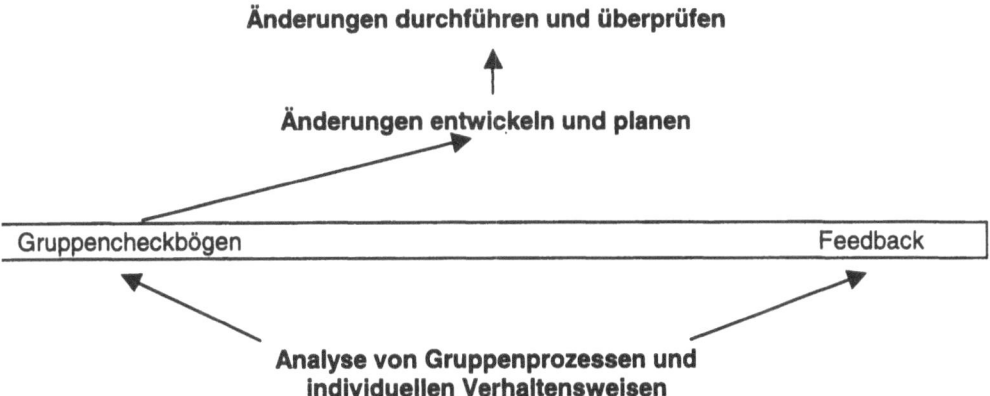

Änderungen durchführen und überprüfen

Änderungen entwickeln und planen

Gruppencheckbögen

Feedback

Analyse von Gruppenprozessen und
individuellen Verhaltensweisen

2.1 Ziele und Kurzbeschreibung

Die Teilnehmer sollen

Personalsysteme entwickeln, planen und die Kontrolle für eine Implementierung entwerfen,

Gruppenprozesse analysieren und steuern,

eigene Verhaltensweisen auf Wirkungen im sozialen Umfeld hin beurteilen können.

Für die Ausarbeitung von Personalsystemen werden den Teilnehmern Fallstudien vorgegeben, die individuell und in Gruppen zu bearbeiten sind. Die Gruppen präsentieren und diskutieren die Ergebnisse im Plenum. Die Gruppen analysieren ihre Gruppenprozesse mit Hilfe vorgegebener Instrumente. Sie bestimmen die

Verbesserungsbereiche und entwickeln Maßnahmen, um ihre Zusammenarbeit zu fördern. Am Ende des Seminars führen die Teilnehmer verschiedene Feedback-Übungen durch. Die bereits gewonnenen Erfahrungen und Erkenntnisse zur Gestaltung von Gruppenprozessen werden damit vertieft. Schriftliche Unterlagen sollen die Erfahrungsbasis vertiefen und verallgemeinern helfen. Das Material bezieht sich auf die Bereiche:

· Gruppendynamik
· Methoden zur Analyse von Gruppenprozessen
· systematisches Problemlösen und Entscheidungsprozesse

2.2 Ablauf

Einführung in das Seminar (1. Tag)

1. Kennen lernen in Einzel- und Gruppengesprächen

2. Diskussionsrunden

Vorgehen:

· Diskutieren Sie jede Frage einzeln in einer Dreiergruppe (ca. 5 Minuten).
· Schreiben Sie Ihre Ergebnisse auf Karten.
· Ordnen Sie Ihre Karten gleichen Themen an der Pinnwand zu.
· Suchen Sie sich dann neue Partner für die nächste Diskussion.

Fragen:

Wozu benötigt man Gruppenarbeit in Organisationen?

Welche Probleme entstehen bei der Zusammenarbeit?

Wie geht man vor, um Probleme zu lösen?

3. Hinweise zur Moderation von (Arbeits-)Gruppen (ggf. Videoinformation)

4. Gruppeneinteilung

5. Vorübung für die Fallstudien - Seenot

    5.1 Organisation

       Bevor Sie die Übung beginnen, ordnen Sie in der Gruppe jedem Mitglied eine Nummer (1 bis 5) zu und tragen den Namen auf das Auswertungsblatt ein.

    5.2 Individuelle Vorarbeit (15 Minuten)

       · Lesen Sie die Anweisung durch.

       · Bringen Sie die Gegenstände in eine Reihenfolge.

       · Tragen Sie Ihre Ergebnisse unter Ihrem Namen in das Auswertungsblatt ein.

5.3 Gruppenarbeit (40 Minuten)
- Tragen Sie zuerst alle Rangreihen in das Schema ein.
- Diskutieren Sie die Ergebnisse und erarbeiten Sie eine Gruppenlösung (im Auswertungsblatt eintragen).

5.4 Analyse der Gruppenarbeit

Individuelle Vorarbeit
- Füllen Sie den Fragebogen aus Ihrer Sicht aus.
- Beantworten Sie dann folgende Fragen: Was ist in der Gruppe gut gelaufen? Was müsste verbessert werden? Machen Sie Verbesserungsvorschläge.

Gruppenauswertung
- Sammeln Sie zuerst die Antworten und stellen Sie die Verbesserungsvorschläge zusammen (auf der Pinnwand).
- Diskutieren Sie die Verbesserungsbereiche und setzen Sie Prioritäten.
- Verabschieden Sie Maßnahmen für die nächste Gruppenarbeit.

6. Gesamtauswertung im Plenum

Auswertung der Gruppenergebnisse

Abfrage: Wie gestaltet man eine konstruktive Zusammenarbeit?

Durchführung der Fallstudien (2. und 3. Tag)

Fallstudie 1 "Gehaltssystem"

1. Individuelle Vorarbeit
- Arbeiten Sie die Fallstudie sorgfältig durch.
- Füllen Sie die Tabellen 1 bis 3 aus.
- Begründen Sie in Stichworten Ihre Entscheidung.

2. Gruppenarbeit
- Stellen Sie zuerst ihre Begründungen für das Gehaltssystem zusammen.
- Entwickeln Sie ein gemeinsames Gehaltssystem.
- Legen Sie die Gehaltserhöhungen für die Mitarbeiter nach dem System fest.
- In derselben Reihenfolge entwickeln Sie ein Anreizsystem.
- Bereiten Sie eine gemeinsame Präsentation für das Plenum vor.

3. Gruppenanalyse

Individuelle Vorarbeit
- Füllen Sie die Fragebogen aus Ihrer Sicht aus.
- Beantworten Sie dann folgende Fragen: Was ist in der Gruppe gut gelaufen? Was müsste verbessert werden? Entwickeln Sie Maßnahmen für die Verbesserung der Gruppenarbeit.

Gruppenauswertung

· Sammeln Sie zuerst die Antworten und stellen Sie die Verbesserungsvorschläge auf der Pinnwand zusammen.
· Diskutieren Sie die Verbesserungsbereiche und setzen Sie Prioritäten.
· Verabschieden Sie Maßnahmen für die nächste Gruppenarbeit.

4. Plenum
Präsentation der Ergebnisse
Diskussion: Was hemmt bzw. fördert die Gruppenarbeit?

Fallstudie 2 "Veränderung eines Beurteilungssystems"
1. Individuelle Vorarbeit
· Arbeiten Sie die Fallstudie sorgfältig durch.
· Erstellen Sie bezogen auf die Ziele ein neues Beurteilungsverfahren mit Begründung.
· Legen Sie eine Beurteilungsprozedur fest.
· Beantworten Sie folgende Fragen: Was sollte neu eingeführt werden? Wie soll das veränderte Verfahren in die Organisation eingeführt werden? Wie soll überprüft werden, ob das neue Verfahren die erhofften Ziele verwirklicht?
2. Gruppenarbeit
· Bearbeiten Sie systematisch jeden Bestandteil der Aufgabe und kommen Sie zu einer Gruppenentscheidung:
    - neues Beurteilungssystem,
    - Ablauf der Beurteilung,
    - Kontrolle des neuen Beurteilungsverfahrens,
    - Ablauf der Implementierung des neuen Systems.
· Bereiten Sie eine gemeinsame Präsentation für das Plenum vor.
3. Gruppenanalyse
Individuelle Vorarbeit
· Füllen Sie die Fragebogen aus Ihrer Sicht aus.
· Beantworten Sie dann folgende Fragen: Was ist in der Gruppe gut gelaufen? Was müsste verbessert werden? Entwickeln Sie Maßnahmen für die Verbesserung der Gruppenarbeit.
Gruppenauswertung
· Sammeln Sie zuerst die Antworten und stellen Sie die Verbesserungsvorschläge zusammen (auf der Pinnwand).
· Diskutieren Sie die Verbesserungsbereiche und setzen Sie Prioritäten.
· Verabschieden Sie Maßnahmen für die nächste Gruppenarbeit.
4. Plenum: Präsentation der Ergebnisse der Fallstudie

Gruppenanalysen (4. Tag)

1. Soziometrie: Analyse der Beziehungen der Gruppenmitglieder untereinander

Individuelle Vorarbeit

Jedes Gruppenmitglied nimmt einen Zettel, schreibt den eigenen Namen darauf und den Namen des Gruppenmitglieds, dem sie/er am meisten vertraut. Anschließend wird ein zweiter Zettel für das Kriterium "Einfluss" ausgefüllt.

Gruppenauswertung

Soziogramm. Nehmen Sie ein großes Stück Papier und zeichnen Sie zwei Soziogramme: eines für das Kriterium "Vertrauen", ein zweites für das Kriterium "Einfluss".

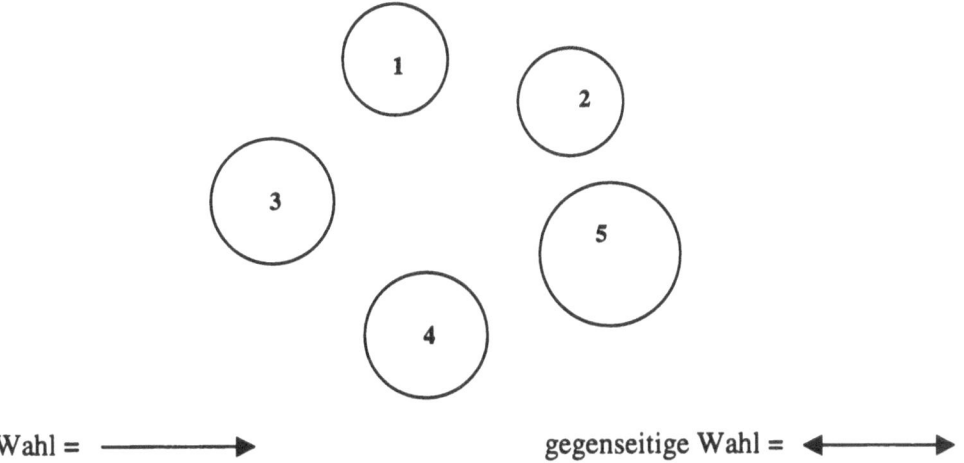

Wahl = ⟶   gegenseitige Wahl = ⟷

Zeichnen Sie in das Schema die Wahlen ein und diskutieren Sie die Ergebnisse. Diskutieren Sie die Ergebnisse getrennt für die beiden Kriterien Vertrauen und Einfluss.

2. Zustand unserer Gruppe im Bild

Individuelle Arbeit

Drücken Sie in einem farbigen Bild den Zustand Ihrer Gruppe aus, so wie Sie ihn wahrnehmen.

Gruppenarbeit

Die Gruppenmitglieder stellen Ihre Bilder vor und kommentieren sie. Diskutieren Sie die Ergebnisse und gestalten Sie ein gemeinsames Bild.

3. Aquarium

Individuelle Vorbereitung

·   Füllen Sie zunächst die Gruppencheckliste aus.
·   Beantworten Sie dann die zusätzlichen Fragen.

Gruppenarbeit Aquarium (30 Minuten)

· Diskutieren Sie ihre Stärken und Schwächen in der Gruppe und suchen Sie gemeinsame Antworten auf die Fragen (analysierende Gruppe).

· Beobachten Sie die Diskussion nach den Vorgaben in der Übung "Aquarium" und vereinbaren Sie vor der Beobachtung die zu beobachtenden Partner (Beobachtergruppe).

Feedback

Nach einer kurzen Auswertungspause geben die Mitglieder der Beobachtergruppe den einzelnen Personen in der Diskussionsgruppe Feedback.

Rollenwechsel

Die Beobachtergruppe diskutiert Ihre Stärken, Schwächen und Maßnahmen. Die andere Gruppe beobachtet mit denselben Vorgaben wie vorher.

Feedback und Schlussauswertung (5. Tag)

1. Individuelle Fähigkeiten

Jede Teilnehmerin und jeder Teilnehmer bearbeitet den Fragebogen "Individuelle Fähigkeiten". Die Ergebnisse werden nicht weiter diskutiert. Es soll eine individuelle Bilanz sein.

2. Signale und Feedbackrunden

Individuelle Arbeit

Füllen Sie für jedes Gruppenmitglied einen Bogen (Signale) aus und senden Sie ihn an die jeweiligen Gruppenmitglieder.

Feedbackgespräche "Heißer Stuhl"

Jedes Mitglied in der Gruppe erhält nacheinander ein freies Feedback von allen Gruppenmitgliedern.

3. Schlussauswertung im Plenum

2.3 Fallstudien

2.3.1 Zur Methode Fallstudie

Die Besonderheit der Fallstudie ist, dass keine eindeutigen Lösungen möglich sind. Gesucht wird eine optimale Lösung für das vorliegende Problem. Aus diesem Grund unterscheidet man die Methode der Fallstudie von Übungsfällen (z.B. aus dem Gebiet des Rechts), bei denen es richtige und falsche Lösungen gibt.

Ursprung der Fallstudien sind die sogenannten "Harvard case studies", die zu Beginn des 20. Jahrhunderts entstanden sind und heute noch als Methode angewendet werden. Die Harvard cases sollen dem Studium der Betriebswirtschaft die Praxisorientierung geben und Managern das Analysieren von komplexen Situationen nahe bringen. Sie beschreiben komplexe Situationen von Organisationen und enthalten eine Fülle von Informationen über den Zustand der zu analysierenden Organisation. Die Informationen stammen von realen Unternehmungen oder anderen Institutionen. Von den Analysen ausgehend sind Maßnahmen für die Verbesserung des Organisationszustandes zu entwickeln. Die Lösungen der Trainingsgruppen können am Schluss mit den Entscheidungen der tatsächlich Verantwortlichen verglichen werden. Die Entscheidungen der Betroffenen müssen natürlich nicht optimal sein. Fallstudien können in ihrem Realitätsausschnitt jedoch auch enger gefasst sein. Dann sind sie in der Regel auf bestimmte Probleme und Anwendungsbereiche innerhalb einzelner Organisationen zugeschnitten und behandeln nicht mehr die Komplexität wie die Harvard-Fallstudien.

Fallstudien beziehen sich auf konkrete Probleme. Entwickelt werden sie, indem Informationen über Probleme in der Praxis zusammengetragen und aufbereitet werden. Die Aufbereitung der Daten richtet sich nach den Lehrzielen. Will man z.B. vermittelte Kenntnisse über Motivation anwenden lassen, so reduziert man die Informationen auf Probleme der Arbeitszufriedenheit. Solche begrenzten Fälle sind natürlich schnell zu bearbeiten. Die ursprünglichen Fallstudien behandelten zunächst handelsrechtliche, später betriebswirtschaftliche Inhalte. Diese Tradition hat sich im europäischen Raum fortgesetzt (*Grochla/Thom* 1975). Dennoch sind die Begrenzungen der Fallstudien auf den wirtschaftlichen und handelsrechtlichen Bereich längst überschritten worden. In der Psychologie wird z.B. mittels Fallstudien diagnostisches Vorgehen trainiert. Gegenstand der Diagnose können Organisationen, Gruppen oder Individuen sein, wobei Schwerpunkte auf verschiedene Themen wie Organisationsklima, Interaktionen, Führung, Motivation, etc. gesetzt werden können. Durch Festlegen dieser Schwerpunkte reduziert sich allerdings die Komplexität, wodurch die Fallstudien nur noch einen begrenzten Realitätsausschnitt widerspiegeln können.

In der folgenden Literatur findet man Fallstudien zu verschiedenen Themen: *Groenewald* (1988), *Hentze* (1979), *Engel & Riedmann* (1982), *v. Rosenstiel* (1972), *Albach & Gabelin* (1977), *Alewell, Bleicher & Hahn* (1971) sowie *Clegg* u. a. (1985)

Neben der klassischen Fallstudie mit einer Vielzahl von Aspekten und Informationen haben sich eine Reihe von Varianten der Fallstudie entwickelt: Fallgeschichte, Problemfall und Vorfall. In der *Fallgeschichte* wird ein komplexer und zeitlich ausgedehnter Entscheidungsprozess gegliedert. In den einzelnen Phasen des Prozesses wird der Ablauf mit den notwendigen Informationen, den Entscheidungen des Managements und den eingetretenen Folgen geschildert. Dadurch stellt sich die Geschichte eines Falles systematisch dar. Das Wechselverhältnis zwischen Entfaltung der Realität, Entscheidung im Prozess und Beeinflussung bzw. Steuerung der Realität wird transparent. Beispielsweise lässt sich die Einführung eines Produktes in den Verbrauchermarkt schrittweise verfolgen. Allein die Schilderung einer Fallgeschichte kann schon Einsichten vermitteln, wie Prozesse in der Praxis ablaufen. Man kann sie aber auch in anderer Weise nutzen. Vor den Managemententscheidungen unterbricht man die Fallstudienbearbeitung und lässt die Teilnehmer selber Lösungen entwickeln, die dann mit den Managementlösungen verglichen werden. Im Verlauf der Fallgeschichte "Produkteinführung" wäre es z.B. denkbar, Fragen bezüglich der Interpretation der Umweltsituation, der Umsetzung von Produktideen, der Entwicklung eines Marketing-Mix, der Interpretation von Marktforschungsdaten etc. zu stellen.

Ein *Problemfall* besteht nur aus wenigen Informationen. Es sind alltägliche Begebenheiten, auf die die Teilnehmer sofort reagieren sollen. Es besteht ein sofortiger Handlungsbedarf. Das Ziel ist, die Reaktionen im Alltagsgeschäft auf ihre Wirkungen hin zu überprüfen. Diese Reaktionen bilden dann den eigentlichen Lerngegenstand. Die Leitfrage lautet: Stimmen die Wirkungen mit den Absichten überein oder wird etwas bewirkt, was man gar nicht will?

Ein zu analysierendes Ereignis aus dem Unternehmensalltag wäre beispielsweise eine Gruppendiskussion, in der ein Beteiligter ununterbrochen spricht, ohne den anderen Anwesenden die Möglichkeit zu geben, ebenfalls zu Wort zu kommen. Die Aufgabenstellung würde hier lauten, ein Vorgehen zu entwickeln, um das Verhalten des Vielredners zu verändern, ohne ihn dabei persönlich zu verletzen. Der Vielredner soll sich der Diskussion nicht entziehen, aber auch nicht die Diskussion stören und bei den anderen Gruppenmitgliedern Spannungen erzeugen. Die Teilnehmer können durch die Diskussion des Problemfalles ihre Routinereaktionen analysieren und gegebenenfalls verändern. Man lernt auf diese Weise auch, mehr auf die Wirkungen der eigenen Verhaltensweisen zu achten.

Beim *Vorfall* sind die vorgegebenen Informationen lückenhaft und für die Entwicklung einer Problemlösung unzureichend. Das Problem kann aus den vorhandenen Daten nur unzureichend abgegrenzt werden.

Die Aufgabenstellung erfordert nun von den Teilnehmern, systematisch ergänzende Informationen zu erfragen, um den Sachverhalt zu klären und das "eigentliche" Problem zu erfassen. Die Teilnehmer müssen gegen ihre schnelle vorurteilsbehaftete Verarbeitung angehen, die dazu führen würde, notwendige Zusatzinformationen nicht einzuholen, voreilig die Daten zu interpretieren und ungenügende Problemlösungen zu produzieren. Je nach Zielgruppe können die vorgegebenen Daten angereichert werden. Auch diese Aufgabenstellung ist für diagnostische Zwecke geeignet. Aus den Fragen und Interpretationen kann man auf die Denkweisen einer Führungsperson schließen.

Ablauf der Bearbeitung einer Fallstudie

Die Bearbeitung einer Fallstudie wird durch Systemtechniken, Theorien und Erkenntnisse unterstützt. Dadurch werden verschiedene Zwecke verfolgt:

· Ad-hoc-Lösungen sollen vermieden werden,

· das Anwenden von Methoden soll eingeübt werden,

· Theorien und Kenntnisse sollen auf Probleme hin organisiert werden,

· Verstehensmodelle sollen für ein Problem entwickelt werden,

· Ausarbeitungen sollen Transparenz gewährleisten,

· Gruppenarbeit soll gestaltbar werden.

In der *Problemanalyse* wird die Situationsschilderung zunächst auf Probleme untersucht. Die Schilderung wird hinsichtlich der Abweichungen zwischen Ist- und Sollzuständen untersucht. Was ist so, wie es eigentlich nicht sein sollte? Die Probleme werden kurz definiert und aufgelistet. Liegen mehrere Problemkreise vor, werden sie zuerst gewichtet und anschließend nach ihrer Bedeutung und Wertigkeit bearbeitet. Informationen, die das Problem näher beschreiben, werden nun zugeordnet. Problemlösungstechniken können helfen, diesen Vorgang systematisch zu gestalten. Im Anschluss an die Definition des Problems werden Erklärungsansätze genutzt und zugeordnet, um mögliche Ursachen für das Bestehen der Probleme verstehen zu können.

Nun müssen die *Ziele ausformuliert* und gewichtet werden. Hierbei unterscheiden wir zwischen Muss- und Sollzielen. Im Gegensatz zu Muss-Zielen können Sollziele in ihrer Bedeutung bewertet werden. Diese Bewertung drückt aus, wie wichtig oder unwichtig eine bestimmte Zielsetzung ist. Dabei kann man sich am erwarteten Gesamtzielbeitrag orientieren. Man schafft durch Gewichtung außerdem ein transparentes Bewertungssystem, mit dem man Lösungen bewerten kann. Ein Bewertungssystem ist auch die Grundlage für die Entwicklung eines Kontrollsystems, mit dem die Wirkungen von Maßnahmen erfasst und evaluiert werden können. Während die vorangegangenen Phasen systematisches Vorgehen verlangen, beginnt nun eine kreative Phase. Nach der Erfassung von Soll-Vorstellungen müssen nun möglichst viele Interventionen und *Lösungsansätze generiert* werden.

Dazu werden kreative Techniken eingesetzt: Brainstorming, Synektik, morphologischer Kasten, 635-Methode etc. Aus den Lösungsansätzen wählt man mit Hilfe der *Entscheidungsanalyse* eine Lösung aus. Diese soll möglichst optimal die Zielsetzungen abdecken und wird deshalb durch folgende Kriterien auf ihre Brauchbarkeit hin überprüft:

· Gibt es Ressourcenbeschränkungen, die die Wahl von Lösungen ausschließen?
· Wie gut beseitigen die einzelnen Lösungen Ursachen und Probleme?
· Wie gut werden die erforderlichen Zielsetzungen durch die Maßnahmen erreicht?
· Welche potentiellen Probleme könnten aus der Durchführung der Maßnahmen hervorgehen?

Die Lösung kann in einer Vielzahl von Interventionen bestehen, die auf viele Variablen des Systems einwirken und es in die gewünschte Richtung bewegen. Dies verlangt, dass die Lösungsansätze zu konkreten Maßnahmen ausgearbeitet werden. Für die Maßnahmen muss ein zeitlicher Rahmen geschaffen werden, in denen sie i. d. R. nacheinander verwirklicht werden. Will man z.B. die Leistungsmotivation der Mitarbeiter durch ein Beurteilungssystem erhöhen, so kommt es nicht nur darauf an, welches Verfahren man wählt, sondern auch, wie man es konkret mit den Beteiligten inhaltlich ausgestaltet und dann einführt.

Organisatorische Durchführung einer Fallstudie

Es gibt verschiedene Formen der organisatorischen Durchführung für Fallstudien. Die Auswahl der Form wird je nach Zielgruppe getroffen, um die Kenntnisse und Erfahrungen, die sie im Umgang mit der Methode hat, zu berücksichtigen. Je nach Wahl der Durchführungsmethode können die verschiedenen Bereiche der Fach-, Methoden- und Sozialkompetenz miteinander verbunden werden (vgl. *Kaiser* 1976, 1983; *Langosch* 1993).

Folgende Formen bieten sich für die Durchführung der Bearbeitung einer Fallstudie an:

· Ein Trainer bzw. Moderator löst mit allen Teilnehmern gemeinsam im Plenum den Fall, wobei das Vorgehen erst erläutert und dann gemeinsam nachvollzogen wird.
· Ein Trainer bildet aus den Teilnehmern eine Demonstrationsgruppe, die unter Leitung eines Teilnehmers den Fall bearbeitet. Die anderen Teilnehmer beobachten das Vorgehen und können aus den Fehlern lernen. Es empfiehlt sich, eine Feedback-Runde an die Bearbeitung der Fallstudie anzuschließen, um den Mitgliedern der Demonstrationsgruppe ebenfalls eine Lernmöglichkeit zu eröffnen.
· Der Fall wird von den Teilnehmern selbständig in Einzel- und Gruppenarbeit gelöst. Die erarbeiteten Entscheidungen werden dann von den Gruppen präsentiert und mit den anderen Gruppen diskutiert.

Erst zum Schluss stellt der Trainer bzw. Moderator der Gruppe die Reallösung vor, die dann zur Diskussion gestellt wird. Ein Fall wird bei der letzten Variante viermal bearbeitet (individuelle Bearbeitung, Gruppendiskussion, Gruppenvorschläge im Plenum, Reallösung), was den zeitlichen Aufwand natürlich erhöht. Die Diskussion im Plenum hat die wichtige Funktion, Vorstellungen weiter zu präzisieren, zu ergänzen und zu korrigieren. Solche Erfahrungen sind für die Teilnehmer wichtig, damit sie erleben, welche Bedeutung die Zusammenarbeit und das mehrmalige zyklische Durchlaufen eines komplexen Sachverhalts haben.

Die Einübung von Arbeitstechniken und das intensive Eindringen in komplexe Sachverhalte sind von besonderer Bedeutung für die Praxis. Es findet ein kollektives, erfahrungsorientiertes Lernen statt, das direkt bei Problemen angewendet wird. Die Gruppenarbeit im Ablauf der Fallstudie kann selbst zum Lerngegenstand gemacht werden, wenn die Sozialkompetenz weiter entwickelt werden soll. In einer Prozessanalyse können die Mitglieder einer Gruppe bestimmte Aspekte der Zusammenarbeit aufgreifen und analysieren. Probleme und Bereiche in der Zusammenarbeit, die einer Verbesserung bedürfen, können so von der Gruppe aufgearbeitet werden. Maßnahmen zur Verbesserung können bei den nächsten Gruppensitzungen erprobt werden. Instrumentarien dazu sind z.B. Gruppenchecklisten, die die Analyse der Gruppenarbeit unterstützen:

1. Darstellung der individuellen Sichtweisen mit Hilfe einer Checkliste.
2. Diskussion der individuellen Ansichten mit den Gruppenmitgliedern, die zur Festlegung von Verbesserungsbereichen führen soll.
3. Verbesserungsmaßnahmen für die künftigen Gruppenarbeiten verabschieden.
4. Realisierung der Verbesserungsvorschläge in den nächsten Sitzungen.

2.3.2 Übung: Seenot

Ziel der Übung ist der Nachweis der Effektivität einer auf Einigkeit (Konsens) der Gruppenmitglieder beruhenden Gruppenentscheidung, wenn diese im Anschluss an individuelle Entscheidungen getroffen wird. Weiter soll der Synergie-Effekt bei Gruppenentscheidungen nachgewiesen werden. Wenn eine von einer Gruppe getroffene Entscheidung besser ist als alle individuell getroffenen Entscheidungen, so wird dies hier mit Synergie-Effekt bezeichnet.

Individuelle Bewertung

Sie und einige andere Personen befinden sich an Bord einer privaten Yacht mitten auf dem Atlantischen Ozean. Aufgrund eines im Maschinenraum ausgebrochenen Feuers, das mittlerweile den größten Teil der Yacht und der Ausrüstung zerstört hat, droht die Yacht jeden Augenblick zu sinken und Sie müssen sie deshalb verlassen. Ihre genaue Position kennen Sie nicht mehr, da die wichtigste Navigationsausrüstung und das Logbuch bereits Opfer der Flammen geworden sind und Ihre ungeteilte Aufmerksamkeit dem Bekämpfen des Feuers gegolten hat. Sie wissen jedoch, dass

Sie sich etwa 1000 Seemeilen (1850 km) südwestlich von der nächsten Küste befinden. Keiner von Ihnen ist verletzt. Einen Notruf haben Sie noch absetzen können. Außerdem haben Sie auch das Rettungsboot der Yacht gerettet. Das Boot ist ein Ruderboot ohne Motor, und es ist groß genug, um Sie und ihre Mitpassagiere aufnehmen zu können.

Bevor Sie ins Boot steigen, sollen Sie noch schnell herumliegende Gegenstände in das Rettungsboot bringen. Sie können davon ausgehen, dass Sie nur sieben Gegenstände noch ins Boot legen können. Sie verschaffen sich schnell einen Überblick und bilden eine Rangordnung: 1. wichtigste, 2. nächst wichtige etc.

Die Gegenstände sind auf dem Auswertungsblatt aufgelistet. Bilden Sie nun eine Rangreihe. Sie haben 15 Minuten Zeit.

Gruppenbewertung

Sie sollen sich darin üben, Gruppenentscheidungen zu treffen. Alle Mitglieder Ihrer Gruppe müssen sich auf die jeweilige Entscheidung einigen (Konsens). Damit ist gemeint, dass jedes Gruppenmitglied mit der von der Gruppe vorgenommenen Rangordnung der nachstehenden 15 Gegenstände einverstanden sein muss, auch wenn sich diese Rangordnung hier und da von Ihrer eigenen Bewertung unterscheidet. Es ist sehr schwierig, einig zu werden. Hier sind einige Ratschläge, die Ihnen bei Ihrer Einigung helfen können:

1. Vermeiden Sie es, unbedingt Ihre eigene Ansicht durchsetzen zu wollen. Hören Sie sich an, was die anderen Mitglieder zu sagen haben und unterlegen Sie Ihre Reaktionen mit Argumenten.

2. Vermeiden Sie es, Ihre Auffassung zu ändern, nur um schnell zu einer Entscheidung zu gelangen oder Auseinandersetzungen mit anderen Gruppenmitgliedern aus dem Wege zu gehen.

3. Begründen Sie Ihre eigenen Ansichten und schließen Sie sich nur Gruppenentscheidungen an, die sich wenigstens ungefähr mit Ihren eigenen Ansichten decken.

4. Vermeiden Sie es, Konfliktsituationen auszuweichen, z.B. durch Mehrheitsentscheide, Durchschnittsberechnungen, Kuhhändel usw.

5. Die nähere Untersuchung von Meinungsunterschieden ist eine Hilfe, um zur Einigkeit zu gelangen, auch wenn sie oft als Hindernis angesehen wird.

Tragen Sie Gruppenbewertung ins Auswertungsblatt ein.

Auswertungsblatt

Individuelle Rangordnung der ...

	Person 1	Person 2	Person 3	Person 4	Person 5	**Gruppe**
1 Sextant						
1 Rasierspiegel						
1 Kanister mit 20 Litern Frischwasser						
1 Moskitonetz						
1 Notverpflegungsration aus Militärbeständen						
Seekarte vom Atlantischen Ozean						
1 Schwimmweste						
10 Liter Dieselöl						
1 kleines Transistorradio						
1 Hai-Harpune						
4 m^2 klare Kunststofffolie						
2 Liter Jamaica-Rum						
5 m Nylonseil						
2 Kartons Schokolade						
1 Angel mit Zubehör						

Seenot - Antworten und Begründungen

Eine Gruppe von Offizieren der amerikanischen Handelsmarine hat die folgende "korrekte" Beantwortung ausgearbeitet. Diesen Fachleuten gemäß ist es am wichtigsten, diejenigen Gegenstände zu retten, die es den Schiffbrüchigen ermöglichen zu überleben, bis Hilfe kommt. Navigationsmittel sind unwichtig, denn selbst wenn die Schiffbrüchigen in ihrem Rettungsboot aus eigener Kraft eine Küste erreichen könnten, würde dies viel länger dauern als Lebensmittel und Frischwasser reichen. Der logische Grund dafür, dass man Mittel zum Signalisieren den Nahrungsmitteln vorzieht, ist, dass die Schiffbrüchigen nur wenig Chancen haben, entdeckt und gerettet zu werden, wenn sie sich nicht bemerkbar machen können. Außerdem erfolgen die meisten Rettungen innerhalb der ersten 36 Stunden, nachdem ein Schiff als vermisst gemeldet worden ist.

1. *Rasierspiegel.* Der Spiegel stellt ein sehr wichtiges Mittel zum Signalisieren und Anblinken von Rettungsflugzeugen dar.

2. *10 Liter Dieselöl.* Das Öl kann mit Hilfe eines Wollfadens oder etwas Papier angezündet werden, sodass die Flammen die Aufmerksamkeit von Rettungsflugzeugen oder -schiffen erregen.

3. *Kanister* mit 20 Litern Frischwasser. Das Wasser ist sehr wichtig, um den Flüssigkeitsverlust durch Schwitzen usw. zu ersetzen. Ohne Frischwasser kann man nur wenige Tage überleben.

4. *1 Notverpflegungsration aus Militärbeständen.* Eine derartige Ration enthält Nahrungsmittel, die ohne jegliche Zubereitung gegessen werden können.

5. *4 m² klare Kunststofffolie.* Die Folie eignet sich vorzüglich zum Auffangen von Regenwasser und als Schutz der Schiffbrüchigen gegen Wind und Spritzwasser.

6. *2 Kartons Schokolade.* Schokolade ist ein ausgezeichnetes Reservenahrungsmittel.

7. *1 Angel mit Zubehör.* Die Angel ist nicht ganz so wichtig wie die Schokolade, weil "ein Spatz in der Hand immer noch besser ist als eine Taube auf dem Dach".

8. *5 m Nylonseil.* Das Seil kann dazu benutzt werden, Ausrüstungsgegenstände festzuzurren, sodass sie bei Seegang nicht über Bord fallen.

9. *1 Schwimmweste.* Die Schwimmweste kann sehr nützlich sein, wenn einer der Schiffbrüchigen über Bord fällt.

10. *1 Hai-Harpune.* Die Harpune kann zum Abwehren von Haien dienen.

11. *2 Liter Jamaica-Rum.* Jamaica-Rum enthält 80% Alkohol und kann zum Säubern und Desinfizieren offener Wunden benutzt werden. Sonst ist er nur von wenig Nutzen, da sein Genuss zu anormal kräftigem Wasserlassen anregt und somit Durst verursacht.

12. *1 Transistorradio.* Ein solches Radio hat nur geringen Wert, da es nur empfangen kann. Obendrein sind solche Radios nur für den UKW-Empfang konzipiert und können aus diesem Grund nur sehr wenig Sender empfangen.

13. *Seekarte vom Atlantik.* Eine Seekarte ohne Navigationsinstrumente ist ziemlich nutzlos. Außerdem ist es nicht so wichtig, wo sich die Schiffbrüchigen befinden. Viel wichtiger ist, wie weit die Hilfe entfernt ist.

14. *1 Moskitonetz.* Das Moskitonetz ist wertlos, denn mitten auf dem Atlantischen Ozean gibt es keine Moskitos.

15. *1 Sextant.* Ohne einen Chronometer (eine genaue Uhr) ist ein Sextant zu nichts zu gebrauchen.

2.3.3 Fallstudie 1 "Gehaltssystem"

Die Firma *Universal* gehört zu einem Konzern, der insbesondere auf den Märkten für Lebensmittel und Körperpflege aktiv ist. Die Produktgruppen umfassen im einzelnen:
· Tiefkühlkost
· Fisch- und Fleischkonserven
· Seife, Duschartikel etc.
· Deodorants, Parfüm, Hautcreme etc.
· Zahnpasta, Mundwasser etc.

Eine Arbeitsgruppe soll als Projektgruppe der *Universal* ein Entlohnungs- und Anreizsystem für den Bereich Vertrieb am Beispiel der Großkundenbetreuer (GKB) erarbeiten. Sie sollen Empfehlungen für Gehaltserhöhungen und Prämien für 10 Großkundenbetreuer erarbeiten und daraus ein allgemeines System ableiten. Alle 10 Mitarbeiter sind unverheiratet und haben das gleiche Alter (35 Jahre), die gleiche Ausbildung sowie die gleiche Erfahrung (alle waren vorher Reisende).

Wenn Sie Ihre Empfehlungen abfassen, so beachten Sie bitte Folgendes:
1. Sie werden Präzedenzfälle schaffen für zukünftige Gehalts- und Prämienentscheidungen.
2. Ihre Gruppe soll die Gehaltskosten für die Unternehmung so niedrig wie möglich halten.
3. Sie sind um Gerechtigkeit bemüht. Alle Entscheidungen müssen im Einklang miteinander stehen.
4. Sie möchten verhindern, dass die Mitarbeiter die Firma verlassen. Sie möchten außerdem erreichen, dass die Mitarbeiter mit der Gehaltserhöhung zufrieden sind.
5. Albert, Bernd und die anderen, für die Sie die Empfehlungen abgeben sollen, wurden alle zum selben Zeitpunkt zum GKB ernannt. Sie bekamen das gleiche Anfangsgehalt (5.000 DM). Ein Jahr ist seit der Ernennung zum GKB vergangen. Es wird nun Zeit, über eine Gehaltserhöhung und evtl. eine zusätzliche Prämie nachzudenken. Kündigungen durch die GKB sind ziemlich sicher, falls nicht jeder den Eindruck hat, er sei für seinen Einsatz im ersten Arbeitsjahr durch eine Gehaltserhöhung angemessen belohnt worden. Die Beschäftigungsaussichten in anderen Firmen im Vertrieb sind gut. Es ist schwierig, aus anderen Bereichen qualifiziertes Personal für den Vertrieb der *Universal* zu begeistern.
6. Die *Universal* folgt dem Grundsatz, die Gehälter auf dem Niveau der Region und der Branche zu halten. Die Gehaltserhöhungen liegen im Schnitt um die 3,5 %. Bisher gab es weder festgelegte Arbeitsbewertungskriterien noch eine Gehaltstabelle. Die Firma zog es bisher vor, konkurrenzfähige Gehälter und Gehalts-

erhöhungen so flexibel und anpassungsfähig wie möglich zu gestalten. Gleichzeitig verfolgte man das Ziel, die Gehaltskosten niedrig zu halten. Faire und positive Beziehungen zu den Mitarbeitern standen ebenfalls im Interesse der *Universal* bei der Gehaltsgestaltung. Das führte im Ergebnis allerdings zu erheblichen Ungereimtheiten bei der Gehalts- und Prämienfestlegung.

7. Ein Anreizsystem soll neu eingeführt werden. Es soll neben anderen Kriterien besonders die Akquisition neuer Kunden berücksichtigen.

Nachdem Sie die zusätzlichen Informationen über die 10 GKB gelesen haben, tragen Sie für jeden von ihnen Ihre Empfehlungen in DM und Prozenten des jetzigen Gehalts in Tabelle 1 ein. Außerdem schlagen Sie gegebenenfalls zusätzliche Vergünstigungen vor. Tragen Sie Ihre persönlichen Empfehlungen ein, ohne darüber vorher mit jemandem zu diskutieren. Außerdem leiten Sie aus den Empfehlungen allgemeine Rahmenbedingungen für ein Gehalts- und Anreizsystem ab (Tabellen 2 und 3).

Diskutieren Sie die individuellen Lösungen anschließend gemeinsam in der Gruppe, um sich auf Gruppenempfehlungen zu einigen. Errechnen Sie nicht einfach den Durchschnitt der persönlichen Meinungen, um eine Gruppenentscheidung zu erreichen. Versuchen Sie vielmehr, durch Diskussion, Analyse und Prüfung in der Gruppe zu einer Gruppenentscheidung zu gelangen, die das gemeinsame Denken und die Übereinstimmung aller Teilnehmer widerspiegelt.

Erarbeiten Sie danach in der Gruppe gemeinsam ein allgemeines Entgelt- und Anreizsystem. Die vorgeschlagenen Systeme gelten zunächst nur für den Vertriebskanal GKB, der in Zukunft stärker ausgebaut werden soll. Besonders zu berücksichtigen ist, dass der Absatz der Körperpflegemittel durch neue Kunden erweitert werden soll.

Bereiten Sie danach Ihre Gruppenentscheidungen für eine Präsentation vor.

Achten Sie unbedingt darauf, dass Sie die Angaben über alle 10 GKB gelesen haben, bevor Sie irgendwelche Empfehlungen abgeben!

Einzelinformationen zu den 10 Großkundenbetreuern (GKB)

Albert hält seine Arbeit für recht interessant. Er schätzt die angenehmen Arbeitsbedingungen. Die Arbeit bietet sowohl Sicherheit als auch Beförderungsmöglichkeiten. Am Ende des ersten Jahres wird Alberts Leistung als durchschnittlich bewertet, verglichen mit Kollegen in entsprechender Stellung. Um wie viel Prozent sollte Alberts monatliches Gehalt erhöht werden, um ihm das Gefühl zu geben, er sei gerecht entlohnt worden, sodass er in der Firma bleiben wird? Tragen Sie den DM Betrag und den Prozentsatz in Tabelle 1 ein und überlegen Sie, ob zusätzliche Anreize hinzukommen sollen.

Bernd ist - was Ehrgeiz und Initiative betrifft - wie Albert; er hat die gleiche Art der Arbeit, nur dass am Ende eines Jahres seine Leistung besser bewertet wird als die von 90 Prozent der Mitarbeiter in vergleichbarer Stellung. Tragen Sie in Tabelle 1 die reale und prozentuale monatliche Gehaltserhöhung ein, die Bernd am Ende des ersten Jahres bekommen soll. Bedenken Sie, ob zusätzliche Anreize notwendig sind.

Christian ist wie Albert; er hat die gleiche Art der Arbeit. Was die Leistung betrifft, so werden nur 10% seiner Kollegen schlechter eingestuft als er. Sie wollen ihn trotzdem nicht verlieren, weil er mit seinen Kundenkontakten in seinem Gebiet nur schwer ersetzbar ist. In dieser Region mit wenig kulturellen Angeboten können nur schwer Mitarbeiter gefunden werden. Christian stammt aus der Region und ist hier familiär gebunden. Er wird kaum erfahren, wie groß die Gehaltserhöhungen von Albert und Bernd sein werden. Welche reale und prozentuale Gehaltserhöhung pro Monat sollte empfohlen werden, damit sie ihm als Anreiz dient, die Firma nicht zu verlassen? Eine zu geringe Summe könnte dazu führen, dass sie für Christian keine Bedeutung besäße und er das Gefühl hätte, nichts bekommen zu haben. Verfahren Sie wie in den vorigen Fällen.

Dieter wird, wie Albert, am Ende des Jahres durchschnittlich in seiner Leistung eingeschätzt. Er betreut regional die Zweigstellen eines Großdiscounters. Als er diese Spezialaufgabe übernahm, schien die Geschäftsverbindung mit diesem Unternehmen langfristig gesichert. Doch jetzt ist die Zusammenarbeit mit diesem Großdiscounter gefährdet, da nicht feststeht, wie lange noch die Artikel des Sortimentes der *Universal* in den Zweigstellen geführt werden. Der Discounter plant, weitgehend Eigenmarken zu verkaufen. Dieters spezielle GKB-Aufgabe gibt ihm daher wenig Sicherheit in der Firma. Denn bei der Ernennung zum GKB wurde ihm gesagt, dass er, weil es sich hier um eine Spezialtätigkeit handelt, zurückgestuft werden könnte, falls die Geschäftsverbindung zu diesem Kunden erlischt. Nach einem Jahr fühlt sich Dieter aufgrund der veränderten Situation unsicher in seiner Stellung. Er mag seine Arbeit, doch wegen der Unsicherheit seiner Stelle hat er seinem Vorgesetzten mitgeteilt, dass er nach einem Angebot einer anderen Firma sucht. Sie können ihm bei richtiger Einschätzung der Lage keine Sicherheitsgarantien anbieten, höchstens eine Gehaltserhöhung und eine Versetzung in ein anderes Gebiet. Es ist äußerst schwierig, für Dieter einen Ersatz zu finden, denn der Absatz der Artikel beim Discounter ist vorwiegend durch die guten Kontakte von Dieter zu den Zweigstellen sichergestellt worden. Welche Erhöhung und Anreize sollte er am Ende des Jahre bekommen?

Ernst wird hinsichtlich der Leistung wie Albert beurteilt. Er verrichtet die gleiche Arbeit. Ernst ist jedoch verantwortlich für die Unterstützung einer großen Familie: Seine Eltern und mehrere jüngere Geschwister sind auf sein Einkommen angewiesen. Sie leben nur von seinem Verdienst.

Franks Leistung wird am Ende des Jahres ebenfalls als durchschnittlich bewertet. Er hat von der *Universal* eine schmutzige, frustrierende, unangenehme und unbequeme Arbeit, d.h. ohne Unterstützung durch einen Verkaufsförderer, in einem schwierigen Kundenkreis auf unbestimmte Zeit zugewiesen bekommen. Er muss also alle Maßnahmen zur Verkaufsförderung selbst durchführen und dies bei Kunden, die weit verstreut auf dem Land aufzusuchen sind. Die Kunden gehören einer Kette an, mit der unverzichtbare Umsätze gemacht werden.

Gerd ist, was Persönlichkeit und Leistung betrifft, wie Albert einzustufen. Er verrichtet auch eine ähnliche Arbeit wie Albert. Es besteht aber ein wichtiger Unterschied. Er ist an eine Konzernfirma ausgeliehen, die eine geringe Wertschätzung genießt. Er möchte gern in die *Universal* zurückversetzt werden, was aber Zurzeit nicht möglich ist. Man braucht ihn unbedingt an dieser Stelle. Was muss getan werden, um ihn zu halten?

Horst ist, was Erfahrung, Ausbildung, Persönlichkeit und Bewertung betrifft, wie Albert. Er verrichtet eine ähnliche Arbeit unter ähnlichen Umständen wie Albert, jedoch dem Unterschied, dass Horst mit einer Gruppe unangenehmer, unfreundlicher, miteinander konkurrierender Mitarbeiter eng zusammenarbeiten muss. Es handelt sich um eine Bezirksleitung mit 2 weiteren GKB und insgesamt 8 Reisenden. Horst ist unzufrieden und will ausscheiden. Sie aber brauchen ihn, können seine Arbeitsgruppe jedoch auch nicht kurzfristig ändern. Sie wollen versuchen, ihn durch eine Gehaltserhöhung und vielleicht durch zusätzliche Anreize zu halten.

Ingo ist, was Ausbildung, Persönlichkeit und Leistungsbewertung am Ende des ersten Jahres betrifft, ebenfalls wie Albert. Doch Ingo hat vom Kundenkreis her eine einseitige und eintönige Arbeit zugewiesen bekommen. Er besucht nur Kaufhäuser, deren Aktivitäten oft von den Entscheidungen der Zentrale abhängen, die er selbst nicht betreut. Die Besuche müssen aber trotzdem in einem regelmäßigen Rhythmus durchgeführt werden, damit die Produkte von *Universal* angeboten und gut positioniert werden. Die Arbeit kann für eine einigermaßen gebildete Person nicht angenehmer oder zufrieden stellender gestaltet werden. Die Arbeit verlangt jedoch den Einsatz eines GKB. Ein Ersatz ist für diese Arbeit schwer zu finden. Die spezialisierte Arbeit mit diesem Kundenkreis bedarf einer besonderen Ausbildung und Erfahrung.

Jochen ist, was Ausbildung, Persönlichkeit, Leistungsbewertung und Arbeit betrifft, wie Albert. Er hat ein konkretes Stellenangebot von einem Konkurrenten, bei dem die Arbeitsbedingungen und Möglichkeiten vergleichbar mit der *Universal* sein sollen. Das Gehalt soll allerdings wesentlich besser sein als bei der *Universal*. Ein Arbeitswechsel ist für ihn mit einem Umzug in eine andere Stadt verbunden, was einige Unbequemlichkeiten bedeuten würde. Was würden Sie ihm anbieten?

Tabelle 1: Empfehlungen für eine Gehaltserhöhung und zusätzliche Anreize

		Eigene Empfehlung			Gruppenempfehlung		
Name des GKB	Gehalt aktuell	Steige- rung DM	Steige- rung %	Zusätzl. Anreiz	Steige- rung DM	Steige- rung %	Zusätzl. Anreiz
Albert	5000 DM						
Bernd	5000 DM						
Christian	5000 DM						
Dieter	5000 DM						
Ernst	5000 DM						
Frank	5000 DM						
Gerd	5000 DM						
Horst	5000 DM						
Ingo	5000 DM						
Jochen	5000 DM						

Tabelle 2: Zuschläge im Gehaltssystem

Führen Sie die Kriterien und ihre Gewichtung auf, die zu einer Festlegung des Gehalts führen sollen. Drücken Sie Auf- oder Abschläge in % von dieser Grundrate aus, die Sie mit 100% festlegen.

Beispiel: 6% Erhöhung = 300,- DM (= 100%)
z. B. sozial schwieriges Umfeld = + 30 % = 90,- DM

Kriterien	Prozentsatz

Tabelle 3: Anreizsystem

Führen Sie auf, für welche Leistungen Sie einmalige Prämien verteilen wollen. Geben Sie die Art und die Kosten an.

Leistungen	Art des Anreizes	Kosten

2.3.4 Fallstudie 2 "Veränderung eines Beurteilungssystems"

Günther Schmieding (41), der Leiter der werkstechnischen Dienste der *Turbag*, saß mit seinen leitenden Angestellten Adolf Abetz (49), Leiter Konstruktion, Planung und Durchführung von Industriebauten, Paul Bennert (31), Leiter der Instandhaltungsabteilung, und Hans Kraske (47), Leiter der Versorgungsanlagen, am Mittagstisch zusammen.

"Haben Sie eigentlich gehört, Herr Schmieding, dass ein neues Beurteilungsverfahren demnächst von der Personalabteilung eingeführt werden soll?", fragte Paul Bennert. Als Schmieding verneinte, meinte Bennert: "Ich habe da so etwas läuten gehört. Die Frau eines Mitarbeiters ist in der Personalabteilung als Schreibkraft beschäftigt. Die müssen dort seit Wochen an einem neuen Verfahren für die Beurteilung basteln. Aber wenn Sie nichts wissen ...". "Also diese Tintenpinkler sollen uns bloß in Frieden lassen", meinte daraufhin Abetz, "wir haben, weiß Gott, andere Dinge zu tun, als für die Personalabteilung alle möglichen Formulare auszufüllen, nicht wahr, Herr Schmieding?" Der nickte: "Das alte Verfahren war ja eine Katastrophe. Wenn die was Besseres daraus machen, soll es uns recht sein. Grundsätzlich finde ich es schon ganz nützlich, ein Beurteilungsinstrument zu besitzen. Es muss nur was taugen, nicht wahr?" Man stimmte zu.

Bei einem Gespräch mit dem zuständigen Personalleiter erkundigte sich Schmieding beiläufig nach einem solchen Vorhaben, wurde aber beruhigt: Man arbeite zwar an einem neuen Beurteilungsverfahren, Schmieding und seine Mitarbeiter würden aber rechtzeitig genug informiert werden, kein Grund zur Sorge. Als Schmieding genauere Angaben haben wollte, wich der Personalchef aus: Er könne keine Einzelheiten sagen, man arbeite noch daran. Auf jeden Fall sei das neue Verfahren besser und billiger.

Schmieding hatte die Angelegenheit inzwischen längst vergessen, als er eine streng vertrauliche Mitteilung der Personaldirektion erhielt, der mehrere Broschüren mit der Überschrift "Neues Personalbeurteilungsverfahren für Vorgesetzte der *Turbag*" beilagen. Er entnahm dem Anschreiben, das vom Personaldirektor unterzeichnet war, dass die diesjährige Beurteilungsaktion nach dem in der Broschüre beschriebenen neuen Verfahren zu erfolgen habe. Das alte Verfahren habe sich zu stark an Eigenschaften orientiert. Mit dem neuen Verfahren wolle man stärker die tatsächlich erbrachte Leistung der Mitarbeiter erfassen. Deshalb solle jeder Vorgesetzte seine ihm unterstellten Mitarbeiter an der Erfüllung der wichtigsten Aufgaben (Funktionsbeschreibung) und Ziele (MbO) messen, die diese im vergangenen Jahreszeitraum erfüllt haben.

Schmieding rief ärgerlich die Personalabteilung an: "Hatten Sie uns nicht gesagt, wir würden rechtzeitig genug informiert werden? Jetzt liegt das Verfahren als Anordnung mit Einführungstermin auf dem Tisch, und wir können wieder mal nach Eurer Pfeife tanzen. Im Übrigen ist das alles viel schlechter als das alte Verfahren."

In der nächsten Bereichsbesprechung kam das neue Beurteilungsverfahren zur Sprache. Missmutig erläuterte Schmieding die Terminfragen und gab jedem Abteilungsleiter eine Broschüre: "Also macht das Beste daraus. Wenn jemand eine Frage hat, ruft er die Personalfritzen an. Wichtig ist nur, dass für jeden Mitarbeiter ein ausgefülltes Beurteilungsformular zum Termin vorliegt, sonst kriegen wir Ärger." Dieser Auftrag wurde termingerecht ausgeführt, allerdings war die Personalabteilung mit dem gelieferten Material nicht zufrieden. Um Ruhe zu bekommen, lud Schmieding daraufhin den Personalleiter in eine seiner nächsten Bereichsbesprechungen ein. Es entwickelte sich folgendes Gespräch:

Personalleiter: "Sie haben nur sehr vage Ziele ihrer Mitarbeiter angegeben, meine Herren. So z.B. schreiben Sie, Herr Abetz, der Gruppenleiter für Planungen habe alle Arbeiten zur Zufriedenheit ausgeführt. Was hat er denn nun konkret im vergangenen Jahr gemacht? Welche Projekte hat er geplant? Wie gut? Was waren seine Probleme hierbei, und wie hat er sie gelöst? In der Broschüre haben wir doch alles genau beschrieben. Sie hätten es nur zur Kenntnis nehmen müssen!"

Abetz: "Gerade Sie müssen mir Vorwürfe machen! Wissen Sie eigentlich, was ich zu tun habe? Ich kann mir nicht jedes Stück Papier auf Punkt und Komma genau durchsehen. Wir bauen eine neue Fabrik, falls Sie das nicht wissen sollten. Machen Sie sich doch die Beurteilungen nach Ihren Wünschen für jeden von uns selbst, dann hätten Sie uns geholfen."

Kraske: "Die ganze Sache ist viel zu kompliziert geworden. Früher mussten wir ein paar Kreuzchen machen - heute müssen wir Geschichten erfinden."

Schmieding: "Warum bespricht man solch eine Neuerung nicht vorher mit uns? Leistungsbeurteilungen sind wichtig und jeder weiß, dass man sie verbessern kann. Warum fragt man uns nicht nach unserer Meinung?"

Personalleiter: "Wenn wir notwendige Veränderungen jedes Mal mit allen Vorgesetzten durchsprechen wollten, kämen wir aus den Konferenzen nicht heraus. Sie müssen einsehen, dass wir von diesen Dingen mehr als Sie verstehen und nur ihr Bestes wollen!"

Bennert: "Ich kapiere nur nicht, dass Sie heute mal Zeit für uns haben, nachdem es Probleme gibt. Warum sind Sie denn nicht früher gekommen?"

Das Gespräch verlief relativ nutzlos und als der Personalleiter gegangen war, meinte Abetz: "Also hört mal Jungens, wir machen an den neuen Formularen keinen Handschlag mehr. Wir lassen es mal darauf ankommen." Diese Bemerkung fand allgemeine Zustimmung und man ging zum nächsten Punkt, nämlich der Planung der Abteilungs-Rallye über. Es entspann sich eine lange und lebhafte Diskussion, an deren Ende ein Beschluss über das Gesamtprogramm und seine Organisation stand. Die Personalabteilungen meldeten dem Personaldirektor eine Rücklaufquote von 63% aller Beurteilungen nach dem neuen Verfahren. Nach einer ersten und zweiten Mahnung stieg diese Zahl schließlich auf 74 %. Die Personalleitung war mit diesem Ergebnis sowie mit der Ausfüllung der Formblätter sehr unzufrieden. Man meinte: "Wir haben den Vorgesetzten alles genau in schriftlicher Form erläutert. Warum lassen sie uns im Stich?"

Was die *Turbag* braucht, ist ein leicht zu benutzendes Beurteilungssystem, das wichtige Details der einzelnen Arbeitsplätze erfasst. Aufgaben und Ziele sollten präzise aufgelistet werden. Ideal wäre es, wenn die Beurteilung so strukturiert würde, dass eine Empfehlung für zukünftige Ziele abgeleitet werden könnte. Die Personalabteilung schlägt außerdem vor, dass die Gehaltserhöhungen und Anreize in Zukunft direkt mit der Beurteilung verknüpft werden sollten.

Nachdem Sie das neue Beurteilungssystem und das Beispiel genau angesehen haben, sollten Sie anhand der Ziele ein alternatives Beurteilungssystem ausarbeiten und sich Gedanken zur Einführung und Kontrolle eines solchen Instruments machen. Bearbeiten Sie alle Aufgaben zunächst individuell und danach in Ihrer Arbeitsgruppe.

Neues Beurteilungssystem der *Turbag*

I. Aufgabenbewältigung

1. Gehen Sie von der Arbeitsplatzbeschreibung des Mitarbeiters aus und beurteilen Sie die geleistete Arbeit in dem letzten Zeitabschnitt.

2. Fassen Sie die Beurteilungen zusammen. Der Mitarbeiter / die Mitarbeiterin bewältigte seine / ihre Aufgaben im Bereich ..... in folgendem Grad ...

voll   teilweise

nicht

Kriterium
Eigeninformationen

Beratung und Information

Strategie und Planung

Voraussetzung für die Durchführung

Ausführung von Strategie und Planung

II. Funktionale Zielsetzungen

Tragen Sie die verabredeten Ziele ein und beurteilen Sie diese auf die gleiche Weise. Der Mitarbeiter / die Mitarbeiterin bewältigte seine / ihre gesteckten Ziele ..... in folgendem Grad ...

Zielsetzungen	voll	teilweise	nicht
1.			
2.			
3.			
4.			
5.			
6.			

III. Gesamtbeurteilung

Geben Sie bitte unter Berücksichtigung Ihrer Bewertungen I und II (Aufgabenbewältigung und Zielsetzungen) über Ihren Mitarbeiter ein Gesamturteil ab.

Gesamturteil	5	4	3	2	1

1	hervorragende Leistungen
2	gute Leistungen

3   Leistungen entsprechen den Erwartungen / den Anforderungen des Arbeits-
     platzes. Auftretende geringere Leistungen werden durch gute Leistungen
     kompensiert.

4   Macht zufrieden stellende Fortschritte in den Leistungen (bei Neubesetzung).
     Benötigt Unterstützung, Leistungsverbesserungen sind notwendig.

5   Ungenügende Leistung. Verbesserungen sind nicht möglich.

Beispiel: Aufgaben- und zielorientierte Beurteilung eines Produktmanagers (Marketing)
Ziel: Stellen Sie fest, welche Aufgaben/Ziele voll, teilweise oder nicht erfüllt
worden sind.

Aufgabenbeschreibung

Eigeninformation

                                                              voll   teilweise   nicht

- Verschafft sich Kenntnisse über interne Marketingpraktiken
- Ist auf dem aktuellen Stand im Bereich Werbung,
  Marktforschung, Marketing
- Ist über sein Produkt informiert (Bereiche Technik, Recht,
  EU-Regulierungen, Harmonisierungen)
- Ist über sein Produkt in Beziehung zum Markt informiert

Beratung und Information

                                                              voll   teilweise   nicht

- Informiert Vorgesetzte über seine Produkte
- Berät alle Sektoren der Company, die mit seinen Produkten
  beschäftigt sind
- Berät die Werbeagentur in allen Fragen, die seine Produkte
  betreffen

Strategie und Planung

                                                              voll   teilweise   nicht

- Erarbeitet Vorschlag für langfristige Planung bezüglich
  seiner Produkte
- Erstellt den jährlichen Marketingplan für seine Produkte und
  passt ihn zweimal im Jahr an
- Entwickelt Ideen für die gesamte Strategie seiner Produkte

- Konzipiert die Marketingstrategie für seine Produkte
- Plant taktische Maßnahmen
- Plant Höhe, Aufteilung und Einsatz des Werbebudgets

Voraussetzung für die Durchführung

voll   teilweise   nicht

- Leitet, informiert und trainiert seinen Assistenten
- Pflegt, stimuliert die Kontakte in allen Sektoren in der Firma
- Pflegt, stimuliert die notwendigen Außenkontakte

Ausführung von Strategie und Plänen

voll   teilweise   nicht

- Kontinuierliche Analyse aller verfügbaren Daten über seine Produkte
- Auswertung und Schlussfolgerungen aus den Daten
- Erarbeitet Reaktionen für veränderte Situationen
- Erarbeitet Briefings für Aktionen, Werbekampagnen etc.
- Koordiniert alle Maßnahmen hinsichtlich seiner Produkte
- Überwacht Einhaltung und Einsatz des Budgets

Zielsetzung

voll   teilweise   nicht

- Verbraucherpromotion zur Verbesserung des Marktanteils
- Konzeption zur Stabilisierung des rückläufigen Umsatzes
- Koordination und Abschluss der Planung für die Neueinführung des Produktes B
- Erweiterung des Marktes (Gebiet I und II) für Produkt A
- Fertigstellung und Präsentation einer Analyse über die Historie des Produktes A (Fallgeschichte für Fortbildungszwecke)
- Vorschlag für die Standardisierung von Arbeitsabläufen im Marketingbereich
- Kenntnisse über moderne Marktforschungsmethoden

2.4 Checkbögen für die Entwicklung von Gruppenprozessen

2.4.1 Einschätzung der Gruppensituation und der Gruppen- arbeit

(nach *Francis* und *Young* 1982)

Beschreiben Sie Ihre Eindrücke von der Gruppensituation und der Gruppenarbeit, indem Sie auf die folgenden Fragen antworten. Kreisen Sie die Zahl vor der Alternative ein, die Sie für richtig halten.

A) War das, was in der Gruppe geschah, für alle interessant ?

1. Ja, absolut
2. Ja, vermutlich
3. Ja, für die meisten
4. Nein, nur für ein paar
5. Nein, für niemand

B) Wie war die Arbeit in der Gruppe verteilt?

1. Ein Einzelner dominierte
2. Ein paar wenige dominierten
3. Ein Teil war aktiver als die anderen
4. Die Aktivität war gleichmäßig verteilt
5. Alle waren engagiert und hatten gleich großen Einfluss auf die Gruppenarbeit

C) Wie direkt und offen war man in der Gruppe?

1. Absolut verschlossen, Gefühle wurden nicht gezeigt
2. Nicht geneigt, offen und direkt zu sprechen
3. Zurückhaltung, Gefühle offen zu zeigen
4. Recht offen und frei
5. Vollkommen offen zueinander und direkt

D) Haben Sie Lust, in dieser Gruppe weiter zu arbeiten ?

1. Ja, absolut, es gefällt mir
2. Ja, gern
3. Ja, mit Vorbehalt
4. Bin nicht sehr interessiert
5. Nein, absolut nicht

E) Wie gut hat die Gruppe zusammengearbeitet?

1. Man hörte aufeinander und zeigte für einander Verständnis
2. Man baute auf den einzelnen Beiträgen auf
3. Man arbeitete einigermaßen gut zusammen
4. Schlechte Zusammenarbeit, man hörte nicht zu
5. Jener Einzelne ritt sein Steckenpferd, man fiel sich gegenseitig ins Wort

F) Wie zufrieden waren Sie mit den Gruppenergebnissen?

1. Absolut unzufrieden, wir haben die Zeit vergeudet
2. Recht unzufrieden
3. Weder unzufrieden noch zufrieden
4. Ziemlich zufrieden
5. Absolut zufrieden

Welches oder welche der folgenden Wörter charakterisieren die Gruppe am besten?
arbeitsam - zerrissen - freundlich - gespannt (Atmosphäre) - interessant - stumpf

2.4.2 Gruppencheck zur Verbesserung der Zusammenarbeit

Vorgehen

Halten Sie sich bitte genau an den Ablauf. Es erspart Ihnen eigenes unfruchtbares Experimentieren. Erst wenn sie den Ablauf "Analyse - Planung – Umsetzung" prinzipiell in der Gruppe verstanden und eingeübt haben, sollten sie das ganze Verfahren selbst flexibler gestalten.

Individuelle Vorarbeit

Jedes Gruppenmitglied geht allein die beiden Checklisten (individuelle Analyse und Zusammenarbeit) durch, füllt sie aus und ergänzt sie. Für den Analysebereich stellt das Gruppenmitglied seine Sichtweisen und Verbesserungsvorschläge für die nächste Spielphase zusammen. Je sorgfältiger diese Arbeit ausgeführt worden ist, umso ergiebiger ist die anschließende Gruppendiskussion.

Gruppenarbeit

Die individuelle Analyse wird nun mit vorgegebenen Moderationsfragen abgearbeitet. Es entsteht so eine konkrete Planung, was genau in der nächsten Spielphase verändert werden soll. Für die Moderation benutzen sie die Pinnwand, damit die Ergebnisse der Diskussion festgehalten werden und für jeden in der Gruppe sichtbar sind. In der nächsten Analysephase können sie dann in der Gruppe überprüfen, ob die geplanten Maßnahmen im Sinne ihrer Vorstellungen tatsächlich gegriffen haben.

Moderationsfragen

1. Was sollte verbessert werden?
 - bei der Fallbearbeitung
 - in der Zusammenarbeit
2. Was sollte vorrangig verbessert werden?
    Jeder markiert mit Punkten die Bereiche, die nach seiner Meinung unbedingt bearbeitet werden sollen. Jeder kann drei Punkte insgesamt vergeben.
3. Welche Maßnahmen führen zur Verbesserung der Fallbearbeitung?
    Vorschläge sammeln, ohne zu werten. Vorschläge diskutieren. Maßnahmen festlegen. Kontrolle für die Einhaltung der Maßnahmen festlegen.

Nach der nächsten Arbeitsphase

Wie haben sich die Maßnahmen bewährt? Was muss eventuell geändert werden?

Checkliste für die individuelle Analyse
Mit der Zielsetzung, der Konzeption und den Maßnahmen bin ich ...

sehr zufrieden   ☐
zufrieden   ☐
weder/noch   ☐
eher unzufrieden   ☐
sehr unzufrieden   ☐

	stimmt genau				stimmt gar nicht
1. Die Gruppe hat ein wirkungsvolles Konzept erarbeitet.	1	2	3	4	5
2. Die Konzeption ermöglicht eine positive Entwicklung.	1	2	3	4	5
3. Ziele sind konkret ausgearbeitet worden und können das Handeln bestimmen.	1	2	3	4	5
4. Wichtige Probleme sind für die Umsetzung berücksichtigt worden.	1	2	3	4	5
5. Die Ursachen für die Probleme sind zufrieden stellend herausgearbeitet worden.	1	2	3	4	5
6. Verschiedene Maßnahmen sind entwickelt worden.	1	2	3	4	5
7. Die Planung ermöglicht ein wirkungsvolles Lösen der Probleme.	1	2	3	4	5
8. Die Planungsschritte (kurz-, mittel-, langfristig) bauen stringent aufeinander auf.	1	2	3	4	5
9. Mögliche Abweichungen können durch eine Kontrolle korrigiert werden.	1	2	3	4	5

Zusätzliche Bemerkungen

Was sollte verbessert werden, um die Fälle besser zu lösen?

Welche Maßnahmen sind zu ergreifen?

Checkliste für die Zusammenarbeit in der Gruppe

Mit unserer Gruppenarbeit bin ich ...

sehr zufrieden	☐
zufrieden	☐
weder/noch	☐
eher unzufrieden	☐
sehr unzufrieden	☐

	stimmt genau				stimmt gar nicht
1. Wir gehen systematisch vor, um die Probleme zu lösen.	1	2	3	4	5
2. Die Zusammenstellung der individuellen Lösungen ist zu aller Zufriedenheit erfolgt.	1	2	3	4	5
3. Der Fall wurde bis zur Lösung ausdiskutiert.	1	2	3	4	5
4. Die Zeit wurde gut genutzt.	1	2	3	4	5
5. Die Moderationsmethoden wurden erfolgreich angewendet.	1	2	3	4	5
6. Bedeutungslose Beiträge wurden weitgehend vermieden.	1	2	3	4	5
7. Vorhandene Möglichkeiten und Fähigkeiten wurden voll genutzt.	1	2	3	4	5
8. In der Gruppe herrscht ein gutes Arbeitsklima.	1	2	3	4	5
9. Abweichende Meinungen wurden berücksichtigt und diskutiert.	1	2	3	4	5
10. Es gelingt allen, an der Diskussion und den Entscheidungen mitzuwirken.	1	2	3	4	5
11. Entscheidungen wurden von allen getragen.	1	2	3	4	5

	stimmt genau				stimmt gar nicht
12. Meine eigenen Beiträge wurden von den Gruppenmitgliedern aufgenommen und diskutiert.	1	2	3	4	5
13. Ich trage viel zur konstruktiven Bewältigung der Gruppenarbeit bei.	1	2	3	4	5

Zusätzliche Bemerkungen

Was sollte in der Zusammenarbeit verbessert werden?

Welche Maßnahmen sind zu ergreifen?

2.4.3 Übung Aquarium

Ziel

Die vorgesehene Diskussion gibt jeder Gruppe die Gelegenheit, die eigene bisherige Leistung hinsichtlich Ihrer Zusammenarbeit zu überprüfen und zu bewerten. Die zwei beteiligten Gruppen erhalten Gelegenheit, in einer Phase in einer Diskussionsgruppe mitzumachen und in einer anderen Phase eine andere Gruppe zu beobachten. Dadurch ist jeder Teilnehmer in der Lage, zwei Gruppen - seine eigene und die andere - im Hinblick auf 6 bedeutsame Merkmale der Zusammenarbeit miteinander zu vergleichen:

· Entscheidungen
· Ziele
· Effizienz
· Systematik
· Diskussionsverlauf
· Offenheit

Die Mitglieder beider Gruppen haben zudem die Möglichkeit, sich gegenseitig zu unterstützen, indem sie Feedback geben und empfangen. Sie erfahren außerdem, wie gut sie beides leisten können.

Übungsablauf

Je zwei Arbeitsgruppen führen die Übung Aquarium gemeinsam durch. Während die eine Gruppe die vorgeschriebenen Themen diskutiert, übernimmt die andere Gruppe die Rolle des Beobachters. Danach werden die Rollen getauscht.

Jede Gruppe hat so die Möglichkeit, eine andere Gruppe in Aktion zu sehen und zu beobachten.

Individuelle Vorarbeit

Alle Teilnehmer beider Arbeitsgruppen bearbeiten individuell die Checkliste "Abläufe innerhalb der Gruppen" wie es in der Anweisung vorgegeben ist.

Gruppenarbeit

Die in der Anweisung beschriebene Gruppenarbeit wird in Gegenwart der Beobachtergruppe durchgeführt. Die Beobachtergruppe hat die Aufgabe, die Mitglieder der diskutierenden Gruppe zu beobachten. Sie verabredet vorher, wer welches Mitglied der anderen Gruppe beobachtet und ihr bzw. ihm nach dem Ende der Diskussion Feedback gibt. Die Gruppenarbeit dauert 30 Minuten.

Feedback

Nach einer Pause von ca. 10 Minuten geben die Beobachter den einzelnen Mitgliedern der Diskussionsgruppe Feedback.

Gruppenarbeit

Danach wechseln die Gruppen ihre Rollen. Die "Feedbackgruppe" diskutiert nun ihre Zusammenarbeit für wiederum 30 Minuten.

Ablauf der Beobachtung

Schreiben Sie die Äußerungen und Verhaltensweisen Ihres Partners während der gesamten Diskussion auf (Verhalten). Beschreiben Sie kurz, worauf sich der Beitrag bezog (Situation), z.B. Beitrag einer anderen Person oder ein Thema. Achten Sie besonders darauf, ob ihr Partner sich mit der Verbesserung der Gruppenarbeit oder mit abweichenden Themen beschäftigt. Abweichungen sind auch, sich nur mit den positiven Aspekten der Gruppenarbeit zu befassen.

VERHALTEN	SITUATION

Werten Sie anschließend die gemachten Äußerungen Ihres zu beobachtenden Partners aus. Ordnen Sie die Äußerungen folgenden Kriterien zu:

1. Positive soziale, emotionale Interaktion

· zeigt Solidarität

· entspannt die Atmosphäre

· stimmt zu

2. Negative soziale, emotionale Interaktion
- lehnt Personen ab
- zeigt negative Stimmung
- äußert destruktiven Widerspruch, zerstört

3. Aufgabenorientierte Interaktion
- macht Vorschläge
- äußert Meinungen
- erbittet Informationen
- fragt nach Meinungen, erbittet Vorschläge

4. Störungen der aufgabenorientierten Interaktion
- lenkt vom Thema ab, wehrt Problemsichten ab
- beschwichtigt
- verhält sich passiv
- zeigt bei Lösungsansätzen nur Probleme auf (Killerphrasen)

Beschreiben Sie zusammenfassend die Rolle, die Ihre beobachtete Person in der Diskussion gespielt hat. Belegen Sie Ihre Zusammenfassung mit Ihren Beobachtungen. Denken Sie beim Geben und Empfangen von Feedback daran, dass es viel leichter ist, Rat zu geben, als ihn anzunehmen. Wenn die Diskutierenden sofort defensiv reagieren und die Beobachter angreifen, werden sie kaum Gelegenheit haben, alle Kommentare zu hören. Ebenso können die Beobachter nur helfen, wenn sie die Situation nicht ausnutzen, um ihr eigenes Ansehen zu vergrößern, indem sie das der anderen Person herabsetzen (vgl. Skript zum Thema Feedback). Die Feedbackempfänger sollten ihre Erwiderungen auf Fragen beschränken, die der Klärung und Verdeutlichung des Feedbacks dienen.

Checkliste "Abläufe innerhalb der Gruppen"
Ziel
Die Arbeitsgruppe soll zum Abschluss zusammenfassend ihre Arbeit diskutieren. Dies soll zu einer konstruktiven Auseinandersetzung mit den Gruppenprozessen führen.

Individuelle Vorarbeit
1. Jedes Gruppenmitglied geht die Vorgaben zu den sechs Diskussionsthemen (1) Entscheidungen, (2) Ziele, (3) Effizienz, (4) Systematik, (5) Diskussionsverlauf und (6) Offenheit durch.

2. Jedes Gruppenmitglied beantwortet für sich die folgenden Fragen:
   Welche Stärken und Schwächen hatte unsere Gruppe?
   Welche ausgeprägten Hindernisse waren zu überwinden?
   Was können wir tun, um die Leistungsfähigkeit unserer Gruppe zu verbessern?

Gruppenarbeit

Stellen Sie die Sichtweisen aller Gruppenmitglieder zusammen.

Stellen Sie die Hindernisse zusammen.

Sammeln Sie die Vorschläge zur Verbesserung der Gruppenarbeit.

(1) Entscheidungen

a) Entscheidungen sind gut und gemeinsam durchdacht worden, basierten auf Fakten, wurden durch einen Konsens erreicht. Jeder konnte seine Gefühle und Gedanken frei äußern. Jeder wurde angehört.

b) Entscheidungen wurden von einzelnen oder von einer Majorität erzwungen.

c) Probleme wurden mehr durch Kompromisse als durch rationales Vorgehen gelöst.

d) Einige gaben die eigene Meinung zu schnell auf, von deren Richtigkeit sie überzeugt waren.

e) Einigen gelang es nicht, an Entscheidungen mitzuwirken.

(2) Ziele

a) Ziele wurden klar verstanden und akzeptiert. Die Gruppenmitglieder arbeiteten konstruktiv auf die Ziele hin.

b) Einige versuchten zu dominieren.

c) Einigen war es wichtiger zu brillieren, als den Fortschritt der Gruppe zu gewährleisten.

d) Bedeutungslose und oberflächliche Beiträge herrschten vor.

e) Man hielt sich mit unwesentlichen Details und Spitzfindigkeiten auf.

(3) Effizienz

a) Die Gruppe war erfolgreich. Sie nutzte alle Möglichkeiten und Fähigkeiten voll aus. Sie war allen Anforderungen gewachsen.

b) Individuelles Wissen und Können wurden unzureichend genutzt.

c) Die Zeit wurde nicht angemessen genutzt.

d) Es wurde auf Meinungen beharrt. Man ging nicht aufeinander ein.

e) Wichtige Ideen und Informationen wurden nicht zur rechten Zeit genutzt.

(4) Systematik

a) Die Gruppe näherte sich dem Problem systematisch. Man einigte sich schnell auf eine Methode. Sie wurde, falls erforderlich, schnell geändert. Es wurden Alternativen entwickelt und adäquat bewertet.

b) Es kam keine wirkliche Einigung über das Vorgehen zustande. Die Diskussion lief auseinander.

c) Es wurde zu lange gezögert, bis Entscheidungen getroffen wurden.

d) Es war nicht klar, wann eine Entscheidung gefallen war. Themen wurden unbegründet wieder aufgegriffen. Die Diskussion lief im Kreise.

e) Man war nicht in der Lage, alternative Möglichkeiten schnell zu erkennen und zu bewerten.

(5) Diskussionsverlauf

a) Meinungsverschiedenheiten wurden rational zur Zufriedenheit aller gelöst. Gefühle wurden kontrolliert.

b) Den Frieden zu bewahren, um gut miteinander auszukommen, war wichtiger, als gute Entscheidungen zu treffen.

c) Die Teilnehmer ließen Meinungsverschiedenheiten bestehen.

d) Der persönliche Sieg war wichtiger, als die gemeinsame beste Lösung zu finden.

e) Irrationales, Gefühle bestimmten die Diskussion.

(6) Offenheit

a) Die Gruppenmitglieder waren offen, tolerant zueinander und respektierten sich.

b) Es bestanden Cliquen.

c) Man zeigte Intoleranz.

d) Man hielt sich zurück, um die Gefühle anderer nicht zu verletzten.

e) Einige verhielten sich zu reserviert, waren wenig aufgeschlossen.

2.4.4 Checkbogen für ein individuelles Feedback

Individuelle Fähigkeiten

	Ich bin mit dem Stand meiner Fähigkeit *zufrieden*	Ich möchte meine Fähigkeit *steigern*	Ich möchte meine Fähigkeit *kontrollieren*
Kommunikationsfähigkeit			
1. Sich auf das gerade behandelte Thema konzentrieren und nicht abschweifen	_____	_____	_____
2. Denken, bevor man spricht	_____	_____	_____
3. Aufmerksam zuhören	_____	_____	_____

	Ich bin mit dem Stand meiner Fähigkeit *zufrieden*	Ich möchte meine Fähigkeit *steigern*	Ich möchte meine Fähigkeit *kontrollieren*
4. Meinungen mit Nachdruck vertreten	_____	_____	_____
5. Sich kurz und prägnant ausdrücken	_____	_____	_____
6. Umfang der Beteiligung bei Gruppengesprächen	_____	_____	_____

Beobachtungsfähigkeiten

1. Spannungen in der Gruppe bemerken	_____	_____	_____
2. Bemerken, wer wen anspricht, um ein Bild von den Beeinflussungsbeziehungen zu erhalten	_____	_____	_____
3. Bemerken, wer Interesse an der Gruppenarbeit hat	_____	_____	_____
4. Gefühle und Empfindungen Einzelner erfassen	_____	_____	_____
5. Bemerken, wer nicht bei der Diskussion berücksichtigt wird	_____	_____	_____
6. Bemerken, wie auf Beiträge Anderer in der Gruppe reagiert wird	_____	_____	_____
7. Bemerken, wenn die Gruppe bestimmte Themen vermeidet	_____	_____	_____

	Ich bin mit dem Stand meiner Fähigkeit *zufrieden*	Ich möchte meine Fähigkeit *steigern*	Ich möchte meine Fähigkeit *kontrollieren*

Problemlösungsfähigkeiten

1. Festlegen von Problemen und Zielen

2. Informationen und Meinungen erfragen

3. Mit Informationen und Meinungen Beiträge liefern

4. Ideen anderer kritisch beurteilen

5. Diskussion zusammenfassen

6. Unbestimmte Sachverhalte klären

Fähigkeiten zum Aufbau einer Gruppenmoral

1. Interesse zeigen

2. Andere in das Gespräch hineinbringen

3. Verschiedene Standpunkte miteinander verbinden

4. Spannungen vermindern

5. Meinungen und Ideen Einzelner gegenüber dem Gruppendruck verteidigen

6. Lob und Anerkennung ausdrücken

	Ich bin mit dem Stand meiner Fähigkeit *zufrieden*	Ich möchte meine Fähigkeit *steigern*	Ich möchte meine Fähigkeit *kontrollieren*

Emotionale Ausdrucksfähigkeit

1. Anderen in der Gruppe zeigen, was ich empfinde

2. Meine Emotionen kontrollieren

3. Offen meinen Widerspruch darlegen

4. Dankbarkeit ausdrücken

5. Sarkastisch sein

Fähigkeit, mit emotionalen Situationen umzugehen

1. Fähig sein, Konflikte konstruktiv zu lösen

2. Fähig sein, Offenheit, freundliches Umgehen in der Gruppe zu fördern

3. Fähig sein, Enttäuschungen zu verarbeiten

4. Fähig sein, Schweigen in der Gruppe zu ertragen

5. Fähig sein, Druck in der Gruppe zu ertragen

Soziale Beziehungen

1. Mit anderen konkurrieren, um sie auszustechen

2. Dominierend gegenüber anderen aufzutreten

	Ich bin mit dem Stand meiner Fähigkeit *zufrieden*	Ich möchte meine Fähigkeit *steigern*	Ich möchte meine Fähigkeit *kontrollieren*
3. Anderen vertrauen	_____	_____	_____
4. Anderen behilflich sein	_____	_____	_____
5. Andere in Schutz nehmen	_____	_____	_____
6. Aufmerksamkeit auf sich lenken	_____	_____	_____

Zusätzliche Bemerkungen

2.4.5 Signale

(nach *Francis/Young*, 1982)

Von: **An:**

Es wäre hilfreicher und einfacher für mich, wenn du ...

1. häufiger und mehr ...

2. weniger oder überhaupt nicht mehr ...

3. weiterhin ...

4. außerdem ...   ... tun würdest

2.5 Evaluation des Seminars

Fragebogen: Beurteilung des Seminars Teamentwicklung

Ihre Meinung und Ihre Vorschläge zu diesem Seminar sind für uns sehr wichtig, um das Seminar systematisch weiterentwickeln zu können.

1.   Ihr persönlicher Gesamteindruck vom Seminar

klar, übersichtlich	1	2	3	4	5	verwirrend
gründlich	1	2	3	4	5	oberflächlich
nützlich	1	2	3	4	5	nutzlos
wichtig	1	2	3	4	5	unwichtig
interessant	1	2	3	4	5	uninteressant
aussagestark	1	2	3	4	5	wenig informativ

Was war für Sie besonders wichtig?	Was hat Sie gestört?

2. Die vorgegebenen Behauptungen sollen Ihnen helfen, Ihre Meinung über das Seminar auszudrücken.

	stimmt genau				stimmt überhaupt nicht
2.1. Insgesamt regt das Seminar zur intensiven Auseinandersetzung mit Teamarbeit an.	1	2	3	4	5
2.2. Ich kann Probleme jetzt systematischer lösen.	1	2	3	4	5
2.3. Ich kann meine theoretischen Kenntnisse besser mit Praxisproblemen verbinden.	1	2	3	4	5
2.4. Die Art der Zusammenarbeit ist entscheidend für die Güte der Projektarbeit.	1	2	3	4	5
2.5. Ich weiß jetzt, wie man die Zusammenarbeit systematisch fördern kann.	1	2	3	4	5
2.6. Ich kann verschiedene Methoden anwenden, um die Gruppenarbeit zu steuern.	1	2	3	4	5
2.7. Ich weiß, wie man ein positives Gruppenklima entwickeln kann.	1	2	3	4	5
2.8. Ich habe wichtige Informationen über mein Kommunikations- und Interaktionsverhalten erhalten.	1	2	3	4	5
2.9. Die Veranstaltung ist für meine spätere Berufstätigkeit sehr wichtig.	1	2	3	4	5

Zusätzliche Bemerkungen

3. Bitte machen Sie uns Vorschläge, wie man das Seminar verbessern kann.

3.1. Einführungsphase: Kennen lernen und Einführung in das Seminar (1. Tag)

Wie gut war die Phase?

1	2	3	4	5
sehr				sehr
gut				schlecht

Was sollte geändert werden?

3.2. Durchführungsphase: Bearbeitung der Fallstudien (2. und 3. Tag)

Wie gut war die Phase?

1	2	3	4	5
sehr				sehr
gut				schlecht

Was sollte geändert werden?

3.3 Durchführungsphase: Gruppenanalyse

Wie gut war die Phase?

1	2	3	4	5
sehr				sehr
gut				schlecht

Was sollte geändert werden?

3.4 Beurteilungsphase: Feedback, Aquarium, individuelle Fähigkeiten, Signale

Wie gut war die Phase?

1	2	3	4	5
sehr				sehr
gut				schlecht

Was sollte geändert werden?

3.5 Skript (Zutreffendes bitte ankreuzen)

Thema im Skript	gelesen ja	nein	sehr nützlich	nützlich	weniger nützlich	nicht nützlich
Gruppenprozesse in Organisationen						
Analysemethoden für Gruppenprozesse						
Probleme systematisch lösen						

Was sollte geändert werden?

3. Planspiel *Croisex* (CROISsance EXterne)

Aufgrund der Auseinandersetzung mit bestehenden Planspielen für den Einsatz in der Ausbildung von Studenten und in der betrieblichen Praxis sind wir zu dem Schluss gekommen, dass die meisten Planspiele nur wenige Aspekte der Unternehmensrealität aufnehmen. Ferner wird praktisch keine instrumentelle Unterstützung zur Verstetigung der Lernergebnisse gegeben. Andererseits halten wir Planspiele für gute Lerninstrumente, weil sie Inhalte nicht nur kognitiv und frontal vermitteln, sondern durch die Verbindung von "Denken und Tun" dazu geeignet sind, nachhaltige Veränderungen im Verhalten von Menschen in Organisationen auszulösen. Allerdings leistet das "Spielen" allein eine Veränderung nicht; ausreichende Reflexionsphasen schon während der Planspieldurchführung und Instrumente zur Verstetigung der Verhaltensveränderungen in der betrieblichen Praxis sind unabdingbar. *Croisex* verbindet folglich drei Ebenen: (1) ein Unternehmensplanspiel mit computerunterstützter Auswertung, (2) die Entwicklung von Organigrammen und Managementsystemen sowie (3) die Reflexion und Aufarbeitung des Arbeits- und Problemlösungsverhaltens der Spielgruppen. Auf diese Weise soll vor allem ein prozessorientiertes Denken eingeübt und für die Praxis transferierbar gemacht werden. Das Planspiel *Croisex* soll 20-24 Teilnehmern in vier Gruppen die Gelegenheit geben, über eine Simulation eine mehr periodisch angelegte Komplexitätserfahrung zu sammeln:

· in zehn Spielperioden sollen betriebswirtschaftliche Basisentscheidungen in einem polypolitischen Markt getroffen werden (Produktionsmengen, Produktpreise, Investitionen, Personalbestand/-bezahlung, Marketing etc.);

· auf einer zweiten Ebene sollen die einzelnen Gruppen auf der Basis selbst gesetzter normativer Ziele und Strukturen eine ihrer Spielentwicklung angemessene Unternehmensstruktur, wobei Kooperationen zwischen den Unternehmen nicht ausgeschlossen sind, entwickeln und unterstützende Managementsysteme ausarbeiten;

· auf einer dritten Ebene reflektieren die Gruppen ihre interne Zusammenarbeit und formulieren Gruppen- und Individualziele zur Verbesserung des Kooperations- und Problemlösungsverhaltens.

3.1 Das Planspiel als Methode

Die Teilnehmergruppen übernehmen Funktionen in Organisationen oder stellen ganze Organisationen dar. Die Teilnehmer bekommen Rollen zugewiesen, die in schriftlichen Unterlagen festgehalten sind. Sie treffen Entscheidungen gemäß ihren Einschätzungen einer Gesamtsituation, die ihnen gemeinsam als Hintergrundinformation vorgegeben wird. Die Aktionen führen zu Wirkungen, die den Teilnehmern zurückgemeldet werden. Auf Grund der Wirkungen werden weitere Entscheidungen getroffen, die dann wieder Reaktionen hervorrufen. In dieser Weise werden mehrere Spielperioden durchlaufen. Die Teilnehmer verändern auf diese Art die Ausgangslage. Es kommt ein dynamischer komplexer Prozess zustande, den es zu beeinflussen gilt. Eingeschaltete Analysephasen sollen die Teilnehmer veranlassen, über ihre Entscheidungen und die daraus resultierenden Folgen nachzudenken. Die Analyseergebnisse fließen dann wieder in die nächste Spielphase ein. Handeln und Analysieren sollten sich abwechseln, damit auch ein diskursives Denken eingeübt wird.

Ihren Ursprung haben Planspiele im militärischen Bereich. Sie werden aber heute für viele Thematiken in der Aus- und Weiterbildung angewendet. Beim Unternehmensplanspiel werden Firmen einer bestimmten Branche durch Teilnehmergruppen repräsentiert, die die verschiedenen Funktionsbereiche wahrnehmen müssen (Produktion, Administration, Marketing, Verkauf, Forschung etc.). Die durch Gruppen repräsentierten Firmen stehen gegenseitig in Konkurrenz. Zusätzlich kommen Marktvariablen hinzu (Absatzmöglichkeiten, Konjunkturdaten etc.). Die Rückmeldungen erfolgen dann durch Verkaufszahlen der produzierten Produkte. Die Zahlen können zu betriebswirtschaftlichen Kennzahlen weiter verrechnet werden (Umsatzrendite, ROI etc.). In den Spielperioden werden größere Zeiträume simuliert, z.B. Quartale oder ein Jahr. Bei komplexen Marktsituationen benutzt man Computer, um die Maßnahmen der Firmen mit ihren Wechselwirkungen zu erfassen und die Wirkungen zu berechnen. Daneben gibt es spezialisierte Planspiele, die sich auf besondere Funktionsbereiche beziehen (z.B. Marketing-, Organisationsplanspiele).

Die Anwendung bestimmter Wissensbereiche kann auf diese Weise organisiert werden.

Es müssen aber nicht nur Konkurrenzsituationen sein, die Ausgangspunkt eines Planspiels sind. In einem Verhaltensplanspiel ist die Kooperation zwischen und innerhalb von Institutionen der Lerngegenstand. Trotz unterschiedlicher Interessen und Auffassungen haben die Gruppen ein gemeinsames Ziel: die vorgegebene Situation zu verbessern. Das kann aber nur wirkungsvoll geschehen, wenn sich die Gruppen auf gemeinsame Maßnahmen einigen. Man kann mit dieser Methode auch die Wirkungen von Veränderungen simulieren, z.B. die Einführung eines neuen Computersystems in einer Firma. Das hat den Vorteil, dass man bei der tatsächlichen Einführung schon die Widerstände und Schwierigkeiten kennt und sich darauf in der Planung einstellen kann. Auch Durchsetzungsstrategien in einem bekannten Interessenszenario können mit dieser Methode vor der Setzung von Maßnahmen erprobt werden.

Aufbau und Ablauf eines Planspiels

Die Ausgangslage

Der für alle Spieler und Spielergruppen verbindliche Bezugsrahmen findet sich in der schriftlich fixierten Ausgangslage. Die gesamte Situation wird beschrieben, in der die Gruppen agieren sollen: z.B. ein Unternehmen mit bestimmten Produkten und Konkurrenten, ein Konflikt zwischen konkurrierenden Interessengruppen und Aufgabenträgern, eine Stadt mit ihren Problemen und Entscheidungsträgern. Im Laufe des Planspiels soll die Ausgangslage verbessert werden, Probleme sollen gelöst oder eigene Interessen durchgesetzt werden.

Die Ausgangslage enthält i.d.R. Angaben zu folgenden Aspekten:

· Inhalt des Konflikts
· Spezielle Situationsbedingungen
· Spielende Gruppen mit ihren Aufgabenstellungen

Hinsichtlich der spielenden Gruppen kann sich die Ausgangslage darauf beschränken darzulegen, wie die Gruppe grundsätzlich von diesem Konflikt berührt wird. Sie kann zusätzlich das Selbstverständnis und die Ziele der jeweiligen Gruppe vorgeben.

Spielgruppen

Die einzelnen Spielgruppen erhalten ihre eigenen Spielunterlagen, die ihre Rolle näher beschreiben. Die Beschreibungen sind in der Regel eher vage gehalten, sodass die Gruppen erst ihre Konzeption erarbeiten müssen, *was* sie *wie* im Spiel erreichen wollen. Ihre Strategien müssen sie dann während des Spiels in Handlungen umsetzen. Die Handlungen beeinflussen die anderen Gruppen, die entsprechend ihrer eigenen Vorstellungen agieren und reagieren. Das Spiel nimmt dann seinen eigenen Lauf.

Die Vorbereitungsphase

Dem eigentlichen Spielgeschehen kann eine Vorbereitungstagung vorausgehen, auf der das Spiel vorbereitet wird:

· Falls die Ausgangslage nicht mit den Teilnehmern entwickelt wurde, erfolgt eine Erläuterung und Diskussion der Ausgangslage evtl. mit der Möglichkeit ihrer Modifizierung.
· Die Teilnehmer werden über den thematischen Problemkreis durch Experten bzw. durch Selbsterarbeitung informiert.
· Theoretische und methodische Kenntnisse, die für die Bewältigung der Vorgaben im Szenario notwendig sind, werden erarbeitet.
· Die Spielregeln, die während des Planspiels einzuhalten sind, werden erläutert.
· Die Spielergruppen werden entweder nach dem Zufallsprinzip oder nach systematischen Gesichtspunkten zusammengestellt.

Die Vorbereitung richtet sich nach der spielenden Zielgruppe, ihren Kenntnissen und Erfahrungen. Von dieser Phase hängt ab, wie intensiv und reflektiert im Planspiel gehandelt werden kann. Die Gefahr liegt beim Planspiel eindeutig darin, dass zu viel gespielt und zu wenig kognitiv analysiert wird.

Ablauf des Planspiels

Bewährt hat sich die Gliederung des eigentlichen Planspiels in verschiedene Phasen.

Einstiegsphase: Die Gruppen arbeiten ihre Konzeption aus, formulieren Zielsetzungen und organisieren sich.

Spiel- und Analysephasen: Die Gruppen setzen ihre Planungen in Handlungen um. Danach kommt eine Spielunterbrechung und die Gruppen analysieren ihre Aktivitäten. Es empfiehlt sich, dafür Vorgaben zu machen oder aber Beobachter einzusetzen, um die Analysephasen zu unterstützen. Die Auswertung kann von den Gruppen selbständig durchgeführt werden. Checkbögen können helfen, die Analyse zu strukturieren.

Die gruppendynamischen Aspekte innerhalb der Planspielabläufe können ebenfalls einbezogen werden. Die Gruppen analysieren dann ihre Gruppenprozesse mit entsprechenden Verfahren. Verhaltensplanspiele greifen auch die Prozesse zwischen den Gruppen auf. Der Wechsel zwischen Handeln und Analysieren sollte mehrmals durchgeführt werden, damit die Teilnehmer lernen, über ihre Tätigkeiten gezielt nachzudenken.

Schlussphase: Am Ende sollte eine Gesamtauswertung erfolgen. Der Endzustand der durchgespielten Situation wird beschrieben und besprochen. Die Spielleitung erläutert anhand der aufbereiteten Planspieldokumente und von ihr erstellten Verlaufsprotokolle die Aktivitäten der Gruppen. Theoretische Hintergründe können mithelfen, die Aktivitäten zu analysieren und allgemeine Erkenntnisse aus den Erfahrungen zu ziehen. Dabei wird versucht, Erfolg und Misserfolg der einzelnen Gruppen zu ergründen. Bei der thematischen Auswertung empfiehlt es sich, Experten heranzuziehen, um die Bewertungen und Beurteilungen möglichst fachgerecht durchzuführen. Um den Ausstieg aus dem Spielgeschehen zu erleichtern und einen Transfer von Lernergebnissen zu unterstützen, sollten allgemeine Erkenntnisse aus den gemachten Erfahrungen abgeleitet werden.

Spielleitung und Spielregeln

Funktion der Spielleitung

Die Koordination der Spielzüge der Gruppen und die Moderation des gesamten Ablaufs des Planspiels erfolgt über eine Spielleitung. Die Spielleitung kann, natürlich abhängig vom pädagogischen Konzept, folgende Funktionen wahrnehmen:

- Kontrolle des Spielablaufs und dokumentierende Archivierung der Spielzüge der Gruppen
- Vermittlung der Kontakte zwischen den Gruppen
- Einspielen neuer Situationsdaten und Aufgabenbestandteile für Einzelne oder Gruppen
- Vermittlungshilfen oder Entscheidungen bei Konflikten, die bis zu einer konkreten Beratung von Teilnehmern oder Gruppen gehen kann
- Entscheidung über Spielunterbrechung, Spielabbruch und Spielende

· Analyse des Spielverlaufes und seiner Ergebnisse für die Auswertungsphase

Spielregeln

Als wichtigste Regeln, an die sich die Planspielteilnehmer und Gruppen üblicherweise zu halten haben, können folgende Vorschriften angesehen werden:

· Die Entscheidungen der Spielleitung sind verbindlich. Nur wenn es über die
Spielleitung hinaus noch eine Schiedsstelle gibt, kann gegen Entscheidungen der
Spielleitung bei einem unparteiischen Schiedsrichter Einspruch erhoben werden.
Führt auch dies zu keinem befriedigenden Ergebnis, so entscheidet die Vollver-
sammlung der Spieler.

· Die Kontakte zwischen den Spielgruppen vollziehen sich über die Spielleitung,
die quasi eine Postfunktion wahrnimmt. Direkte Kontakte zwischen den Gruppen
müssen durch die Spielleitung genehmigt werden.

· In den Spielpausen sollte kein Gedankenaustausch über das Spielgeschehen
erfolgen.

· Die Spielentscheidungen und Spielzüge der Gruppen sind der Spielleitung in
schriftlicher Ausführung zu übermitteln, die sie registriert und an die betroffenen
Gruppen weiterleitet.

Literatur zu unterschiedlichen Formen und Einsatzbereichen von Planspielen:
Bleicher (1969; 1976), *Böhret* und *Wordemann* (1975), *Moker* (1978), *Prim und
Reckmann* (1975), *Vagt* (1983), *Langosch* (1993, 228 ff.), *Heideloff* (1998)

3.2 Lernziele

1. Ebene Unternehmensplanspiel
· die Teilnehmer sollen die Zusammenhänge zwischen einer begrenzten Zahl von
Steuerungsvariablen einer Unternehmung erkennen
· die Teilnehmer sollen aus unvollständigen Markt- und Umweltinformationen Entscheidungen in Bezug auf eine begrenzte Zahl von Steuerungsvariablen ableiten
· die Teilnehmer sollen auch bei schwankenden Absatzmarktbedingungen die
finanzielle Überlebensfähigkeit einer Unternehmung sichern und gewährleisten
2. Ebene Organisationsentwicklung und Managementsysteme
· die Teilnehmer sollen im Zuge der wachstumsbedingten Entwicklung eines
Unternehmens adäquate Strukturen entwickeln
· die Teilnehmer sollen zur Steuerung zentraler Unternehmensprozesse angemessene Managementsysteme entwickeln
· die Teilnehmer sollen auch für ähnlich strukturierte Unternehmen in einem Markt
unterschiedliche Zusammenhänge zwischen Umweltsituation, Unternehmenszie-
len, Organisationsstrukturen und Managementsystemen erkennen und Anpassun-
gen von Strukturen und Systemen ableiten

·   die Teilnehmer sollen den Einfluss von Organisationsstrukturen und Managementsystemen auf den Erfolg eines Unternehmens (insbesondere auf Marketingmaßnahmen und Investitionen) kennen und proaktive Veränderungen einleiten

3. Ebene Gruppenprozesse und Kooperationsverhalten

·   die Teilnehmer sollen Vorgehensweisen zur Verbesserung der Zusammenarbeit in Gruppen kennen und anwenden

·   die Teilnehmer sollen ihr eigenes Verhalten in Bezug auf Konsens, Kooperation und Problemlösung einschätzen und Ansätze zur Verbesserung identifizieren

·   die Teilnehmer sollen das Verhalten anderer Gruppenmitglieder in Bezug auf Konsens, Kooperation und Problemlösung einschätzen und Ansätze zur Verbesserung weitergeben

3.3 Ablauf

1. Tag

8:30 bis 10:00	Einführung in das Planspiel / Gruppeneinteilung
10:00 bis 12:00	Vorarbeiten in den Gruppen
12:00	Abgabe der Ergebnisse der Vorarbeiten
12:00 bis 12:45	Mittagspause
12:45 bis 13:45	Ausarbeitung der ersten Phase (P1)
13:45	Abgabe der Daten P1 bei der Spielleitung
13:45 bis 14:15	Pause für Teilnehmer / Auswertung P1 durch Spielleitung
14:15	Rückmeldung P1 an Teilnehmer
14:15 bis 15:15	Ausarbeitung P2
15:15	Abgabe der Daten P2 bei der Spielleitung
15:15 bis 15:45	Pause für Teilnehmer / Auswertung P2 durch Spielleitung
15:45	Rückmeldung P2 an Teilnehmer
15:45 bis 16:45	Ausarbeitung P3
16:45	Abgabe der Daten P3 bei der Spielleitung
16:45 bis 17:30	Analyse der Gruppenprozesse (Checkbogen 1) Auswertung P3 durch Spielleitung
17:30	Spielschluss 1. Tag für die Teilnehmer

2. Tag

9:00	Rückmeldung P3 an Teilnehmer
9:00 bis 10:00	Ausarbeitung P4
10:00	Abgabe der Daten P4 bei der Spielleitung
10:00 bis 10:15	Pause für Teilnehmer / Auswertung P4 durch Spielleitung
10:15 bis 12:00	Ausarbeitung neues Organigramm
12:00	Abgabe neues Organigramm
12:00 bis 12:45	Mittagspause
12:45 bis 13:45	Ausarbeitung Managementsysteme Bewertung Organigramme durch Spielleitung

13:45	Abgabe Managementsysteme
13:45 bis 14:30	Analyse der Gruppenprozesse (Checkbogen 1)
	Bewertung Managementsysteme durch Spielleitung
14:30 bis 14:45	Pause für Teilnehmer
14:45	Rückmeldung P4 an Teilnehmer
	Rückmeldung Organigramm / Systeme
14:45 bis 15:45	Ausarbeitung P5
15:45	Abgabe der Daten P5 bei der Spielleitung
15:45 bis 16:15	Pause für Teilnehmer / Auswertung P5 durch Spielleitung
16:15	Rückmeldung P5 an Teilnehmer
16:15 bis 17:15	Ausarbeitung P6
17:15	Abgabe der Daten P6 bei der Spielleitung
17:15	Spielschluss 2. Tag für Teilnehmer

3. Tag

9:00	Rückmeldung P6 an Teilnehmer
9:00 bis 9:45	Ausarbeitung P7
9:45	Abgabe der Daten P7 bei der Spielleitung
9:45 bis 11:15	Weiterentwicklung Organigramm / Systeme
	Auswertung P7 durch Spielleitung
11:15	Abgabe weiterentwickeltes Organigramm / Systeme
11:15 bis 11:30	Pause für Teilnehmer
	Bewertung Organigramm / Systeme durch Spielleitung
11:30 bis 12:00	Analyse der Gruppenprozesse (Checkbogen 1)
	Bewertung Organigramm / Systeme durch Spielleitung
12:00 bis 12:45	Mittagspause
12:45	Rückmeldung P7
12:45 bis 13:45	Ausarbeitung P8
	Rückmeldung Organigramm / Systeme
13:45	Abgabe der Daten P8 bei der Spielleitung
13:45 bis 14:30	Gruppenarbeit zur Vorbereitung der Abschlussdiskussion am 5.Tag "Verbesserung der Zusammenarbeit"
	Auswertung P8 durch Spielleitung
14:30	Rückmeldung P8
14:30 bis 15:30	Ausarbeitung P9
15:30	Abgabe der Daten P9 bei der Spielleitung
15:30 bis 16:00	Pause für Teilnehmer / Auswertung P9 durch Spielleitung
16:00	Rückmeldung P9
16:00 bis 17:30	Ausarbeitung betriebswirtschaftliche Gesamtanalyse als Vorbereitung für Abschlusspräsentation operative und strategische Entscheide
17:30	Spielschluss für die Teilnehmer

4. Tag

9:00 bis 9:45	individuelle Vorarbeit Aquarium (Checkbogen 2)
9:45 bis 10:45	Aquariumsgruppenarbeit für erste Teilnehmergruppe
	Beobachtung und Feedback durch zweite Teilnehmergruppe
10:45 bis 11:00	Pause für die Teilnehmer
11:00 bis 12:00	Aquariumsgruppenarbeit für zweite Teilnehmergruppe
	Beobachtung und Feedback durch erste Teilnehmergruppe
12:00 bis 12:45	Mittagspause
12:45 bis 13:30	Bearbeitung individuelle Fähigkeiten (Checkbogen 3)
13:30 bis 16:00	Bearbeitung Verhalten in der Gruppe (Checkbogen 4)
16:00 bis 16:30	Pause für die Teilnehmer
16:30 bis 17:30	Modellentwicklung "Strukturen - Systeme – Kooperation"
17:30	Spielschluss 4. Tag für die Teilnehmer

5.Tag

9:00 bis 10:20	Gruppenpräsentationen à 20 Minuten (Vorbereitung 3. Tag)
	a) Entwicklungsstadien Organigramm und Systeme
	b) Verlauf operative Ergebnisse
10:20 bis 11:00	Vorstellung der Bewertungskriterien durch die Spielleitung
	a) Einfluss Organigramm / Systeme auf operative Ergebnisse
	b) Bewertungsdimensionen und Begründung
11:00 bis 11:15	Pause
11:15 bis 12:00	Plenumsdiskussion Verbesserung der Zusammenarbeit
	(Vorbereitung 3.Tag)
	Präsentation der Modelle "Strukturen - Systeme – Kooperation"
12:00 bis 12:45	Mittagspause
12:45 bis 13:15	Präsentation der Spielleitung "Strukturen - Systeme -
	Kooperation"
13:15 bis 14:00	Hinweise der Spielleitung zur Transfermöglichkeit des
	Spielansatzes in ein OE-Programm
14:00	Ende des Planspieles

3.4 Ausgangsszenario

Die vier Gruppen repräsentieren folgende vier Unternehmen:
- Polyplus (PP) - Gruppe 1
- Plastoran (PR) - Gruppe 2
- Plastofix (PF) - Gruppe 3
- Vereinigte Plastikwerke (VP) - Gruppe 4

Die beteiligten Unternehmen sind Anbieter von Kunststoffprodukten und dabei überwiegend als Zulieferer tätig. Der Markt der kunststoffverarbeitenden Industrie ist mittelständisch strukturiert und kann als polypolistisch bezeichnet werden. Zwar treten im Spiel *Croisex* nur vier Unternehmen auf, aber der Markt wird insgesamt noch von anderen Unternehmen bedient. Mit der relativ einfachen Technik zur Kunststoffverarbeitung lassen sich unterschiedliche Produkte herstellen. Die geringen Transportkosten der gefertigten Produkte haben eine räumliche Konzentration bisher nicht notwendig werden lassen. Alle beteiligten Unternehmen produzieren für zwei verschiedene Märkte jeweils zwei Produkte/Produktgruppen, insgesamt also vier verschiedene Produktgruppen.

Markt I

Der Markt I kennzeichnet Produkte des Automobilbereiches. Es ist klar, dass die Kunststoffverarbeiter hierbei lediglich Zuliefererrollen für Endanbieter haben können. Die beiden Produkte sind:

Produkt A ist ein einfaches Spritzgussprodukt in Schalenform, das als Verkleidung der Lenksäule verwendet wird. Nach dem Einbau ist es zum Teil sichtbar und zum Teil verschwindet es unter der Armaturentafel. Die Farben der Lenksäulenverkleidung werden von den Automobilherstellern spezifiziert, da sie zu den Innenraumfarben passen sollen. Pro Automobilhersteller ist mit zwei bis drei Farben für die Lenksäulen zu rechnen; selbst zwischen Schwarz-, Braun- und Grautönen kommt es zwischen den einzelnen Herstellern noch zu Abweichungen. Da es sich trotz der spezifischen Anforderungen für die Automobilhersteller nur um ein banales Verkleidungszubehörteil handelt, ist in diesem Segment nur über große Absatzmengen eine angemessene Rendite zu erzielen. Zentrale Herausforderungen prägen dieses Marktsegment: Neben den Anforderungen an die Recyclingfähigkeit der eingesetzten Materialien bedeutet vor allem ein starker Trend zur Reduktion der Zuliefererzahl unter Rückgriff auf Systemlieferanten eine erhebliche Wettbewerbsverschärfung.

Produktgruppe B sind Anbauteile zum optischen Tuning für sportliche Automodelle in Form von Spoilern, Schwellern, Kotflügelverbreiterungen etc. Dabei sind zwei verschiedene Bereiche zu unterscheiden: Einerseits fungieren die Kunststoffverarbeiter auch in diesem Segment als direkter Zulieferer für die Automobilindustrie, die mit Sportvarianten einen Teil dieses Geschäftes selbst zu machen versucht. Andererseits arbeiten die Kunststoffverarbeiter auch mit Spezialfirmen zusammen, die sich auf das Tuning spezialisiert haben. Für diese Spezialisten müssen sowohl Standardprodukte gefertigt werden als auch "Maßaufträge" auf Kundendirektanfrage, z.B. optisch getunte fliederfarbene Rolls-Royce, realisiert werden. Das Tuninggeschäft ist ein Segment mit sehr hohen Margen, was eine Reihe von Merkmalen nach sich zieht: Zwar hatten die Tuningspezialisten bisher eine solide und profitable Marktposition, aber die Automobilhersteller versuchen ihrerseits, durch eine erweiterte Palette von Optionspaketen, die sie neben den traditionellen Sportvarianten anbieten, einen größeren Marktanteil im Tuningbereich zu gewinnen. Gleichzeitig hoffen sie, sich durch Sportoptionspakete von anderen Automobilherstellern im Marktimage absetzen zu können.

Die breiten Paletten der Automobilhersteller mit ihren zahlreichen Karosserieformen auf identischen Bodengruppen und modularer Technik im "unsichtbaren Bereich" bedingen, zusammen mit den sehr stark abgestuften und herstellerspezifischen Farbpaletten, eine praktisch unüberschaubare Variantenvielfalt im Bereich der Tuninganbauteile.

Da immer weniger Autofahrer noch Standardspoiler in schwarz nachfragen, nimmt die Zahl der vormontierten und in Wagenfarbe mitlackierten Anbauten ständig zu. Die Zusammenarbeit ist also zukünftig nicht nur mit dem Automobilhersteller, sondern vor allem mit Zulieferern im Karosseriebau unabdingbar. Ferner findet bei bestimmten Herstellern eine Verdrängung der Anbauteile aus Kunststoff statt; Spoiler und Schürzen werden direkt aus dem Blech gezogen bzw. gewölbt. Wie im Bereich der Lenksäulenverkleidung werden in Zukunft hohe Anforderungen an die Recyclingfähigkeit der Materialien gestellt.

Markt II

Beim Markt II handelt es sich um Spielzeuge für Kleinst- und Kleinkinder. Die zwei folgenden Produktgruppen sind vertreten:

In die Produktgruppe C fallen Pressbausteine, die in sieben verschiedenen Größen und fünf verschiedenen Farben hergestellt werden. Der Markt ist als Reifemarkt zu kennzeichnen. Allerdings ist er durch den enormen Wiedererkennungswert des Produktes bei den Eltern kaum nachfrageseitig von Schrumpfung bedroht. In zwei Segmenten, Kleinst- und Kleinkinder, ist die ursprüngliche Palette der Pressbausteine um altersgerechte Größen von Bodenplatten und bewegliche Komponenten erweitert worden. Trotz dieser Erweiterung darf von relativer Innovationslosigkeit in diesem Segment gesprochen werden. Nur wenigen Herstellern ist es bisher gelungen, ein Markenimage für ihre Pressbausteine aufzubauen, das den direkten Vertrieb über Spielzeugabteilungen der Kaufhäuser, Spielzeugfachgeschäfte und -märkte erlaubt. Nur im direkten Verkauf als Markenprodukt handelt es sich um ein Margengeschäft. Die meisten Hersteller fertigen für die Spielzeughandelsmarken großer Distributeure und sind dabei von großen Produktionsmengen zur Erzielung einer angemessenen Rendite abhängig.

Zu den zentralen Herausforderungen ist neben der hohen Abhängigkeit von den Distributeuren auch der Rückgang der Geburtenraten in praktisch allen wichtigen Märkten zu rechnen. Zwar lässt sich das Produkt prinzipiell leicht gegenüber den Eltern als Käufern und älteren Kindern als "Verschreibern" positionieren, aber durch den Rückgang der Geburten ist ein Mengenwachstum in etablierten Märkten praktisch unmöglich. Außerdem drängen ausländische Hersteller in das Geschäft als Produzenten für die Handelsmarken der Distributeure und lösen damit einen Preiswettbewerb aus.

In der Produktgruppe D werden einfache Spielfiguren für den Vertrieb durch Distributeure hergestellt. Es handelt sich um Indianer, Cowboys, Ritter, Piraten und Soldaten der unterschiedlichen Weltkriegsarmeen. Neben den Spielfiguren werden auch Zubehörteile in Form von Häusern, Panzern, Pferden etc. gefertigt. Die farblichen Varianten treten bei diesen Figuren in den Hintergrund. Allerdings haben sich im Markt zwei Größensegmente herauskristallisiert; die Figuren und das entsprechende Zubehör werden in ca. 2 und ca. 7 Zentimeter Größe angeboten. Der große Nachteil dieser Spielfiguren besteht in der Tatsache, dass sie unbeweglich sind und deshalb im Wettbewerb mit beweglichen Figuren nur über den Preis platzierbar sind. Die fortschreitende Differenzierung und Technisierung im Spielzeugmarkt lässt es fraglich erscheinen, ob dieses Segment Bestand haben kann. Die überwiegend kritische Haltung gegenüber Militär in den meisten westlichen Industrienationen bedingt darüber hinaus ein Positionierungsproblem gegenüber den Eltern.

Markttrends

Markt I: Die Zulassung von Automobilen wird weltweit ein Preis- und Mengenwachstum erfahren. Allerdings ist mit einer starken Polarisierung zwischen Erstausstattungsmärkten, z.B. südostasiatische Staaten und Südamerika, und Ersatzmärkten, G8-Staaten, zu rechnen. Der Wunsch nach Differenzierung des eigenen Autos und die Betonung des sportlichen Charakters einiger Marken sollte auch dem Zubehörmarkt entsprechende Impulse verleihen.

Markt II: Zwar nimmt die Zahl der Kinder in den Industrieländern ab, aber es können auch neue Märkte für den Absatz von Spielzeugen erstmals erschlossen werden, z.B. Osteuropa. Die Verbraucher sind - mindestens grundsätzlich - bereit, für technische Merkmale der Spielzeuge Preisprämien zu bezahlen. Die Märkte in den Industrieländern wachsen folglich im Preisbereich, andere Märkte sowohl im Preis- wie im Mengenbereich.

Werksaufbau und Produktionsablauf

Die kunststoffverarbeitenden Betriebe des Planspiels sind alle gleich aufgebaut. Im Wesentlichen bestehen sie aus Rohstoff-, Halbzeug- und Endproduktelagern, Werkstattbereich, Produktionsbereich und Färberei bzw. Lackiererei sowie den Verwaltungsbüros.

Lager

Die vier konkurrierenden Unternehmen verarbeiten alle unterschiedliche Mischungen von Kunststoffgranulaten, die sie entweder
- als Grundstoffe einkaufen,
- sortenrein sortiert als Recyclinggut bei entsprechenden Anbietern einkaufen oder
- durch Sortierung und Zermahlen zurückgeführter Produkte selbst gewinnen.
Da die meisten Kunststoffarten leicht sortenrein zu trennen sind - mit Ausnahme von Verbundstoffen oder bei Verwendung von schwer löslichen Lackierungen - liegt die Recyclingquote am eingesetzten Material in dieser Branche sehr hoch. Rohstofflager

werden in der Regel in Form von Granulatsilos angelegt, die über ein Rohrleitungssystem mit dem Produktionsbereich der Werke verbunden sind. Die Granulate werden bei Anlieferung in die Silos eingeblasen und dann über das Rohrleitungssystem im Produktionsprozess direkt in die Spritzgussmaschinen gepustet. Die verwendeten Farbstoffe machen bei Durchfärbung im Spritzgussprozess nur sehr geringe Anteile an den verarbeiteten Gesamtmengen aus. Sie benötigen kein eigenes Rohrleitungssystem und werden in Farbbehältern direkt an den Spritzgussmaschinen für die Produktion bereitgestellt. Ein einfacher Lagerraum zur Lagerung von Lacken und Farbstoffen ist insgesamt ausreichend.

Sollen die produzierten Spielzeuge und Autozubehörteile nach der eigentlichen Kunststoffbearbeitung noch lackiert bzw. bemalt werden, macht dies ein Zwischenlager für Halbprodukte notwendig, das gleichzeitig als Puffer für Produktion und Lackiererei dient. Voluminöse Kunststoffprodukte müssen vor der Lackierung zwischengelagert werden, da sie einen erheblichen Teil ihres Gesamtvolumens beim Auskühlen verlieren. Kleinprodukte benötigen nur eine geringe Auskühldauer. Schließlich wird noch ein Ausgangs-, Vertriebs- oder Endproduktlager benötigt, in dem die Endprodukte auch ggf. sortimentiert und verpackt werden.

Werkstattbereich

Im Werkstattbereich der Firmen werden die sog. Werkzeuge für den Spritzguss hergestellt. Werkzeuge bestehen aus zwei ineinander versenkbaren Metallbacken, die selbst wieder aus vielen Einzelteilen zusammengesetzt sind. Beim Zusammenfahren der Backen im Produktionsprozess entsteht ein Hohlraum in der Form des herzustellenden Produktes. Um die zeitoptimale Kühlung des Produktes, die für die Freigabe des Produktes aus den Backen nach dem Spritzvorgang entscheidend ist, zu gewährleisten, werden die Backen aus unterschiedlich wärmeleitenden Metallen gefertigt. Die Fertigung neuer Produktformen mittels innovativer Werkzeugformen ist als eigentliche Kernkompetenz von Betrieben in dieser Branche zu bezeichnen. Die Werkzeuge werden nach dem Werkstattprinzip gefertigt und auch von den Firmen selbst gewartet. Jedes Werkzeug ist produktspezifisch. Will man Produktionsstillstand vermeiden, braucht man eine entsprechend größere Zahl von Werkzeugen.

Produktionsbereich

Der als industrieller Fabrikbereich zu kennzeichnende Produktionsbereich umfasst das Rohrleitungssystem für den Transport der Granulate, die Spritzgussmaschinen, Transportbänder für die fertig gegossenen Produkte und einen Kontrollbereich. Die Spritzgussmaschinen können unter Einsatz unterschiedlicher Werkzeuge zur Fertigung verschiedener Produkte benutzt werden. Restriktionen bei der Mehrfachnutzung sind die für den Einbau der Werkzeuge zur Verfügung stehende Querschnittsfläche der Maschinen und die Pressleistung der Maschine. Je größer ein Endprodukt ist, desto größer muss auch die Pressleistung der Spritzgussmaschine sein.

Lackiererei und Färberei

Wenn die Produkte nicht einfarbig mittels Farbstoffen bereits im Spritzgussverfahren gefärbt werden, müssen sie vor dem Verkauf noch durch die Lackiererei. Die Lackierereien sind weites gehend mit einfachen automatisierten Maschinenstraßen bestückt. Produktwechsel machen die Umstellung der Maschinen nötig. Einfache Wartungs- und Reinigungstätigkeiten werden vom eigenen Personal ausgeführt.

Verwaltungsbüros

Der Verwaltungsbereich umfasst sowohl die kaufmännischen Funktionen (Buchhaltung, GF, Vertrieb, Personal) als auch das Konstruktionsbüro, in dem die Werkzeuge und Neuprodukte entworfen werden.

Produktionsablauf

Für die Herstellung eines Spritzgussproduktes kann folgender Ablauf als exemplarisch angenommen werden:

· Granulat wird über das Rohrleitungssystem in den Mischtrichter der Spritzgussmaschine eingeblasen,

· aus dem Farbbehälter an der Maschine wird Farbstoff zugesetzt,

· durch den Trichter gelangt das Gemenge in die so genannte Schnecke, eine spindelförmige Welle in einer Ummantelung, die von einer Heizschlange umgeben ist,

· die Welle der Schnecke dreht sich und durchmischt das Granulat-Farbstoff-Gemenge, das sich dabei und durch zusätzliches Aufheizen auf ca. 200°C erwärmt und verflüssigt,

· aus der Schnecke wird der flüssige Kunststoff ins Werkzeug geblasen, kurz bevor sich die Werkzeugbacken unter hohem Druck der Spritzgussmaschine zur Produktform schließen,

· der Spritzgussvorgang im Werkzeug dauert ca. 1 Minute,

· das Werkzeug muss zur Gewährleistung der Formstabilität der Produkte mittels Wasserkreislauf gekühlt werden,

· ist das Produkt ausreichend formstabil, wird es durch Auseinanderfahren der Backen freigegeben, fällt auf das Transportband und wird zur manuellen Kontrolle befördert.

Problembereiche der Produktion

Zentrale Herausforderungen der Produktion sind die richtige Dosierung der Granulatmenge im Werkzeug, die gleichmäßige Durchfärbung des Endproduktes sowie die zeitoptimale Kühlung der Werkzeuge. Zu geringe Granulatmengen und mangelnde Kühlung können zu destabilen Produkten führen, die beim Auseinanderfahren der Werkzeugbacken das Werkzeug verkleben. Hohe Stillstandzeiten sind die Folge.

Entscheidungen der Unternehmen

Die vier Unternehmen geben der Spielleitung für jede Periode ihre Basisentscheidungen auf einem Entscheidungsbogen bekannt. Dabei gelten die Entscheidungen als am Anfang der Periode getroffen und alle Veränderungen, die durch die Entscheidungen ausgelöst werden, mit Ausnahme der Investitionen in Maschinen, werden innerhalb derselben Spielperiode berücksichtigt und wirksam, für die sie abgegeben worden sind.

Gebäude, Rohrleitungssystem, Silos und Lager

Die Ausstattung mit Flächen, der interne Transport und die Lagerkapazität sind unproblematisch. Die Eröffnung weiterer eigener Produktionsstandorte oder einer Erweiterungsinvestition in Silos ist nicht nötig und im Spiel nicht vorgesehen. Pro Periode wird eine Pauschalabschreibung von 100 TDM vorgenommen.

Beschaffung von Roh-, Betriebs- und Hilfsstoffen

Die Beschaffung von Roh-, Betriebs- und Hilfsstoffen ist ebenfalls unproblematisch. Die Lieferzeiten der Granulat- und Farbenhersteller sind kurz, und sowohl die Farb- als auch die Silolager der Unternehmen sind physisch groß genug, um kurzfristige Produktionsschwankungen ausgleichen zu können. Material (Granulat und Farbstoffe) wird aufgrund der Absatzkalkulation der Unternehmen einmal pro Periode bestellt und auch in der bestellten Menge geliefert. Zur Fertigung sind die folgenden Mengen nötig:

Produkt A	0,5 kg Granulat
Produkt B	12 kg Granulat (kalkulat. Durchschnitt für einen Bausatz mit 4 Teilen)
Produkt C	0,04 kg Granulat (kalkulat. Durchschnitt für beide Größen)
Produkt D	0,05 kg Granulat (kalkulat. Durchschnitt für Figuren und Zubehör)

Das Granulat kostet für alle Produkte 1 DM pro kg.

Für die Färbung der Produkte wird pauschal mit 1% Farbstoff auf die gesamte Granulatmenge gerechnet. Der Farbstoff kostet 15 DM pro kg. Farbstoffkosten werden auch dann verrechnet, wenn die Produkte noch lackiert werden. Hilfs- und Betriebsstoffe müssen nicht gesondert bestellt werden. Sie sind in den Kosten pro Betriebsstunde der unterschiedlichen Maschinen mit enthalten.

Produktion

Zur Herstellung der vier verschiedenen Produkte werden Spritzgussmaschinen unterschiedlicher Leistung benötigt. Es stehen Maschinen mit 500 kg, 1000 kg, 2000 kg und 10000 kg Pressleistung zur Verfügung. Das Produkt A wird mit Maschinen mit 1000 kg Leistung hergestellt. Wegen der größeren Masse und um komplette Sätze von Tuninganbauten herzustellen, werden Maschinen von 2000 kg und 10000 kg Leistung für einen Satz des Produktes B benötigt. Produkt C wird, aufgrund der Größenunterschiede für die beiden Alterssegmente, auf Maschinen von 500 kg und

1000 kg gefertigt. Auch für das Produkt D, Figuren und Zubehör, werden Maschinen mit 500 kg und 1000 kg Leistung benötigt. Die Lackiererei kann für alle Produkte genutzt werden. Jede Spielperiode stellt ein Jahr dar. Pro Periode kann pro Maschine mit 2000 Fertigungsstunden gerechnet werden. Produktivitätsgewinne und Stillstandszeiten bleiben im Spiel unberücksichtigt.

Die einzelnen Produkte bestehen zum Teil aus verschiedenen Einzelteilen. Für die Kapazitätskalkulation werden deshalb einige Vereinfachungen festgelegt: Beim Produkt A ist eine Lenksäulenverkleidung eine Produktionseinheit.

Pro Maschine können 60 Einheiten pro Stunde gefertigt werden. Beim Produkt B ist ein Tuningbausatz (kalkul. Durchschnitt 4 Einzelteile) eine Produktionseinheit. Ein Anbausatz besteht aus zwei kleinen Teilen, die auf der Maschine mit 2000 kg Leistung hergestellt werden, und zwei größeren Teilen, die auf der Maschine mit 10000 kg Leistung hergestellt werden. Die Werkzeuge können jeweils zwei Formteile gleichzeitig formen. Ein Produktionsvorgang dauert 7,5 min. Es können also acht komplette Sätze pro Stunde gefertigt werden. Beim Produkt C ist ein Pressbaustein eine Produktionseinheit. Allerdings ist zu beachten, dass der Markt die beiden Größen in Sortimenten in gleichen Mengen aufnimmt. Die geplante Produktionsmenge ist also auf Maschinen mit 500 kg und 1000 kg zu gleichen Teilen aufzusplitten. Der Produktionsvorgang dauert 1 Minute, wobei fünf Steine pro Maschine gegossen werden; die Kapazität liegt damit bei 300 Steinen bzw. Bauteilen pro Maschine und Stunde. Beim Produkt D ist jedes Einzelteil eine Produktionseinheit. Die Sortimentierung sieht ein Mischungsverhältnis von 90% Figuren, die auf den 500-kg-Maschinen gefertigt werden, und 10% Zubehör, das auf den 1000-kg-Maschinen gefertigt wird, vor. Die geplante Produktionsmenge ist entsprechend aufzuteilen. Die genauen Zahlen für den Kapazitätsbedarf der einzelnen Produkte auf den vier verschiedenen Maschinentypen sowie die Kosten pro Betriebsstunde sind aus der folgenden Tabelle zu entnehmen.

Maschine	500 kg	1000 kg	2000 kg	10000 kg	Lackieren
Kapazitätsbedarf					
Produkt A		1 min			
Produkt B			7,5 min	7,5 min	
Produkt C	0,2 min	0,2 min			
Produkt D	1 min	1 min			
A-D (optional)					1 min
Kosten DM / h	30	50	70	200	40

Investitionen in Maschinen

Investitionen werden zwar in der Bestellperiode zahlungswirksam, die bestellten Maschinen stehen allerdings wegen der Fertigungs- und Installationsverzögerung erst in der folgenden Periode zur Verfügung. Eine Ausweitung der Produktionskapazitäten muss also rechtzeitig geplant und eingeleitet werden!

Die folgende Tabelle gibt Auskunft über die Anschaffungskosten und die Abschreibungen pro Maschinentyp:

Leistung	500 kg	1000 kg	2000 kg	10000 kg	Lackieren
Preis / Stück	50 TDM	120 TDM	200 TDM	1400 TDM	200 TDM
Nutzungsdauer	5 Jahre	4 Jahre	4 Jahre	7 Jahre	10 Jahre
Anfangsbestand	5 Stück	5 Stück	4 Stück	4 Stück	1 Stück
Abschreibung	10 TDM	30 TDM	50 TDM	200 TDM	20 TDM

Personal

Die Beschaffung von Personal ist unproblematisch. Es stehen für alle Funktionalbereiche und Aufgaben ausreichend Bewerber auf dem Markt zur Verfügung. Allerdings ist die Einstellung von Personal mit Schulungs-, Einarbeitungs- und Verwaltungskosten verbunden und kostet pro eingestellter Mitarbeiterin / eingestelltem Mitarbeiter 15 TDM. Entlassungen müssen nicht gesondert begründet werden. Allerdings sind die Kosten für die Entlassung mit 25 TDM pro Entlassenem durch Sozialplanzahlungen höher als die Einstellungskosten.

Es wird Personal für die folgenden Funktionalbereiche benötigt: Werkstatt, Fertigung, Endkontrolle, (ggf.) Lackiererei, Entwurf, F&E, Vertrieb und Administration sowie Geschäftsführung. Im Fertigungsbereich kann von einem Verhältnis von Personal zu Maschinenzahl von ca. 4:1 bis 5:1 ausgegangen werden. Alle anderen Personalstärken hängen von den Entscheidungen der Spielgruppen hinsichtlich der Bedeutung der Funktionalbereiche und der angestrebten Organisationsform ab. Die Firmen arbeiten alle mit dem branchenüblichen Gehaltsrahmentarif. Dieser sieht sechs Gehaltsklassen vor (jeweils in TDM): 30, 36, 60, 80, 100, 140. Im Entscheidungsbogen für die Einzelperioden sind exemplarisch Funktionen den Gehaltsklassen zugeordnet. Die Gehälter der Geschäftsführung werden nur in einer Gesamtsumme für alle Geschäftsführer angegeben und sind frei wählbar.

Den vier Firmen steht es frei, im Rahmen von Sonderausgaben (eigene Kostenart im Entscheidungsbogen) zusätzliche Sozialleistungen zu gewähren oder Schulungsmaßnahmen zu finanzieren. Zwar sind solche Leistungen und Maßnahmen durchaus üblich, allerdings sind sie rechtlich nicht zwingend erforderlich. Auf dem Eingabeblatt muss die Art der Sonderausgabe durch Stichworte gekennzeichnet werden.

Finanzen

Sollten Investitionen in größerem Umfang als der Bestand der flüssigen Mittel geplant sein, können die Unternehmen zu einem Zinssatz von 15% einen Kredit aufnehmen, der allerdings nur für eine Periode gewährt wird. Soll derselbe Betrag auch für die Folgeperiode zur Verfügung stehen, muss er erneut aufgenommen werden. Die Zinsen werden zum Ende der Periode fällig und werden der folgenden Spielperiode belastet. Der Kreditrahmen beträgt 50% der Aktiva. Im Falle der Überziehung des bezogenen Kredites werden Zinsen von 25% fällig, die ebenfalls in der folgenden Periode belastet werden. Können die Unternehmen ihre Geschäftsentwicklung so gut übersehen, dass sie einen Überschuss an flüssigen Mitteln voraussehen, besteht die Möglichkeit, diese als Darlehen zu vergeben. Hierauf werden 10% Zinsen verdient, die der Ausleihperiode gutgeschrieben werden. Für den Verleih in der folgenden Periode gilt das Vorgehen bei Krediten in entsprechender Weise. Da die Firmen die freie Wahl ihrer Rechtsform haben, soll hier pauschal von einer Ausschüttungsquote von 50% und einer Einbehaltung der restlichen 50% erwirtschafteter Gewinne ausgegangen werden. Um die Vergleichssituation der betriebswirtschaftlichen Ergebnisse am Spielende durch unterschiedliche Steuersätze nicht zu verzerren, bleiben diese Gewinne unversteuert. Diese Vereinfachung ist insofern gerechtfertigt, als durch die Wahl der Rechtsform im Spiel keine unmittelbaren Vorteile zu erlangen sind.

Die Spielleitung wird versuchen, vom Bankrott gefährdete Firmen durch Gewährung von Krediten über dem Kreditlimit zu retten. Gegebenenfalls kommt auch ein Zufluss neuen Eigenkapitals in Frage. Dies muss allerdings bei der betriebswirtschaftlichen Gesamtanalyse berücksichtigt werden. Fließen beispielsweise in Periode 5 nochmals Mittel in Höhe des ursprünglichen Eigenkapitals zu, darf die Unternehmung ab Periode 6 nur noch die Hälfte der Gewinne als ihren Erfolg ausweisen.

Vertrieb

Die vier Produkte im Spiel *Croisex* sind sehr unterschiedlich. Die Firmen müssen daher für jedes Segment eine angemessene Vertriebsorganisation aufbauen und diese auch personell adäquat besetzen. Ferner besteht die Möglichkeit pro Produktart Verkaufsförderungsbudgets zur Steigerung des Absatzerfolges einzusetzen. Die Unternehmen müssen dabei vom Gesetz der abnehmenden Grenzerträge ausgehen.

Marketing

Im Bereich Marketing stehen im Wesentlichen zwei Instrumente zur Verfügung. Der Preis kann prinzipiell frei gewählt werden, wobei die einzelnen Märkte sich durch unterschiedliche Preiselastizität der Nachfrage auszeichnen. Es ist davon auszugehen, dass für alle Produkte ein Prohibitivpreis existiert, bei dem es keine Nachfrage mehr gibt. In als Massenmärkte im Ausgangsszenario gekennzeichneten Segmenten besteht eine hohe Preiselastizität. Die Margenmärkte reagieren in der Regel träger. Gerade für Markenartikel und Differenzierungsprodukte ist der Einsatz von Werbebudgets als zweitem Instrument des Marketings von Bedeutung.

Produktpalette und Produktentwicklung

Die Unternehmen haben zwar im Spiel *Croisex* nicht die Möglichkeit, völlig neue Produktlinien auf den Markt zu bringen. Trotzdem können sie sich produktseitig differenzieren, indem sie (1) sich entweder auf einzelne Produkte spezialisieren und die Fertigung anderer Produkte ganz aufgeben, (2) bestehende Produkte durch Kombination mit weiteren Funktionen zu Baugruppen/Systemen entwickeln oder (3)

Kooperationen mit einer anderen der vier Firmen im Spiel eingehen. Auch über Integration auf der Einkaufseite kann nachgedacht und mit der Spielleitung verhandelt werden. Sollten die Firmen den Markt aufteilen oder sonstige Kartellformen ausbilden, wird die Spielleitung durch Einführung weiterer Wettbewerber das insgesamt durch die Firmen realisierbare Marktvolumen stark beschneiden.

Über die Produktspezialisierung hinaus können die Firmen durch Ausgaben für die Weiterentwicklung ihrer Produkte Qualitätsvorteile erzielen. In die Bewertung möglicher Qualitätsvorteile gehen neben den Budgets für die Produktentwicklung auch die Organisation des F&E- und des Entwurfsbereiches ein.

Gewinn- und Verlustrechnung / Bilanz

Die Unternehmen erhalten von der Spielleitung als Rückmeldung über jede Spielperiode eine GuV und eine vereinfachte Bilanz. Umsätze und zurechenbare Kosten werden pro Produktgruppe ausgewiesen. Da es keine Halbfabrikate gibt, die Produkte aber auch keiner gravierenden Alterung unterliegen, werden eventuell nicht abgesetzte Produkte der Periode mit den anteiligen Herstellkosten der Periode bewertet und nach Produktgruppen ausgewiesen. Schwankungen in der Bewertung der Lagerbestände werden von der Spielleitung über das Bankkonto ausgeglichen, um hier Komplexität aus der Entscheidung der Gruppen herauszunehmen.

Eröffnungsbilanz (alle Zahlen TDM)

Aktiva		Passiva	
Gebäude, Silos und		Eigenkapital	13.000
Rohrleitungen	3.500		
Maschinen			
5 Stück à 500 kg	250		
5 Stück à 1.000 kg	600		
4 Stück à 2.000 kg	800		
4 Stück à 10.000 kg	5.600		
1 Stück Lackieren	200		
Bank	2.050		
BILANZSUMME	13.000	BILANZSUMME	13.000

3.5 Hinweise zu alternativen Interventionsformen für die Spielleitung

Unternehmensplanspiel

Im Bereich des Planspielteiles besteht vor allem die Möglichkeit, durch Vorgabe der maximal durch alle teilnehmenden Firmen erreichbaren Absatzmengen auf den vier Segmenten Einfluss auf das Spielgeschehen auszuüben. Dabei sind unterschiedliche Varianten denkbar:

a) Es wird für alle vier Segmente eine einheitliche konjunkturelle Tendenz unterstellt, d.h. nach z.B. drei Perioden Mengenwachstum in allen Segmenten wachsen die Märkte vier Perioden lang nicht weiter oder schrumpfen sogar.

b) Die Absatzmengen entwickeln sich unterschiedlich in den Produktgruppen; während Autos eine Absatzschwäche zeigen, werden viele Spielzeuge gekauft oder umgekehrt.

c) Es besteht ein Trend zu höherwertigen oder billigen Produkten; d.h. z.B. die Markenartikel in jeder Produktgruppe wachsen stärker als die Massenmarktprodukte.

Organigramm und Managementsysteme

Die Qualität des Organigramms und der Managementsysteme sollen im Spiel *Croisex* den Markterfolg beeinflussen. Neben den Werbeausgaben und der Produktentwicklung sowie den personellen Kapazitäten beeinflusst deshalb die Punktebewertung der Spielleitung für das Organigramm und die Managementsysteme den Grad des Absatzes der tatsächlich gefertigten Menge erheblich.

a) Es wird eine Festlegung getroffen, welcher Prozentanteil ab der entsprechenden Periode von der Punktebewertung abhängen soll oder

b) die Punktezahl stellt ein relatives Gewicht für die anderen Faktoren (Preis, MKT, Forschung) dar. Die Variante b) ist im Rechenwerk der Unterstützungssoftware realisiert.

Weitere mögliche Interventionen

Die Informationen des Skriptums für die Teilnehmer machen Kooperationen zwischen den vier Unternehmen grundsätzlich möglich. Die Spielleitung kann während des Spiels zusätzliche Informationen an die Gruppen z.B. in Form von Pressemitteilungen oder Verbandsnachrichten leiten, um die Kooperation zwischen den Gruppen anzuregen. Die Spielleitung kann auch zusätzliche Informationen zur Marktentwicklung in Form von Börsennotizen in Umlauf bringen. Die Rettung bankrotter Firmen sollte im Spiel über die Bereitstellung von zusätzlichen Krediten, unter eventueller Aussetzung der Zinszahlungen, oder durch Zuführung neuen Eigenkapitals durch fiktive Investoren erfolgen. Da die Gruppen die Rechtsform selbst wählen können, kann die Intervention einer "Muttergesellschaft" nicht als Regelfall angenommen werden.

3.6 Aufgaben

Aufgabenblatt 0 (individuelle Vorbereitung)

Name:

1. Zusammenarbeit in der Gruppe

a) Wie stellen sie sich die Zusammenarbeit in der Gruppe vor?

b) Wie sollte Ihrer Meinung nach innerhalb der Gruppe entschieden werden?

c) Charakterisieren Sie mit einigen Schlagworten, wie das Gruppenklima sein sollte!

2. Normative Dimension des Unternehmens

Zur Vorbereitung der ersten Entscheidungen in Ihrer Planspielgruppe ist es erforderlich, dass Sie sich einige Gedanken zur grundsätzlichen Strukturierung, langfristigen Ausrichtung und zu Elementen des Selbstverständnisses machen. Die folgenden Aspekte gehören alle zur sog. normativen Ebene der Unternehmensgestaltung und lassen sich der Unternehmenspolitik, der Unternehmensverfassung und der Unternehmenskultur zurechnen.

a) Welche Rechtsform soll ihr Unternehmen haben?

b) Wie soll die Geschäftsführung strukturiert und personell besetzt werden?

c) Welche langfristigen Marktziele soll Ihre Unternehmung verfolgen? (eine Zielformulierung besteht immer aus Was? Wann? Wie viel?)

d) Welchen Unabhängigkeitsgrad soll Ihre Unternehmung aufbauen bzw. erhalten? Streben Sie Kooperationen an?

e) Welches Entscheidungsprozedere soll die Geschäftsführung befolgen?

f) Welche Kommunikationsmuster streben Sie für das gesamte Unternehmen an?

3. Basisorganigramm

Entwerfen Sie für ein Unternehmen des Ausgangsszenarios des Planspiels ein Organigramm. Führen Sie dabei alle wichtigen Aufgaben als Stellen bzw. Zuständigkeiten der 1. bis 3. Führungsebene (bspw. GL-Ebene, Abteilungen, Gruppen) auf.

Aufgabenblatt 1 (Vorarbeit in der Gruppe)

Unternehmen:

1. Verteilung der Aufgaben in der Gruppe

In Ihrem Unternehmen müssen verschiedenste Entscheidungen getroffen und unterschiedliche Aktivitäten koordiniert werden. Um die Vorteile einer Arbeitsgruppe im operativen Bereich auch realisieren zu können, sollten Sie zunächst eine Verteilung der Aufgaben durchführen. Wählen Sie dann die Ihrer Meinung nach fünf wichtigsten Entscheidungstypen aus und legen Sie für diese fünf ausgewählten Entscheidungen die Aufgaben bzw. Einflussmöglichkeiten aller Gruppenmitglieder in einer Tabelle fest.

a) Aufgabenverteilung: Name   Aufgabe / Funktion
1.
2.
3.
4.
5.
6.

b) Entscheidungs- und Informationsabläufe

Name Entscheid						
1						
2						
3						
4						
5						

Verwenden Sie für die Festlegung der Abläufe die folgenden Symbole:

E = Entscheidung fällen; B = Mitberaten bei der Entscheidung; P = Planungsaufgaben zur Entscheidungsvorbereitung; I = wird über Entscheidungen informiert

2. Zusammenarbeit in der Gruppe

Diskutieren Sie die individuellen Standpunkte zu den drei Bereichen der Zusammenarbeit in der Gruppe (Frage 1 Aufgabenblatt 0). Versuchen Sie, einen Gruppenstandpunkt herauszubilden und formulieren Sie diese Position jeweils in drei bis fünf Schlagworten.

a) Wie stellen sie sich die Zusammenarbeit in der Gruppe vor?

   1
   2
   3
   4

b) Wie sollte Ihrer Meinung nach innerhalb der Gruppe entschieden werden?

   1
   2
   3
   4

c) Charakterisieren Sie mit einigen Schlagworten, wie das Gruppenklima sein sollte!

   1
   2
   3
   4

3. Normative Dimension des Unternehmens

Diskutieren Sie die Positionen aller Gruppenmitglieder zur Festlegung von Unternehmensverfassung, -politik und -kultur. Halten Sie die Ergebnisse stichwortartig fest.

a) Rechtsform des Unternehmens

b) Struktur und Besetzung der Geschäftsführung

c) langfristige Marktziele

d) Unabhängigkeitsgrad der Unternehmung

e) Entscheidungsprozedere der Geschäftsführung

f) Kommunikation im Unternehmen und mit der Umwelt

4. Basisorganigramm

Entwerfen Sie für ihr Unternehmen in der Situation des Ausgangsszenarios des Planspiels ein Organigramm. Führen Sie dabei alle wichtigen Aufgaben als Stellen bzw. Zuständigkeiten der 1. bis 3. Führungsebene (bspw. GL-Ebene, Abteilungen, Gruppen) auf.

Aufgabenblatt 2 - Strategische Dimension: Organigramm

Unternehmen: nach Spielperiode:

Weiterentwicklung des Organigramms

Nachdem Sie ihr Unternehmen durch Markt- und Investitionsentscheidungen weiterentwickelt haben, sollen Sie nun das Organigramm ihres Unternehmens den veränderten Bedingungen anpassen. Überlegen Sie, ob neue Aufgaben in der Organisation wahrgenommen werden müssen und ob alte weggefallen sind. Zeichnen Sie wiederum ein Organigramm, das alle eigenständigen Aufgaben als Stellen bzw. Zuständigkeiten zeigt.

Aufgabenblatt 3 - Strategische Dimension: Managementsysteme

Unternehmen: nach Spielperiode:

Entwicklung von Managementsystemen

Beschreiben Sie die verschiedenen Systeme (z.B. Controlling, Zielvereinbarungssysteme, Beurteilungswesen etc.), die Sie einsetzen wollen, um die Leistungsfähigkeit des Unternehmens zu gewährleisten. Skizzieren Sie in Stichworten.

Name des Systems	Aufgaben des Systems	Prozess der Durchführung

Aufgabenblatt 4 - Verbesserung der Zusammenarbeit

Sie haben in den vergangenen Tagen mehrmals den Checkbogen 1 (Gruppenanalyse) zur Verbesserung der Zusammenarbeit ausgefüllt. Für die Abschlussdiskussion am letzten Tag des Planspiels sollen sie nun in ihrer Gruppe eine Vorbereitung leisten. Stellen sie in der Tabelle diejenigen Verhaltensweisen und Maßnahmen zusammen, die Kooperation und Problemlösungsprozesse in Gruppen hemmen beziehungsweise fördern.

fördernde/-s Maßnahmen / Verhalten	hemmende/-s Maßnahmen / Verhalten

Bestimmen sie in ihrer Gruppe einen Sprecher, der die Ergebnisse ihrer Vorarbeit im Abschlussplenum vorträgt:

1. Wie hat sich die Zusammenarbeit konkret in ihrer Gruppe während des Planspiels entwickelt?

2. Welche fördernden bzw. hemmenden Maßnahmen und Verhaltensweisen (s. Tabelle) konnte ihre Gruppe identifizieren?

3. In welcher Weise beeinflussen Aufbauorganisation, Managementsysteme und Zusammenarbeit die Effizienz (Konzentration auf die wichtigen Dinge) und Effektivität (rationeller Umgang mit Ressourcen und schnelle Realisierung von Maßnahmen) einer Organisation? Beschreiben Sie die Wirkung und erstellen Sie ein Modell.

Aufgabenblatt 5 - betriebswirtschaftliche Abschlusspräsentation

Im Abschlussplenum sollen alle Planspielgruppen eine knappe Präsentation zur normativen Ausrichtung ihres Unternehmens, zur Entwicklung des Organigrammes und der Managementsysteme sowie zu ihren operativen Ergebnissen geben.

I. normative Ausrichtung des Unternehmens

Fassen sie **in Stichworten** die am Spielbeginn festgelegte Ausrichtung ihres Unternehmens zusammen. Kommentieren Sie dabei nur die unten aufgeführten Aspekte:

1. langfristige Marktziele

2. Unabhängigkeitsgrad der Unternehmung / Kooperation

3. Kommunikationsmuster

Weisen sie gegebenenfalls bei der Präsentation mündlich auf Veränderungen während des Spiels hin.

II. Organigramm und Managementsysteme

Fertigen sie auf Pinwandpapier das Ausgangs- und Endorganigramm für ihre Unternehmung an. Kommentieren sie bei der Präsentation **kurz** Überlegungen zur Veränderung der Struktur.

Listen sie auf Pinwandpapier ebenfalls **kurz** die von ihnen eingerichteten Managementsysteme auf und beschreiben sie diese **in Stichworten**.

III. operative Ergebnisse

Tragen sie in einer Tabelle folgende Informationen jeweils für alle Spielperioden zusammen:

1. Umsatz der Periode

2. Betriebsergebnis der Periode

3. cash flow (vereinfacht als: Betriebsergebnis plus Abschreibungen)

4. ROS (vereinfacht als: Betriebsergebnis/Umsatz)

5. Personalbestand

6. Quote der Personalkosten zu den Gesamtkosten

7. Marketingausgaben

8. Quote der Marketingausgaben zu den Gesamtkosten

Berechnen sie die Summe der nicht diskontierten cash flows sowie die Summe der nicht diskontierten Betriebsergebnisse aller Perioden.

Kommentieren sie **ausgewählte** Zahlen mündlich in der Präsentation.

Operative Ergebnisse des Unternehmens ....

PERIODE	I	II	III	IV	V	VI	VII	VIII	IX	X
Umsatz										
Ergebnis										
cash flow										
ROS										
Personalbestand										
Quote Personalkosten										
MKT-Ausgaben										
Quote MKT-Kosten										

Gesamtbetriebsergebnis   _____

Gesamt Cash flow   _____ _____

3.7 Bewertung der Organigramme und Managementsysteme

Das folgende Instrumentarium soll der Spielleitung die Bewertung der Organigramme und Managementsysteme erleichtern. Die Bewertung geht als wesentlicher Faktor mit in die Software des Planspiels ein. Es scheint wenig angemessen, die Bewertung anhand einer vorgegebenen "Idealorganisation" vorzunehmen. Auch in realen Branchen sind sehr unterschiedlich strukturierte Unternehmen erfolgreich. Vielmehr sollte sich die Bewertung auf eine angemessene Differenzierung der Organisation und die Verbesserung der Prozesse, wie sie aus den Managementsystemen ablesbar ist, konzentrieren. Da die Beschaffung sowie Lagerung von Rohstoffen und Endprodukten im Spiel als unproblematisch angenommen werden, ergeben sich zwei zentrale Funktionen der Unternehmen: (1) Leistungserzeugung bzw. Produktion und (2) Vertrieb.

Damit allein kann der Geschäftsprozess aber nicht aufrechterhalten werden. Es fehlen weitere Funktionen der Organisation:

· Administration/Verwaltung
· Marketing
· Forschung und Entwicklung
· Personalwesen

Der Geschäftsprozess wird durch die Aufbau- und Ablauforganisation strukturiert. Für die Arbeitsteilung sind Stellen und Abteilungen zu bilden. Die Abteilungen müssen koordiniert werden. Eine Führungsstruktur mit Entscheidungsbereichen soll dies leisten. Auf der Ebene der Managementsysteme sind vor allem Kommunikationsaspekte zu berücksichtigen. Ein Informationssystem kanalisiert die Kommunikation und sorgt für die notwendigen Informationen an den richtigen Stellen. Die

Grundlage für die Entwicklungsfähigkeit des Unternehmens ist damit vorhanden. Es fehlen aber noch weitere Maßnahmen, um das Überleben des Unternehmens zu gewährleisten.

Die Ziele und Aufgaben einer Organisation müssen formuliert und an die Prozesse des Umfeldes angepasst, viel mehr noch auf die Zukunft ausgerichtet werden (strategische Planung). Die Organisation muss dafür flexibel sein. Die Voraussetzung dazu erbringt das Personal mit seinen Fähigkeiten und Fertigkeiten. Das Können muss allerdings auch durch ein Wollen ergänzt werden. Die Mitarbeiter sollten sich dem Unternehmen verbunden fühlen und motiviert sein, die Prozesse innerhalb und in Bezug zum Umfeld zu optimieren. Weitere Managementsysteme sollen dazu die notwendigen Hilfestellungen für die Kontrolle und die Optimierung der Geschäftsabläufe liefern.

Orientierungsskala

1 = Die Sollvorgabe ist in der Ausarbeitung verwirklicht.

2 = Die Sollvorgabe ist teilweise verwirklicht.

3 = Die Sollvorgabe ist weitgehend nicht erreicht worden.

Unter Bemerkungen wird die Bewertung für einen gesamten Bewertungsbereich (Unternehmensziele, Organisation, Managementsysteme, Mitarbeiter) begründet. Es sollte die qualitative Rückmeldung für die Gruppen beinhalten, falls sie eine Beratung wünschen. Die Spielleitung sollte vor Beginn verabreden, ob sie die einzelnen Kriterien durch unterschiedliche Maximalpunktzahlen gewichten will.

Kriterium: Unternehmensziele

	1	2	3
1. Die Unternehmensziele sind formuliert.			
2. Die Unternehmensziele sind zeitlich dimensioniert.			
3. Die Unternehmensziele sind auf Produktgruppen bezogen.			
4. Die Unternehmensziele sind realistisch für das Unternehmen und seine verfügbaren oder beschaffbaren Ressourcen (Kapital, Personal etc.).			

Bemerkungen

Kriterium: Organisation

	1	2	3
1. Alle zwingend notwendigen Aufgaben, sind in der Struktur aufgeführt.			
2. Die Aufgaben sind logisch zu Funktionsbereichen (z.B. Abteilungen) gebündelt.			
3. Die Funktionsbereiche sind logisch miteinander verknüpft.			
4. Die Führungsstruktur ist klar und logisch aufgebaut.			
5. Das Organigramm ist klar strukturiert und nach klaren Prinzipien aufgebaut (z.B. Stab/Linie, Regionen, Produkte, Matrix).			
6. Die Funktionsbereiche sind personell angemessen ausgestattet.			

Bemerkungen

Kriterium: Managementsysteme

	1	2	3
1. Die Markterfordernisse und Kundenwünsche werden erfasst und im Unternehmen umgesetzt.			
2. Die Produkte werden systematisch entwickelt und ständig verbessert.			
3. Die Produktion wird laufend optimiert.			
4. Der finanzielle Status des Unternehmens wird laufend erfasst und gesteuert.			
5. Das Personal wird gezielt ausgewählt, eingesetzt und gefördert.			
6. Ein Informationssystem versorgt die Funktionsbereiche mit Basisinformationen und Steuerungszahlen.			

Bemerkungen

Kriterium: Mitarbeiter

	1	2	3
1. Das Entlohnungssystem enthält leistungsbezogene Komponenten.			
2. Beteiligungsmodelle motivieren und binden die Mitarbeiter an das Unternehmen.			
3. Die Einbeziehung der Mitarbeiter in die Entscheidungsfindung erfolgt funktionsgerecht.			
4. Das Potential der Mitarbeiter wird genutzt und in Formen der Zusammenarbeit berücksichtigt, z.B. teilautonome Gruppen.			

Bemerkungen

3.8 Methoden des gruppendynamischen Bereichs

3.8.1 Gruppenprozesse

Checkbogen 1: Gruppenanalyse

Füllen Sie die Checkliste nach der Gruppenarbeit aus Ihrer Sicht aus. Halten Sie anschließend fest, was

· die Gruppenarbeit fördert oder hemmt,
· die Gruppenarbeit verbessert,
· Sie selbst besser machen können.

Diskutieren Sie Ihre Eindrücke anschließend mit Ihren anderen Gruppenmitgliedern und legen sie gemeinsam Maßnahmen fest.

	stimmt genau				stimmt überhaupt nicht
Aufgabenorientierte Verhaltensweisen					
1. Die Gruppe befasste sich nur mit den Aufgaben.	1	2	3	4	5
2. Jeder brachte Vorschläge ein.	1	2	3	4	5
3. Die Aufgabenstellung war jedem klar.	1	2	3	4	5
4. Die Gruppe ging systematisch vor.	1	2	3	4	5
5. Vorhandene Möglichkeiten und Fähigkeiten wurden voll genutzt.	1	2	3	4	5
6. Alle waren an der Lösung der Aufgaben interessiert.	1	2	3	4	5
7. Ziele wurden klar verstanden.	1	2	3	4	5
8. Vom Thema abweichende Diskussionen wurden vermieden.	1	2	3	4	5
9. Die Ergebnisse wurden sofort visualisiert.	1	2	3	4	5

Interaktionen in der Gruppe

	stimmt genau			stimmt überhaupt nicht	
1. Entscheidungen wurden von einzelnen erzwungen.	1	2	3	4	5
2. Einige gaben die eigene Meinung zu schnell auf.	1	2	3	4	5
3. In der Gruppe war eine angenehme Atmosphäre.	1	2	3	4	5
4. Einigen gelang es nicht, an den Entscheidungen mitzuwirken.	1	2	3	4	5
5. Man ging bei der Diskussion aufeinander ein.	1	2	3	4	5
6. Die Gruppe ließ Meinungsverschiedenheiten bestehen.	1	2	3	4	5
7. Den Frieden zu bewahren und gut miteinander auszukommen, war wichtiger, als gute Entscheidungen. zu treffen	1	2	3	4	5
8. Es wurden für alle akzeptable Kompromisse gefunden.	1	2	3	4	5
9. Gruppenprozesse wurden analysiert und verbessert.	1	2	3	4	5

Individuelles Verhalten in der Gruppe

1. Ich war am Thema immer interessiert.	1	2	3	4	5
2. Ich beteiligte mich aktiv an der Diskussion.	1	2	3	4	5
3. Ich habe mich voll auf die Arbeit konzentriert.	1	2	3	4	5
4. Meine Beiträge wurden von den Gruppen mitgliedern aufgenommen und diskutiert.	1	2	3	4	5
5. Ich bin auf die Ideen, Argumente der anderen eingegangen.	1	2	3	4	5

	stimmt genau				stimmt überhaupt nicht
6. Ich fühlte mich in der Gruppe frei, meine Meinung vorzubringen.	1	2	3	4	5
7. Ich habe mich nie passiv verhalten.	1	2	3	4	5
8. Ich habe und werde Vereinbarungen einhalten.	1	2	3	4	5
9. Ich habe vorwiegend versucht, mein Konzept durchzubringen.	1	2	3	4	5
10. Ich habe mich zurückgezogen.	1	2	3	4	5

Individuelle Arbeit
Fassen Sie in eigenen Worten zusammen:

1. Was förderte in ihrer Gruppe die Zusammenarbeit?
2. Was hemmte in ihrer Gruppe die Zusammenarbeit?
3. Was sollte in der Gruppe in Zukunft anders gemacht werden?
4. Was sollten Sie in der Gruppe anders machen (Auswertung nur individuell)?

Gruppenarbeit
Tauschen Sie Ihre Sichtweisen mit den anderen Gruppenmitgliedern aus (Frage 1 - 3), halten sie die Verbesserungsmaßnahmen für Ihre Gruppe fest (ein bis zwei Verbesserungen) und achten sie auf die Verwirklichung in der nächsten Spielperiode.

Verbesserung	Verantwortlicher	Erzielte Wirkung

3.8.2 Übung Aquarium

Ziel

Die vorgesehene Diskussion gibt jeder Gruppe die Gelegenheit, die eigene bisherige Leistung hinsichtlich Ihrer Zusammenarbeit zu überprüfen und zu bewerten. Ebenso haben beide Gruppen Gelegenheit, in einer Diskussionsgruppe mitzumachen und eine andere Gruppe zu beobachten. Dadurch ist jeder Teilnehmer in der Lage, zwei Gruppen - seine eigene und die andere - im Hinblick auf sechs bedeutsame Merkmale der Zusammenarbeit miteinander zu vergleichen:

1. Gruppenklima
2. Kritik
3. Engagement, Motivation
4. Arbeitsmethoden
5. Kreativität
6. Organisation und Kooperation

Die Mitglieder beider Gruppen haben zudem die Möglichkeit, sich gegenseitig zu unterstützen, indem sie Feedback geben und empfangen. Sie erfahren außerdem, wie gut sie beides leisten können.

Übungsablauf

Die Arbeitsgruppen 1 und 2 sowie 3 und 4 führen die Übung Aquarium gemeinsam durch. Während die eine Gruppe die vorgeschriebenen Themen diskutiert, übernimmt die andere Gruppe die Rolle des Beobachters. Danach werden die Rollen getauscht. Jede Gruppe hat so die Möglichkeit, eine andere Gruppe in Aktion zu sehen und zu beobachten.

Individuelle Vorarbeit

Alle Teilnehmer bearbeiten individuell den Checkbogen 2, wie es in der Anweisung vorgegeben ist.

Gruppenarbeit

Die in der Anweisung beschriebene Gruppenarbeit wird in Gegenwart der Beobachtergruppe durchgeführt. Die Beobachtergruppe hat die Aufgabe, die Mitglieder der diskutierenden Gruppe zu beobachten. Sie verabredet vorher, wer welches Mitglied der anderen Gruppe beobachtet und nach dem Ende der Diskussion Feedback gibt. Die Gruppenarbeit dauert 30 Minuten.

Feedback

Nach einer Pause von ca. 10 Minuten geben die Beobachter den einzelnen Mitgliedern der Diskussionsgruppe Feedback.

Gruppenarbeit

Danach wechseln die Gruppen ihre Rollen. Die "Feedbackgruppe" diskutiert nun ihre Zusammenarbeit, wiederum 30 Minuten.

Ablauf der Beobachtung

Schreiben Sie die Äußerungen und Verhaltensweisen Ihres Partners während der gesamten Diskussion auf (Verhalten). Beschreiben Sie kurz, worauf sich der Beitrag bezog (Situation), z.B. Beitrag einer anderen Person oder ein Thema. Achten Sie besonders darauf, ob ihr Partner sich mit der Verbesserung der Gruppenarbeit oder mit abweichenden Themen beschäftigt. Abweichungen sind auch, sich nur mit den positiven Aspekten der Gruppenarbeit zu befassen.

Verhalten	Situation

Werten Sie anschließend die gemachten Äußerungen Ihres zu beobachtenden Partners aus. Ordnen Sie die Äußerungen in folgende Kriterien ein.

1. Positive soziale, emotionale Interaktion
   · zeigt Solidarität,
   · entspannt die Atmosphäre,
   · stimmt zu.

2. Negative soziale, emotionale Interaktion
   · lehnt Personen ab,
   · zeigt negative Stimmung,
   · äußert destruktiven Widerspruch, zerstört.

3. Aufgabenorientierte Interaktion
   · macht Vorschläge,
   · äußert Meinungen,
   · erbittet Informationen,
   · fragt nach Meinungen,
   · erbittet Vorschläge.

4. Störungen der aufgabenorientierten Interaktion
· lenkt vom Thema ab,
· wehrt Problemsichten ab,
· beschwichtigt,
· verhält sich passiv,
· zeigt nur Probleme bei Lösungsansätzen auf (Killerphrasen).

Beschreiben Sie zusammenfassend die Rolle, die Ihre beobachtete Person in der Diskussion gespielt hat. Belegen Sie Ihre Zusammenfassung mit Ihren Beobachtungen. Denken Sie beim Geben und Empfangen von Feedback daran, dass es viel leichter ist, Rat zu geben, als ihn anzunehmen. Wenn die Diskutierenden sofort defensiv reagieren und die Beobachter angreifen, werden sie kaum Gelegenheit haben, alle Kommentare zu hören. Ebenso können die Beobachter nur helfen, wenn sie die Situation nicht ausnutzen, um ihr eigenes Ansehen zu vergrößern, indem sie das der anderen Person herabsetzen (vgl. Skript im Teil B zum Thema Feedback). Die Feedbackempfänger sollten ihre Erwiderungen auf Fragen beschränken, die der Klärung und Verdeutlichung des Feedbacks dienen.

Checkbogen 2: Gruppenanalyse/Aquarium

Individuelle Arbeit
Kreuzen sie den Wert an, der am besten die Gruppe beschreibt.
1 = trifft voll zu; 2 = trifft vorwiegend zu; 3 = trifft kaum zu; 4 = trifft überhaupt nicht zu
und fassen Sie in einer Beschreibung zusammen, was verbessert werden soll.

Gruppenklima

1. Die Gruppenmitglieder verhalten sich offen zueinander.   1   2   3   4

2. Die Gruppenmitglieder verbergen ihre Motive und
   Meinungen.   1   2   3   4

3. Konflikte werden besprochen, gemeinsam findet man
   Lösungen.   1   2   3   4

4. Wichtige Angelegenheiten werden unter den Teppich
   gekehrt.   1   2   3   4

5. Es wird mehr Wert auf Übereinstimmung als auf Klärung
   gelegt.   1   2   3   4

6. In der Gruppe herrscht eine entspannte Atmosphäre.   1   2   3   4

7. Es gibt Cliquen in der Gruppe.   1   2   3   4

8. Individuelle Standpunkte werden zu wenig berücksichtigt.   1   2   3   4

9. Jeder wird ermuntert voll sein Wissen einzubringen.   1   2   3   4

10. Man unterstützt sich, geht aufeinander ein.   1   2   3   4

Was sollte verbessert werden?

Kritikfähigkeit

1. Kritisierte Mitglieder haben das Gefühl ihr Gesicht zu
   verlieren.   1   2   3   4

2. Man hält sich mit Kritik zurück, um niemanden zu
   verletzen.   1   2   3   4

3. Die Gruppe lernt aus ihren Fehlern. Sie werden offen und
   konstruktiv diskutiert.   1   2   3   4

4. Sich kritisch mit Sachverhalten auseinander zu setzen,
   wird gefördert.   1   2   3   4

5. Es fehlt die Fähigkeit, sich kritisch und konstruktiv mit
   der Gruppenleistung auseinander zu setzen.   1   2   3   4

6. Wir setzen uns gezielt mit unseren Verhaltensweisen
   in der Gruppe auseinander.   1   2   3   4

7. Wir führen regelmäßig Sitzungen durch, um unsere
   Aufgaben und die eingesetzten Methoden zu diskutieren
   und zu verändern.   1   2   3   4

8. Wir fassen zwar Vorsätze, doch werden diese nicht umgesetzt. 1   2   3   4

Was sollte verbessert werden?

Engagement, Motivation

1. Die Gruppenmitglieder identifizieren sich nicht mit den Zielen.   1   2   3   4

2. Alle arbeiten für den Erfolg der Gruppe.   1   2   3   4

3. Man fühlt sich nicht mit der Gruppe verbunden.   1   2   3   4

4. Unannehmlichkeiten nehme ich für die Gruppe nicht auf mich. 1   2   3   4

5. Jeder setzt sich voll für die Arbeit ein.   1   2   3   4

6. Die Arbeit macht Spaß, man hat häufig Erfolgserlebnisse.   1   2   3   4

7. Man wird voll mit seinen Fähigkeiten herausgefordert.   1   2   3   4

8. Eigene Meinungen, Vorstellungen dürfen nicht geäußert werden.   1   2   3   4

9. Bei Schwierigkeiten sucht man den Schuldigen.   1   2   3   4

10. Manche profilieren sich auf Kosten anderer.   1   2   3   4

Was sollte verbessert werden?

Arbeitsmethoden

1. Die Sitzungen bringen keine großen Fortschritte.   1   2   3   4

2. Auf die Argumente von Teilnehmern wird eingegangen.   1   2   3   4

3. Keiner hört richtig zu; jeder beschäftigt sich mit seiner Meinung.   1   2   3   4

4. Systematiken zum Problemlösen, Entscheiden werden angewendet.   1   2   3   4

5. Die Gruppenmitglieder sind auf die Themen gut vorbereitet.   1   2   3   4

6. Es werden keine Kontrollen für die verabschiedeten Maßnahmen geplant.   1   2   3   4

7. Diskussionen verlaufen zäh und schleppend.   1   2   3   4

8. Moderationstechniken werden gezielt eingesetzt.   1   2   3   4

9. Wir haben zwar Gruppensitzungen, nutzen sie jedoch nicht
   zum Problem- und Konfliktlösen.   1   2   3   4

10. An Vereinbarungen, Verabredungen und Entscheidungen
    wird sich oft nicht gehalten.   1   2   3   4

11. Manche Punkte, die auf der Tagesordnung stehen,
    bleiben ungeklärt.   1   2   3   4

Was sollte verbessert werden?

Kreativität

1. Neue Ideen werden kaum entwickelt.   1   2   3   4

2. Die Gruppenmitglieder trauen sich nicht, neue
   Vorstellungen zu äußern.   1   2   3   4

3. Es wird systematisch an Veränderungen gearbeitet.   1   2   3   4

4. Kreative Techniken werden gezielt eingesetzt.   1   2   3   4

5. Gute Lösungsansätze werden von allen weiterentwickelt.   1   2   3   4

6. Ideen, die von außen kommen, haben keine Chance.   1   2   3   4

7. Unsere Gruppe entwickelt wenig Phantasie.   1   2   3   4

8. Nur wenige Gruppenmitglieder entwickeln Vorschläge.   1   2   3   4

9. Gute Ansätze werden nicht weiterverfolgt.   1   2   3   4

Was sollte verbessert werden?

Organisation und Kooperation

1. Es besteht eine klare Übereinstimmung in den Zielsetzungen. 1   2   3   4

2. Es gibt keine regelmäßigen Gespräche über Aufgaben
   und Prioritäten in der Gruppe.   1   2   3   4

3. Leistungsmöglichkeiten können nur ungenügend eingebracht
   werden.   1   2   3   4

4. Die Arbeitsbereiche und Funktionen in unserer Gruppe sind
   klar aufgeteilt.   1   2   3   4

5. Informationen werden nur ungenügend weitergegeben.   1   2   3   4

6. Die Gruppe verbessert ständig ihre Arbeitsleistungen.   1   2   3   4

7. Die Zusammenarbeit lässt stark zu wünschen übrig.   1   2   3   4

8. Die Arbeitsabläufe funktionieren reibungslos.   1   2   3   4

9. Gruppenmitglieder können auch die Aufgaben von anderen   1   2   3   4
   Gruppenmitgliedern übernehmen.   1   2   3   4

10. Wir achten darauf, unsere Zeit und Kräfte effizient einzusetzen. 1   2   3   4

Was sollte verbessert werden?

Zusammenfassung: Bewertung der Gruppenentwicklung
Fortsetzung der **individuellen Arbeit**
Führen Sie hier auf, was nach Ihrer Meinung die Hauptprobleme der Gruppe sind. Beschränken Sie sich dabei auf die drei bis vier wichtigsten Punkte (Prioritätenliste): Entwickeln Sie Maßnahmen, um die Zusammenarbeit zu verbessern!

Gruppenarbeit
· Stellen sie die Problemsichten der Gruppenmitglieder zusammen.
· Bestimmen sie, mit welchen Problemen sie sich befassen wollen.
· Entwickeln sie Maßnahmen, um die Probleme zu lösen.
· Verabreden sie Kontrollen, die das Einhalten der Regeln ermöglichen.

3.8.3 Feedback

Checkbogen 3: Individuelle Fähigkeiten
Ziel
Der Bogen soll die Analyse eigener Verhaltensweisen ermöglichen. Er soll Anregungen geben, erwünschte Verhaltensweisen weiterzuentwickeln und unerwünschte Verhaltensweisen besser zu kontrollieren. Die Ergebnisse sind nur für Sie selbst bestimmt. Falls Sie Bestätigungen oder Anregungen von Ihren Gruppenmitgliedern wünschen, sprechen Sie die Verhaltensbereiche in der freien Feedbackrunde an.

Bedeutung der Zahlen
2 = ich verhalte mich öfter in dieser Weise
1 = ich zeige manchmal diese Verhaltensweise
0 = Verhalten kommt nicht vor

Systematisches Vorgehen

erfragt Informationen und Meinungen, um ein gemeinsames Problemverständnis zu ermöglichen	2	1	0	1	2	beschäftigt sich nur mit eigener Sichtweise
gibt Informationen und Meinungen, um Sichtweisen zu ergänzen	2	1	0	1	2	trägt kaum etwas zur Diskussion bei
setzt sich mit den Ideen anderer auseinander	2	1	0	1	2	wertet Ideen anderer ab
fasst Diskussionsbeiträge zusammen, fördert den Lösungsprozess	2	1	0	1	2	hält sich nicht an die Systematik des Vorgehens
trägt zur Klärung von Sachverhalten bei	2	1	0	1	2	blockt Beiträge ab

Entwickeln des Gruppenklimas

drückt Lob und Anerkennung aus	2	1	0	1	2	wertet Beiträge anderer ab
zeigt Interesse an der Meinung anderer	2	1	0	1	2	ist gleichgültig
bezieht andere in das Gespräch mit ein	2	1	0	1	2	ist nur darauf bedacht, eigene Beiträge beizusteuern
versöhnt verschiedene Standpunkte miteinander	2	1	0	1	2	polarisiert Meinungen
trägt zum Abbau von Spannungen bei	2	1	0	1	2	verschlechtert das Klima durch persönliche Angriffe

Zeigen von Emotionalität

beschreibt Empfindungen hinsichtlich der Situation	2	1	0	1	2	Emotionen zurückdrängen, nicht zeigen
legt offen Widerspruch dar	2	1	0	1	2	indirekt durch Rückzug Widerspruch signalisieren
Dankbarkeit offen ausdrücken	2	1	0	1	2	keine Reaktion zeigen
Zeigt vorwiegend negative Gefühle wie Sarkasmus	2	1	0	1	2	zeigt positive wie negative Gefühle

Gestalten von sozialen Beziehungen

gegenseitiges Kennen lernen fördern	2	1	0	1	2	sich zurückziehen, neutral verhalten
auf andere zugehen, Vorschläge für gemeinsame Aktivitäten machen	2	1	0	1	2	anderen die Initiative überlassen
anderen behilflich sein	2	1	0	1	2	mehr auf den eigenen Vorteil bedacht sein
andere vor persönlichen Attacken in Schutz nehmen	2	1	0	1	2	solche Angriffe direkt oder indirekt unterstützen
alle in Aktionen mit einbeziehen	2	1	0	1	2	Aufmerksamkeit auf sich selbst lenken
Vereinbarungen, Verabredungen einhalten	2	1	0	1	2	nach eigenen Bedürfnissen verfahren

Gestalten der Kommunikation

an den Erfahrungen, Person interessiert sein	2	1	0	1	2	von sich selbst, anderer eigenen Erfahrungen, bei jeder sich bietenden Gelegenheit reden
Meinungen anderer zu verstehen suchen	2	1	0	1	2	ungeduldig, wütend werden, wenn andere nicht eigener Meinung sind

Themen durch Beiträge vorbringen	2	1	0	1	2	unterbrechen und zum eigenen Thema wechseln
Meinungen anderer respektieren, tolerieren	2	1	0	1	2	lustig machen über und Ideen anderer
geduldig zuhören, wenn jemand etwas vorträgt	2	1	0	1	2	Gedanken des anderen selbst schnell zu Ende führen
ausgeglichen sein	2	1	0	1	2	zeitweilig "ungenießbar", launisch sein
Konsens suchen	2	1	0	1	2	anderen eigene Meinung aufdrängen
Vorschläge anderer aufgreifen, weiterverfolgen	2	1	0	1	2	Vorschläge anderer abwerten
für neue Ideen aufgeschlossen sein	2	1	0	1	2	bei neuen Ideen Bedenken finden und artikulieren
aufgeschlossen gegenüber Kritik sein	2	1	0	1	2	Kritik abwehren

Welche Verhaltensweisen sind störend für die Gruppenarbeit?

Welche Verhaltensweisen wollen Sie in Zukunft besser kontrollieren bzw. vermeiden?

Welche Verhaltensweisen wollen Sie in Zukunft mehr nutzen und was können Sie tun, um Ihre soziale Kompetenz weiter zu entwickeln?

3.8.4 Checkbogen 4: Verhaltensbeschreibung

Vorgehen

1. Jedes Gruppenmitglied füllt diesen Bogen zunächst für sich selbst aus: Wie sehe ich mich in der Gruppenarbeit?
2. Jedes Gruppenmitglied füllt danach den Bogen für die anderen Gruppenmitglieder aus: Was habe ich bei den anderen Gruppenmitgliedern beobachtet? Welches Verhalten ist für das Gruppenmitglied typisch?

3. Jeder gibt die erstellten Beschreibungen an die betreffenden Gruppenmitglieder weiter.
4. Jeder wertet seine Beschreibungen aus: Was sind meine typischen Verhaltensweisen? Was muss ich noch tun, um meine Arbeit in der Gruppe zu verbessern?
5. Die Gruppe setzt sich zusammen. Jeder kann Fragen zu den Beschreibungen stellen. Jeder berichtet nacheinander über seine Auswertung. Die Gruppe gibt ihm Anregungen für die Verbesserung seiner Arbeit in Gruppen.

Bedeutung der Zahlen
2 = zeigt öfter diese Verhaltensweise
1 = zeigt manchmal diese Verhaltensweise
0 = Verhalten wurde nicht beobachtet
Natürlich können beide polaren Verhaltensweisen auftreten, deshalb sind die Verhaltensweisen durchnummeriert und es können pro Vorgabe mehrere Kreuze gemacht werden.

Selbstbeschreibung

hört zu, fragt nach, klärt eigenes Verstehen	2 1 0 1 2				beschäftigt sich nicht mit Beiträgen anderer
geht auf die Vorschläge anderer ein	2 1 0 1 2				wertet Vorschläge von anderen ab (ja, aber...)
geht auf die Gegenargumente ein	2 1 0 1 2				wiederholt eigene Argumente, beharrt auf eigener Meinung
vertritt eigene Meinung, versucht andere zu überzeugen	2 1 0 1 2				gibt schnell auf, passt sich der Mehrheit an
macht Vorschläge, bringt neue Ideen ein	2 1 0 1 2				setzt keine neuen Impulse für die Gruppenarbeit
strukturiert Gespräche, achtet auf systematisches Vorgehen	2 1 0 1 2				verhält sich passiv, lässt Gespräch laufen
ist sachlich und freundlich	2 1 0 1 2				wird persönlich und aggressiv
ermuntert andere zur Mitarbeit	2 1 0 1 2				stellt vor allem sich selbst dar

strebt Konsens an	2 1 0 1 2	achtet nicht auf ab- weichende Meinungen einzelner
trägt die gemeinsame Ent- scheidung	2 1 0 1 2	opponiert auch nach der Gruppenentscheidung
spricht offen Verbesserungs- bereiche an	2 1 0 1 2	vermeidet Auseinandersetz- ungen
fördert offenen Meinungs- austausch	2 1 0 1 2	blockt ab, weicht auf andere Themen aus
achtet auf das Zustandekommen von Lösungen	2 1 0 1 2	wehrt Lösungsansätze durch negative Kommentare ab (Killerphrasen)

Zusammenfassung: Listen Sie die typischen Verhaltensweisen auf.

Auswertung: Was sollte ich bei meinen Verhaltensweisen verbessern?
Wie könnte ich das verwirklichen?

Von: An:

Gruppendiskussion

hört zu, fragt nach, klärt eigenes Verstehen	2 1 0 1 2	beschäftigt sich nicht mit Beiträgen anderer
geht auf die Vorschläge anderer ein	2 1 0 1 2	wertet Vorschläge von anderen ab (ja, aber...)
geht auf die Gegenargumente ein	2 1 0 1 2	wiederholt eigene Argumente, beharrt auf eigener Meinung
vertritt eigene Meinung, versucht andere zu überzeugen	2 1 0 1 2	gibt schnell auf, passt sich der Mehrheit an
macht Vorschläge, bringt neue Ideen ein	2 1 0 1 2	setzt keine neuen Impulse für die Gruppenarbeit

strukturiert Gespräche, achtet auf systematisches Vorgehen	2	1	0	1	2	verhält sich passiv, lässt Gespräch laufen
ist sachlich und freundlich	2	1	0	1	2	wird persönlich und aggressiv
ermuntert andere zur Mitarbeit	2	1	0	1	2	stellt vor allem sich selbst dar
strebt Konsens an	2	1	0	1	2	achtet nicht auf abweichende Meinungen einzelner
trägt die gemeinsame Entscheidung	2	1	0	1	2	opponiert auch nach der Gruppenentscheidung
spricht offen Verbesserungsbereiche an	2	1	0	1	2	vermeidet Auseinandersetzungen
fördert offenen Meinungsaustausch	2	1	0	1	2	blockt ab, weicht auf andere Themen aus
achtet auf das Zustandekommen von Lösungen	2	1	0	1	2	wehrt Lösungsansätze durch negative Kommentare ab (Killerphrasen)

Zusammenfassung: Listen Sie die typischen Verhaltensweisen auf

3.9 Evaluation des Spiels

Fragebogen: Beurteilung des Planspiels *Croisex*
Ihre Meinung und Ihre Vorschläge zu diesem Seminar sind für uns sehr wichtig, um das Seminar systematisch weiterentwickeln zu können.

Ihr persönlicher Eindruck vom Seminar

klar, übersichtlich	1	2	3	4	5	verwirrend
gründlich	1	2	3	4	5	oberflächlich
nützlich	1	2	3	4	5	nutzlos
wichtig	1	2	3	4	5	unwichtig
interessant	1	2	3	4	5	uninteressant
aussagestark	1	2	3	4	5	uninformativ

Was war für Sie besonders wichtig?

Was hat Sie gestört?

Die vorgegebenen Behauptungen sollen Ihnen helfen, Ihre Meinung über das Seminar auszudrücken.

	stimmt genau				stimmt überhaupt nicht
2.1. Der Bezug theoretischer Grundlagen zu Handlungen ist mir verständlicher geworden.	1	2	3	4	5
2.2. Ich verstehe besser, wie normative und strategische Dimensionen und Handeln aufeinander bezogen sind.	1	2	3	4	5
2.3. Ich kann schlüssige Bezüge zwischen Planungen und Handlungen herstellen.	1	2	3	4	5
2.4. Die Art der Zusammenarbeit ist entscheidend für die Güte der Aktivitäten der Gruppe.	1	2	3	4	5
2.5. Ich weiß jetzt, wie man die Zusammenarbeit systematisch fördern kann.	1	2	3	4	5
2.6. Ich weiß, wie man ein positives Gruppenklima entwickeln kann.	1	2	3	4	5
2.7. Ich weiß mehr darüber, wie meine Verhaltensweisen auf andere wirken.	1	2	3	4	5
2.8. Ich weiß, welche Verhaltensweisen ich bei mir verändern muss.	1	2	3	4	5
2.9. Ich habe wichtige Erfahrungen gewonnen, wie Kommunikations- und Interaktionsprozesse ablaufen.	1	2	3	4	5
2.10 Die Veranstaltung ist für meine spätere Berufstätigkeit sehr wichtig.	1	2	3	4	5

Bemerkungen

Bitte machen Sie uns nun Vorschläge, wie man das Seminar verbessern kann.

Phase 1: Unternehmensentscheidungen
Wie gut waren die Informationen und Vorgaben in den Phasen?

1	2	3	4	5
sehr				sehr
gut				schlecht

Was sollte geändert werden?

Phase 2: Erarbeiten der Aufbauorganisation und Managementsysteme
Wie gut waren die Phasen strukturiert, wie gut die Informationen im Skript?

1	2	3	4	5
sehr				sehr
gut				schlecht

Was sollte geändert werden?

Phase 3: Analyse der Gruppenprozesse und Aquarium
Wie gut waren die Vorgaben für diese Phasen?

1	2	3	4	5
sehr				sehr
gut				schlecht

Was sollte geändert werden?

Feedback
Wie gut war die Phase strukturiert?

1	2	3	4	5
sehr				sehr
gut				schlecht

Was sollte geändert werden?

Schlussauswertung
Wie gut war sie?

1	2	3	4	5
sehr				sehr
gut				schlecht

Was sollte geändert werden?

Benutzte Verfahren

Aufgabenblatt 0: Wie gut war es?

1	2	3	4	5
sehr				sehr
gut			schlecht	

Was sollte geändert werden?

Aufgabenblatt 1: Wie gut war es?

1	2	3	4	5
sehr				sehr
gut			schlecht	

Was sollte geändert werden?

Aufgabenblatt 2: Wie gut war es?

1	2	3	4	5
sehr				sehr
gut			schlecht	

Was sollte geändert werden?

Aufgabenblatt 3: Wie gut war es?

1	2	3	4	5
sehr				sehr
gut			schlecht	

Was sollte geändert werden?

Aufgabenblatt 4: Wie gut war es?

1	2	3	4	5
sehr				sehr
gut			schlecht	

Was sollte geändert werden?

Checkbogen 1: Wie gut war er?

1	2	3	4	5
sehr				sehr
gut			schlecht	

Was sollte geändert werden?

Aquarium und Checkbogen 2: Wie gut war er?

1	2	3	4	5
sehr				sehr
gut			schlecht	

Was sollte geändert werden?

Checkbogen 3: Wie gut war er?

1	2	3	4	5
sehr				sehr
gut			schlecht	

Was sollte geändert werden?

Checkbogen 4: Wie gut war er?

1	2	3	4	5
sehr				sehr
gut			schlecht	

Was sollte geändert werden?

Skript

Bitte ankreuzen:

gelesen   ja   nein

wenn ja,
sehr nützlich   nützlich   weniger nützlich

Was sollte geändert werden?

Was fehlte Ihnen?

Welche Themen sollten noch oder ausführlicher behandelt werden?

4. Planspiel *Schmackig* AG

4.1 Ablauf und Ziele

Die Ausgangslage beschreibt einen Konzern, der erhebliche Schwierigkeiten hat. Das Unternehmen muss seine Organisationsstrukturen und Managementsysteme den veränderten Umfeldbedingungen anpassen. Das vorgegebene Szenario ist die Ausgangslage für eine Simulation, in der verschiedene Gruppen agieren sollen, um ihre Interessen durchzusetzen.

Die Gruppen werden aus den unterschiedlichen Bereichen des Unternehmens gebildet. Sie sollen die Probleme angehen und gemeinsam lösen. Dazu müssen Konzepte entworfen und abgestimmt werden. Prozesse innerhalb wie zwischen den Gruppen müssen ebenso gestaltet werden. Diese Prozesse gilt es durch systematische Analysen zu optimieren.

Ziele

Optimierungsprozesse gestalten:

- Konzepte für die Organisationsstruktur und die Managementsysteme planen.
- Vorstellungen in und zwischen den Gruppen angleichen und Konsens herstellen.
- Prozesse innerhalb und zwischen den Gruppen analysieren und gestalten.

Zeitplanung

Das Planspiel selbst dauert eine ganze Woche, täglich von 9.00 bis etwa 18.00 Uhr. Es besteht aus verschiedenen Phasen:

- Einstiegsphase
- Aktions- und Analysephasen
- Endauswertungsphase

1. Tag

9:00 bis 10:00	Einführung in das Planspiel / ggf. Videoinformation über Moderation und Gruppeneinteilung
10:00 bis 11:15	Übung: Kreativer Wandel
	Gruppenarbeit: Austausch, Diskussion und Einigung hinsichtlich der Bearbeitungspunkte für die Aufgabe 0
11:15 bis 12:00	Gruppencheck 1
12:30 bis 13:30	Mittagspause
13:30 bis 14:30	Weiterarbeit
14:30 bis 14:45	Pause, jede Gruppe organisiert ihre Pausen nach eigenem Bedarf
15:15 bis 16:15	Fortsetzung: Reorganisation
16:15 bis 17:30	Gruppencheck 1 und Intergruppencheck mit Abgabe an Spielleitung
17.30 bis 18.00	Klärung von Fragen

2. Tag

9:00 bis 12:30	Fortsetzung: Reorganisation
	Kontakte mit den anderen Gruppen
12:30 bis 13:30	Mittagspause
13:30 bis 15:30	Individuelle Bearbeitung der Fragebögen: Einstellungen zum Wandel,(Einstellungen) zu Methoden des Veränderns und zum Unternehmensklima. Ausgefüllte Fragebögen an Spielleitung
	Gruppencheck 2: Entwicklung der Gruppe. Intergruppencheck. Auswertung der Analysen, Planung von Verbesserungen. Formblatt Intergruppencheck an Spielleitung
	Vorbereitung Präsentation: Stand der Reorganisation
16:30 bis 18:00	Präsentation: Stand der Reorganisation

3. Tag

9:00 bis 12:30	Ausarbeiten des Reorganisationskonzepts Kontakte und Aktivitäten mit den anderen Gruppen Ausarbeiten und Sammeln von Diskussionspunkten zu den Änderungsvorschlägen der anderen Gruppen
12:30 bis 13:30	Mittagspause
13:30 bis 17:00	Gruppencheck 1 und Intergruppencheck, Auswertung der Analysen, Planung von Verbesserungen
	Ergebnisse Intergruppencheck weiterleiten an Spielleitung
17:00 bis 18:00	Präsentation der Erfahrungen hinsichtlich Gruppen- und Intergruppenprozessen

4. Tag

9:00 bis 12:30	Abschlussarbeiten: Reorganisation und Vorbereitung für Präsentation
12:30 bis 13:30	Mittagspause
13:30 bis 14:30	Gruppencheck 2 und Intergruppencheck, Weiterleiten an die Spielleitung. Vorbereitung der Präsentationen
14:30 bis ca. 18:00	Feedbacksitzungen
	Bearbeitung individuelle Fähigkeiten (Checkbogen 3)
	Feedback innerhalb der Gruppen

5. Tag

9:00 bis 12:30	1. Präsentation der Geschäftsleitung über den Abschlussstand der Reorganisation
	2. Präsentationen der anderen Gruppen: Ausgangsvorstellungen und Veränderungen
	3. Feedback der Gruppen: Wirkungen der Gruppen aufeinander
	4. Spielleitung: Präsentation der Ergebnisse Zwischengruppenprozesse, Einstellungen zum Wandel, Klima
13:30 bis 14:30	Abschlussgespräch: Evaluation des Seminars (Fragebogen)

Eindrücke vom Seminar

Aufgabenstellung: Erfahrungen mit dem Seminar

4.2 Das Unternehmen Schmackig AG

Reorganisationen durch Veränderungsprojekte - was ist eigentlich zu tun?

Reorganisationen sind sehr herausfordernde Aufgaben. Beim Einstieg in eine Reorganisation ist den meisten Menschen im Unternehmen oder in der Institution ja bereits klar, dass sich etwas ändern muss. Häufig aber ist dieses "Etwas" sehr wenig greifbar, weil die Zusammenhänge in der Organisation sehr *komplex* sind (vieles hängt von vielem anderen ab) oder aber weil eine große Zahl von Außenkontakten einen direkten verändernden Eingriff praktisch unmöglich macht. Unabhängig davon, ob es sich um eine interne Restrukturierung oder eine umfassende Reorganisation mit Umgestaltung der Schnittstellen zur Umwelt handelt, sorgen *Interessenkonflikte* zwischen beteiligten Parteien häufig dafür, dass Veränderungsbemühungen mit dem Hinweis auf den angeblich besseren Status quo, oder aber auf die fehlenden Ressourcen abgeblockt oder "ausgebremst" werden. Solche Konflikte entstehen in der Regel aus der Konfrontation verschiedener Vorstellungen über Ziele, Maßnahmen, Zeitpläne und wechselseitige Rollenverpflichtungen.

Nur wer Routinen kennt, kann über Maßnahmen Routinen verändern. Ausgangspunkt für die Formulierung von Zielen und Maßnahmen sollte also eine Analyse des Status quo sein. *Ziele* sollten in Reorganisationen von so vielen Personen wie möglich gemeinsam formuliert und auf ihre Plausibilität hin geprüft werden, ehe man mit der Formulierung von Maßnahmen beginnt. Ein Ziel wird in der Regel in der Form "Was? Wie viel? Bis wann?" aufgestellt. Sind noch sehr viel mehr Personen an der Realisierung der Maßnahmen beteiligt bzw. von den Veränderungen betroffen, als an der Zielformulierung teilgenommen haben, kann man davon ausgehen, dass sich die Erfolgsaussichten der Restrukturierung in dem Maße verbessern, wie alle Beteiligten *offen über Ziele und Maßnahmen kommunizieren*. Die aus den Zielen abgeleiteten oder aber nachträglich anhand der Ziele überprüften *Maßnahmen* müssen sehr viel detaillierter formuliert werden als die Ziele. Sie sollten so genau wie möglich auf die bestehenden Strukturen und Prozesse abgestimmt werden. Einzelne Maßnahmen sollten, wann immer möglich, Wechselwirkungen z.B. zwischen Abteilungen im Unternehmen (z.B. Produktion und Vertrieb) oder Gestaltungsparametern des Unternehmens (z.B. Produktmerkmale und Produktpreis) berücksichtigen.

Einen großen Einfluss auf Reorganisationsvorhaben hat das Erstellen von *Zeitplänen* zur Realisierung. Auch wenn es schwierig ist, vor dem Beginn von Maßnahmen die benötigte Zeit einzuschätzen, ermöglicht ein Zeitplan doch eine gemeinsame Orientierung der beteiligten Personen. *Zeitdisziplin* kann helfen, Diskussionen in Projektgruppen zu versachlichen. Allerdings führt *Zeitdruck* auch dazu, dass vorschnell entschieden wird und kreative Prozesse unterbunden werden. Wenn sehr viele Personen an einem Veränderungsprojekt beteiligt sind, ist das Projekt nur in dem Maße erfolgreich, wie die Beteiligten ihre *Zuständigkeiten*, wechselseitigen Verpflichtungen und die Form der Zusammenarbeit "verabredet" haben. Die Gestaltung dieser sozialen Dynamik braucht selbst Zeit, die in Reorganisationen oft nicht zur Verfügung zu stehen scheint. Aber es lohnt sich in der Regel diese Zeit am Anfang zu investieren, um eine erfolgreiche Reorganisation überhaupt möglich zu machen.

4.2.1 Normativer Bereich

Die Schmackig AG ist die deutsche Tochter eines internationalen Nahrungsmittel- und Seifenkonzerns. Um die Steuerung der sehr heterogenen Marktsegmente gewährleisten zu können, hat die Schmackig AG eine Holding gebildet, in der alle Zentralabteilungen und das Spartencontrolling konzentriert sind. Die Geschäftsfelder werden durch vier Sparten bedient:

Sparte 1: konservierte Lebensmittel (Margarine, Milchprodukte, Wurst etc.)

12 Werke

Sparte 2: Tiefkühlkost (Eiscreme, Früchte, Gemüse, Fertiggerichte etc.)

10 Werke

Sparte 3: Waschmittel und Spezialchemie (Waschpulver, Seifen, etc.)

4 Werke

Sparte 4: Körperpflege (Deodorants, Parfüm etc.)

6 Werke

Die vier Sparten sind in ihrer Aufbauorganisation weitgehend identisch, deshalb soll hier in den Organigrammen jeweils nur die Holding der Schmackig AG und eine Sparte exemplarisch vorgestellt werden. Insgesamt hat die Schmackig AG 32 Werke bzw. Standorte. Von produktionstechnisch bedingten Unterschieden abgesehen, sind Aufbau- und Ablauforganisation dieser Werke ebenfalls weitgehend gleich.

Geschäftspolitik

Das Ziel der Schmackig AG ist, die Verbraucher mit hochwertigen Produkten des täglichen Bedarfs zu beliefern. Die Produkte sollen ohne Schwierigkeiten erhältlich, von gleich bleibender Qualität und möglichst preiswert sein. Eigenschaften der Produkte und Werbeaussagen sollen übereinstimmen. Dazu ist es notwendig, umfangreiche Marktforschungen durchzuführen, um sicher zu gehen, dass die Produkte den Wünschen der Konsumenten entsprechen.

Die Konzernmutter wie auch die Schmackig AG streben nach langfristigem Gewinn. Während des Aufbaus eines Geschäfts oder der Kreation einer Marke werden Verluste hingenommen. Auch langfristig verfügen die Ländergesellschaften über Investitionsspielräume, da in der Regel nur 50% der Gewinne an die Konzernmutter abgeführt werden. Akquisitionen werden nur durchgeführt, wenn eine Synergie zwischen den eigenen Fähigkeiten und den Fähigkeiten des erworbenen

Unternehmens möglich ist. Eine 100 % Übernahme wird angestrebt, um Interessenkonflikte, z.B. in der Dividendenpolitik, Entgelt der Mitarbeiter etc., zu vermeiden. Der Konzern hält sich grundsätzlich an die Gesetze. Dies bezieht sich auf alle Bereiche, so auf die Konzernbesteuerung, die Beziehungen der Sozialpartner, Preiskontrollen, die Unbedenklichkeit der Produkte und den Umweltschutz. In den letzten Jahren haben sich Steuererleichterungen durch den Verlustvortrag erworbener Firmen ergeben.

Forschung und Entwicklung beziehen sich hauptsächlich auf Anwendungsforschung und, in größer werdendem Umfang, auf ökologische Aspekte der Produktgestaltung, sowie Nebenwirkungen der Produktion. Spezielle angewandte Forschung bezieht sich auf die Produkte, Weiterentwicklungen und auf Aspekte der Qualitätssicherung. Geschäftliche Entscheidungen, bezogen auf die Produkte, werden hauptsächlich in den Sparten getroffen. Nur bei größeren Investitionen ist die Genehmigung bei der Geschäftsleitung der Schmackig AG einzuholen.

Personalpolitik

Die Personalpolitik wird als wichtiges Instrument angesehen, um den Geschäftserfolg zu gewährleisten. Dies leitet sich auch aus der Tatsache ab, dass ca. 20 % des Gesamtumsatzes für Personal aufgewendet wird. Die Schmackig AG legt die allgemein verbindlichen Entgelt- und Personalleitlinien fest. Der Funktionsbereich Personal hat Systeme und Instrumente zu schaffen, die als gerecht empfunden werden und die betrieblichen Möglichkeiten nicht sprengen. Einheitlichkeit ist notwendig, um den Zusammenhalt und die Integration der Sparten zu erreichen. Es soll jedoch kein Bürokratismus entstehen, der zu einer Nivellierung und Einengung des Ermessensspielraumes führt.

Neben der Richtlinienkompetenz haben die Einheiten der Schmackig AG lediglich beratende Aufgaben gegenüber den Sparten z.B. bei Gehaltsfestlegungen oder der Einführung und Durchführung verschiedener Managementsysteme. Außerdem werden verschiedene Serviceeinrichtungen wie Management Development, Auswahl und Fortbildung bereitgestellt, um die Personalaktivitäten in den Sparten zu unterstützen. Das Personalmanagement orientiert sein Handeln nicht nur nach innen. Es verfolgt ebenso die Veränderungen im Umfeld. Trends und Entwicklungen im sozialen, politischen und sozio-ökologischen Umfeld sind rechtzeitig zu erkennen und richtig zu beurteilen, um sie für das Unternehmen auszuwerten.

Die Fortbildung ist ein bedeutsames Instrument, um die Anpassung an die Veränderungen im Umfeld der Schmackig AG zu gewährleisten. Dazu gehören nicht nur Seminare, sondern auch training-on-the-job und job rotation. Die Aus- und Fortbildung der Mitarbeiter ist eine wichtige Aufgabe der Vorgesetzten. Das jährliche Beurteilungsgespräch soll nicht nur für die Gehaltszusätze, sondern vor allem auch für die Weiterentwicklung des Mitarbeiters genutzt werden. Die Fortbildung ist darauf gerichtet die fachlichen und die sozialen Fähigkeiten des Mitarbeiters zu erweitern. Die Führungskräfte sollen durch spezielle Seminare in den verschiedenen Bereichen der Führungstätigkeiten gefördert werden.

Die konkreten Personaltätigkeiten wie Einstellungen, Förderung der Mitarbeiter und Entlassungen erfolgen in den Sparten und den einzelnen Werken. Die funktionalen und disziplinarischen Unterstellungen sind in den Arbeitsplatzbeschreibungen geregelt. Die Beziehungen der Mitarbeiter untereinander sollen durch gegenseitige Wertschätzung bestimmt sein, sowie durch den Willen zu einer sachlichen, fairen und vertrauensvollen Zusammenarbeit. Ein Gefühl der Zusammengehörigkeit soll die Zusammenarbeit bestimmen, damit eine Unterstützung bei Problemen möglich wird. Das Ziel der Maßnahmen ist, den Mitarbeitern des Unternehmens die Möglichkeit zu eröffnen, gemeinsame Aktivitäten zur Erreichung gemeinsamer Ziele zu ergreifen. Dazu gehört es, dass die Mitarbeiter sich untereinander kennen, sich verstehen und für gemeinsame Ziele motiviert sind. Die Bereitstellung von Rahmenbedingungen und die Regulation von Störungen sind verbleibende Führungsaufgaben.

Geschäftsentwicklung und Kennzahlenüberblick

Der Mutterkonzern der Schmackig AG hat selbst in schwierigen konjunkturellen Phasen eine konstant positive Entwicklung erlebt. Auch gegen rückläufige Markttrends konnten Geschäftsfelder entwickelt werden. Dazu hat sicher das konstant hohe Maß der Produktinnovationen beigetragen. Außerdem wurde das Marken- und Produktportfolio durch Zukäufe gestärkt. Weiter hat die gezielte Entwicklung von sog. emerging markets einen positiven Beitrag zur Konzernentwicklung geleistet. Während der Gesamtkonzern auch im Jahr 1996 einen weltweit um 8% gesteigerten Umsatz und einen um 10% gesteigerten Gewinn aufwies, stellt sich die Situation der Schmackig AG sehr uneinheitlich dar. Auch in anderen Industrieländern ist die Marktsituation nahe der Sättigung angelangt.

Spezialchemie und Waschmittel sind die "Sorgenkinder" auf dem deutschen Markt. Die Entwicklung auf dem Lebensmittelsegment und im Tiefkühlbereich ist z.T. stark saisonabhängig (Speiseeis). Allein die Sparte Körperpflegemittel weist eine konstante Entwicklung auf, was auf den Zukauf und den Vertrieb starker Marken zurückzuführen ist. Der gesamte Marketingaufwand aller Sparten in 1996 beträgt ca. 530 Mio DM. Die Einstellung bzw. der Verkauf von Sparten und Marken wird im Zuge einer Konzentration auf Kernkompetenzen erwogen. Schon 1987 wurde der Bereich Verpackungsmittel, der (in) 1986 noch 1.2 Mrd. DM zum Umsatz beigetragen hatte, verkauft. Die Übersicht zeigt die wichtigsten Bilanzwerte sowie die Gewinn- und Kostenentwicklung auf:

Mio DM	1986	1994	1995	1996
Außenumsatz	7536	9293	9183	9101
Gesamtumsatz, davon (nicht 100%)	8289	9381	9293	9202
Nahrungsmittel und Tiefkühlkost	5737	7146	7047	6903
Körperpflege	894	1587	1587	1660
Waschmittel und Spezialchemie	369	648	659	639
Ergebnis vor Steuern	411	601	313	432
Steuern	204	300	73	110
Ergebnis nach Steuern	207	301	240	322
Cash Flow	810	1018	819	839
Investitionen	274	416	314	259
Abschreibungen	245	385	438	320
Sachanlagen	854	1056	927	864
Vorräte	761	774	764	737
Pensionsrückstellungen	1011	1300	1335	1415
Wertschöpfung	2006	2542	2285	2423
Personalaufwand	1585	1941	1972	1978
Mitarbeiterzahl (Voll- und Teilzeit)	25661	24083	23223	22395
Wertschöpfung je Mitarbeiter in DM	78173	105552	98394	108194
Investitionsquote (Invest./Abschr.) in %	112	108	72	81
Umsatzrendite in %	2,7	3,2	2,6	3,5

Informationen, die entscheidungsrelevant aufbereitet sind, liegen eigentlich nur auf der Topmanagement-Ebene und in der Holding vor.

Die Ausweisung eines höheren Gewinns nach Steuern ist einerseits auf die Einrechnung konsolidierter Gewinne erworbener Firmen und andererseits auf steuerliche Verlustvorträge zurückzuführen. Wie die Investitionsquote zeigt, gehen die Anstrengungen, aus eigener Kraft zu wachsen, zurück. In ca. 5 Jahren wird das Unternehmen in eine erste Phase der massiven Ausschüttung von Betriebsrenten kommen, was die Verfügbarkeit des Cash Flows nachhaltig beeinträchtigen dürfte.

4.2.2 Strategischer Bereich: Organisation

Holding

In den Stabsabteilungen der Holding sind meist hochspezialisierte, akademisch ausgebildete Manager tätig. Die Mitarbeiter dieser Stäbe sind in der Lage, komplexe Probleme in verschiedenen Bereichen per Sparten aufzugreifen und fundierte Beratung durchzuführen. Allerdings wird das vorhandene Wissen nur eingeschränkt genutzt. Die Effektivität und die Effizienz in den Linien könnte wesentlich durch das Wissen dieser Abteilungen erhöht werden. Viele Stäbe sind deshalb dazu übergegangen, "Werbeveranstaltungen" in Form von Weiterbildung zu betreiben.

In diesen Veranstaltungen sollen die Linienmanager über die Arbeit und das Vorgehen der Fachleute in den Stäben informiert werden. Allerdings gelingt dies nicht immer so, wie es sich die Fachleute in den Stäben vorstellen. So klagen die Linienmanager darüber, dass die Fachsprache oft unverständlich, die Vermittlung langweilig und die Inhalte praxisfern seien. Besonders umfangreich ist das Angebot der Organisations- und DV-Abteilung.

An sich ist die zentrale Personalabteilung für die gesamte Weiterbildung zuständig. In dieser Abteilung ist ein umfangreiches Rahmenprogramm für die Weiterbildung in den Linien entwickelt worden, das jährlich in Buchform versandt wird. Durch eine systematische Bedarfserhebung konnten in den Funktionsbereichen die wichtigen Themen identifiziert und in das Programm aufgenommen werden. Dies gilt auch für die verschiedenen Führungsebenen, die ein systematisches, auf den Bedarf ausgerichtetes Programm erhalten. Es fehlt aber eine flexible Seminarplanung für spezifische Probleme in der Praxis. Der Beratungsbedarf geht über das aktuelle Leistungsangebot hinaus, da von Führungskräften spezifische Beratung angefordert wird. Weitere Probleme sind, dass einige Inhalte in den Kursen in Spannung zu den praktizierten Managementformen stehen. Dies gilt gerade für Themen im sog. "Human-Ressourcen-Bereich". Die Vermittlung von Organisationsentwicklungsprogrammen, gruppendynamischen Trainingsformen, sowie neuen Motivations- und Führungskonzepten stehen mit ihren Inhalten in Spannung zu der heutigen Kultur des Unternehmens.

Es kann vermutet werden, dass dadurch die Probleme eher forciert als gelöst werden. Es kann durchaus sein, dass gerade jüngere Manager eher demotiviert werden. Allerdings liegen für diese Vermutungen keine empirischen Anzeichen vor. Auch dies ist vielleicht kennzeichnend: Die Wirkungen des Managementsystems MbO und des Beurteilungssystems werden nicht systematisch erfasst.

Der EDV-Bereich hat sich aus einer bescheidenen Anfangsexistenz zu einer übermächtigen Hauptabteilung entwickelt. Dies kam vor allem durch die rasante Entwicklung der DV-Technik und dem Geschick des Abteilungsleiters (jetzt Hauptabteilungsleiter(s)), den entstehenden Bedarf durch seine Abteilung zu decken. So wurde die Software für verschiedenste Bereiche selbst entwickelt. Für die Produktion wurden spezielle Programme entwickelt, für das Personalwesen das umfangreiche Personalinformationssystem etc. An einem umfassenden Management-Informations-System (MIS) ist man allerdings mehr oder weniger gescheitert. Bis jetzt kann ein funktionierendes System noch nicht vorgestellt werden. Die Ausrüstung von vielen Abteilungen mit PCs erweiterte ebenfalls die Tätigkeitsbereiche dieser Hauptabteilung. Schulungen und die Betreuung der Soft- und Hardware gehören zu den Tätigkeitsbereichen, die zusätzlich die Legitimation dieser umfangreichen Abteilung sichern. Wenn allerdings grundsätzliche Probleme in einzelnen Firmen auftauchen, ist die Zentrale doch zu weit entfernt.

Die Organisationsabteilung wird in der Regel nur für die Lösung auftretender Organisationsprobleme angefordert. Sie spielt dann mehr oder weniger eine Feuerwehrfunktion, um durch organisatorische Maßnahmen im Bereich Aufbauorganisation und Ablauforganisation Fehlleistungen vermeiden zu helfen. Auch in dieser Abteilung hat man sehr oft das Gefühl, dass die Maßnahmen nur an den Symptomen angesetzt werden. Es wären tief greifende, alle Bereiche betreffende(n) Systemveränderungen notwendig. Die Bereitschaft dazu ist nach Meinung der Mitarbeiter bei den Linienmanagern nicht vorhanden. Sie sind zu interessiert, ihre Machteinflüsse und die Möglichkeit zum Aufsteigen in der Hierarchie zu erhalten.

Die Forschung und Entwicklung (F&E) der Schmackig AG ist zentral organisiert. Sie ist Teil der Holding der Schmackig AG. In den Sparten sind kleine Entwicklungsabteilungen für die Entwicklung von Rezepten und Verpackungen integriert. In den Werken der Sparten gibt es nur kleine Labore, die für die Qualitätssicherung Stichproben kontrollieren. In der zentralen F&E arbeiten sehr gut ausgebildete Chemiker, Physiker und Mikrobiologen. Daneben steht technisches Personal zur Unterstützung der Analysen bereit. Die Ausdifferenzierung moderner Forschung macht es unmöglich, für alle Probleme einen Experten im Haus zu haben. Deshalb ist der F&E eine Arbeitsgruppe Informationsbeschaffung angeschlossen, die in über 1000 Datenbanken on- und offline Recherchen durchführt. Der Labor-Service beinhaltet in der Regel sowohl Tests der Rohstoffe als auch der Fertigprodukte. Inhaltsanalysen, Rezepturanalysen und Prüfungen der Verpackungsmaterialien sind die wesentlichen Untersuchungstypen. Mit der wachsenden Bedeutung des Umweltschutzes und dem Aufkommen von Allergien hat die F&E auch Verträglichkeitsprüfungen und Stoffkreislaufanalysen in ihr Leistungsspektrum mit aufgenommen. Die F&E ist insgesamt objektorientiert organisiert, d.h. jede Anwendungsindustrie hat eine Abteilung in der F&E als Ansprechpartnerin.

Die Mehrzahl der Mitarbeiter ist in den Nahrungsmittelbereichen oder der Grundstoffchemie beschäftigt. Dies korrespondiert mit der Bedeutung der Bereiche für den Umsatz des Unternehmens. Es ist auffällig, dass es keine definierten Schnittstellen zu Marketing/Vertrieb der Sparten der Schmackig AG gibt und auch Koordinationsfunktionen zur Holding nicht aus dem Organigramm ersichtlich sind. Es fehlen aktive F&E- Aufgaben. Alle bisher geleisteten Dienste sind reaktiv, was die Innovationsquote in den letzten drei Jahren massiv verschlechtert und den Trend zur Nachahmung erfolgreicher

Konkurrenzprodukte noch verstärkt hat. In der Schmackig AG sind sich sehr viele Manager einig, dass eine Reorganisation der F&E eine der wesentlichen Aufgaben bei der Restrukturierung des Gesamtunternehmens sein muss.

Organigramm Holding

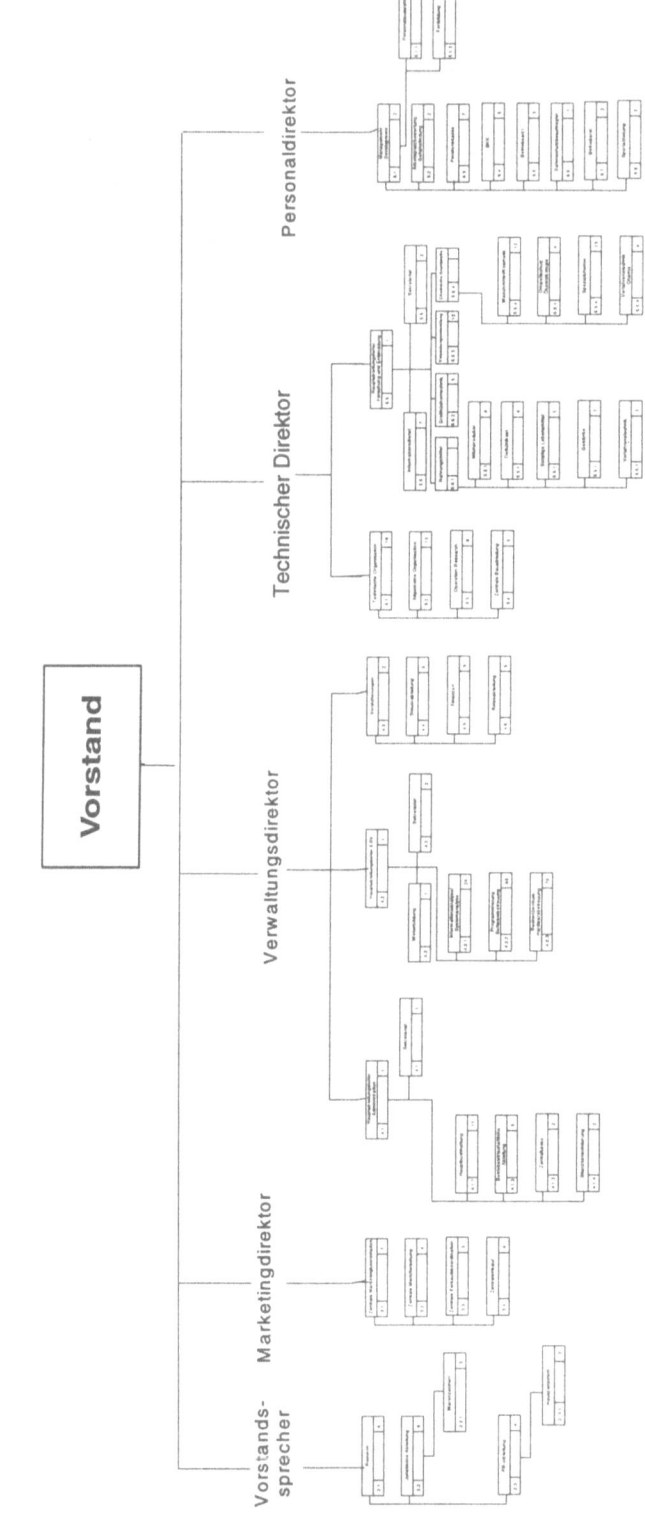

1. Organigramm Holding

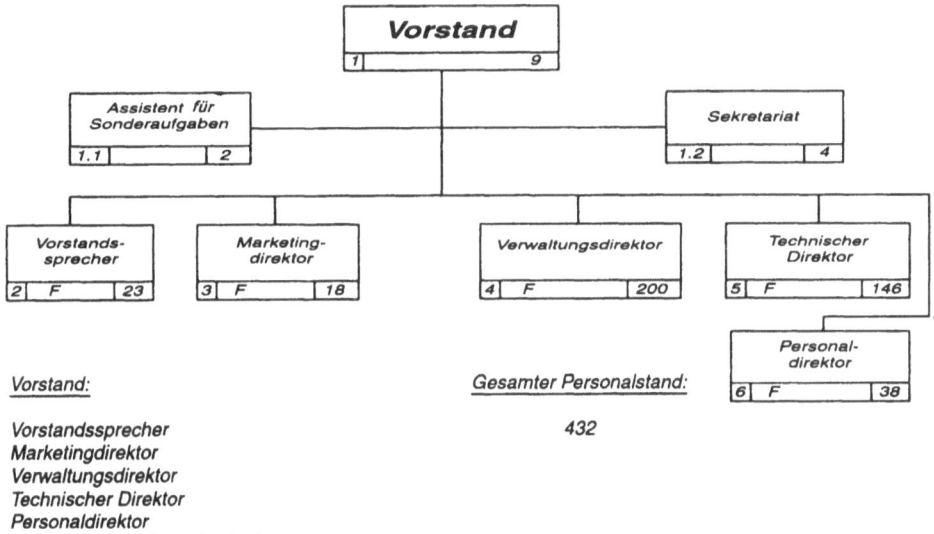

Vorstand:

Vorstandssprecher
Marketingdirektor
Verwaltungsdirektor
Technischer Direktor
Personaldirektor
Vier Geschäftsleiter der Sparten

Gesamter Personalstand:

432

2. Organigramm Holding
Vorstandssprecher

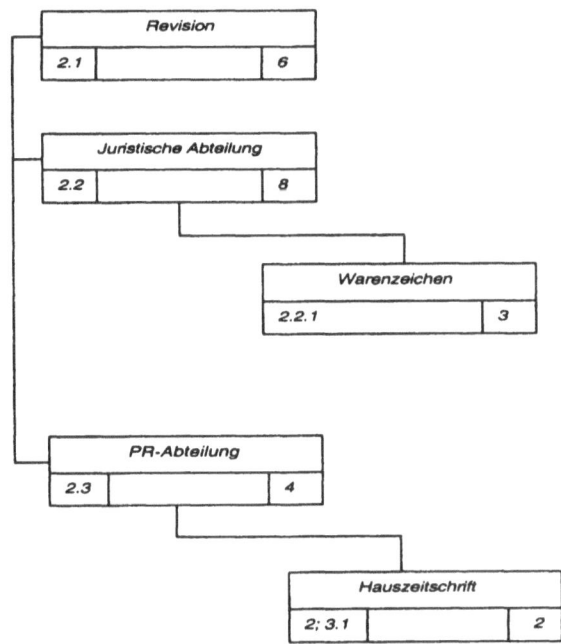

N=23

3. Organigramm Holding
Marketingdirektor

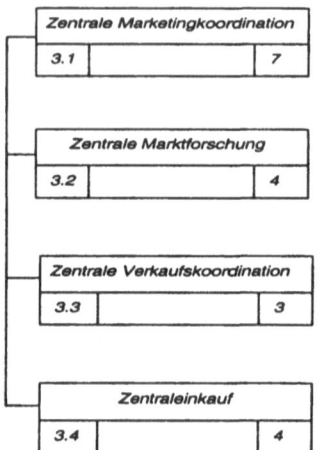

	Zentrale Marketingkoordination	
3.1		7

	Zentrale Marktforschung	
3.2		4

	Zentrale Verkaufskoordination	
3.3		3

	Zentraleinkauf	
3.4		4

4. Organigramm Holding
Verwaltungsdirektor

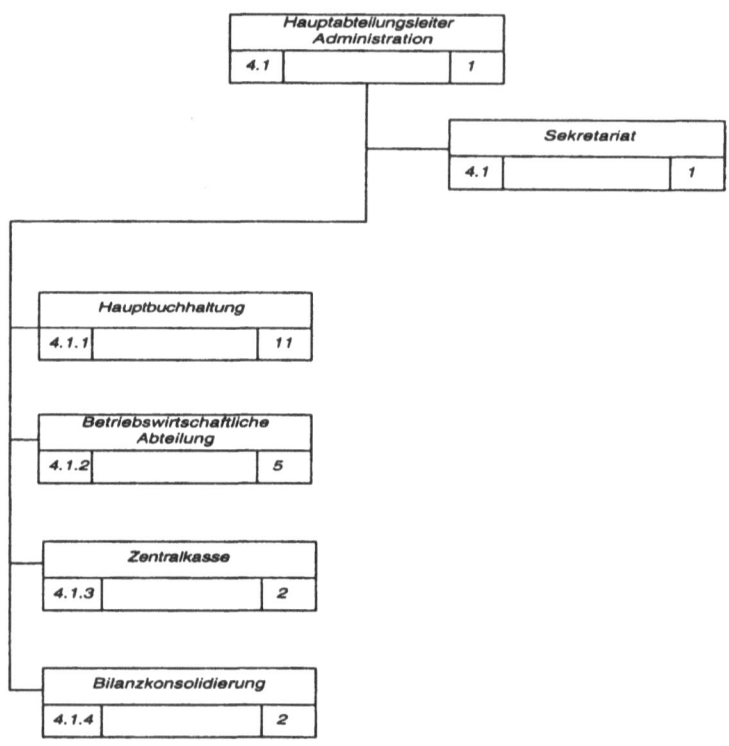

	Hauptabteilungsleiter Administration	
4.1		1

	Sekretariat	
4.1		1

	Hauptbuchhaltung	
4.1.1		11

	Betriebswirtschaftliche Abteilung	
4.1.2		5

	Zentralkasse	
4.1.3		2

	Bilanzkonsolidierung	
4.1.4		2

4.1. Fortsetzung Organigramm Holding
Verwaltungsdirektor

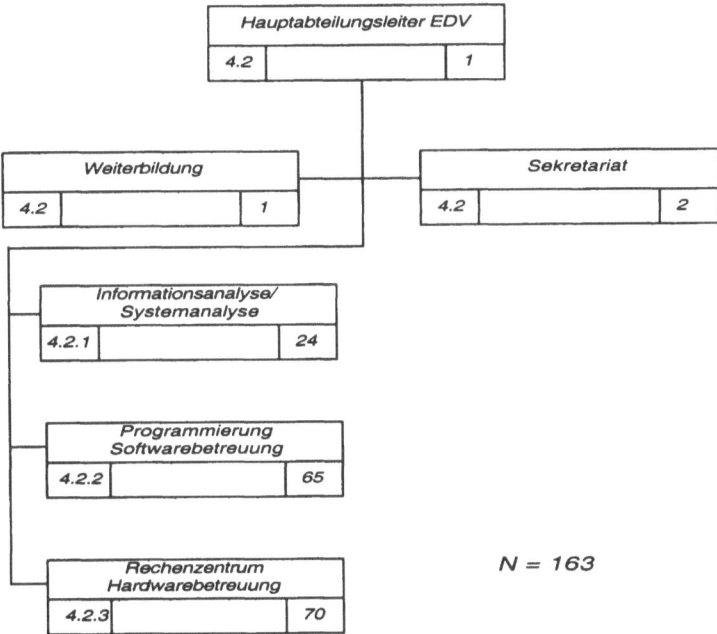

$N = 163$

4.2. Organigramm Holding
Vorstandssprecher

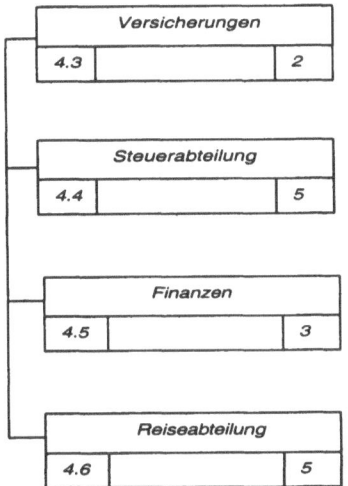

N = 15

5. Organigramm Holding
Technischer Direktor

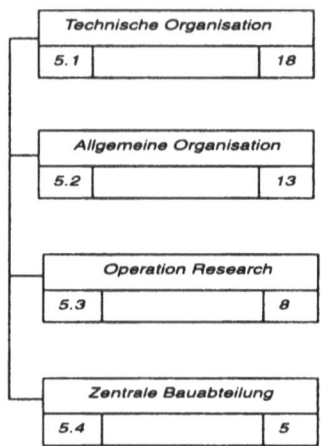

Technische Organisation	
5.1	18

Allgemeine Organisation	
5.2	13

Operation Research	
5.3	8

Zentrale Bauabteilung	
5.4	5

5.1 Fortsetzung Organigramm Holding
Technischer Direktor N = 94

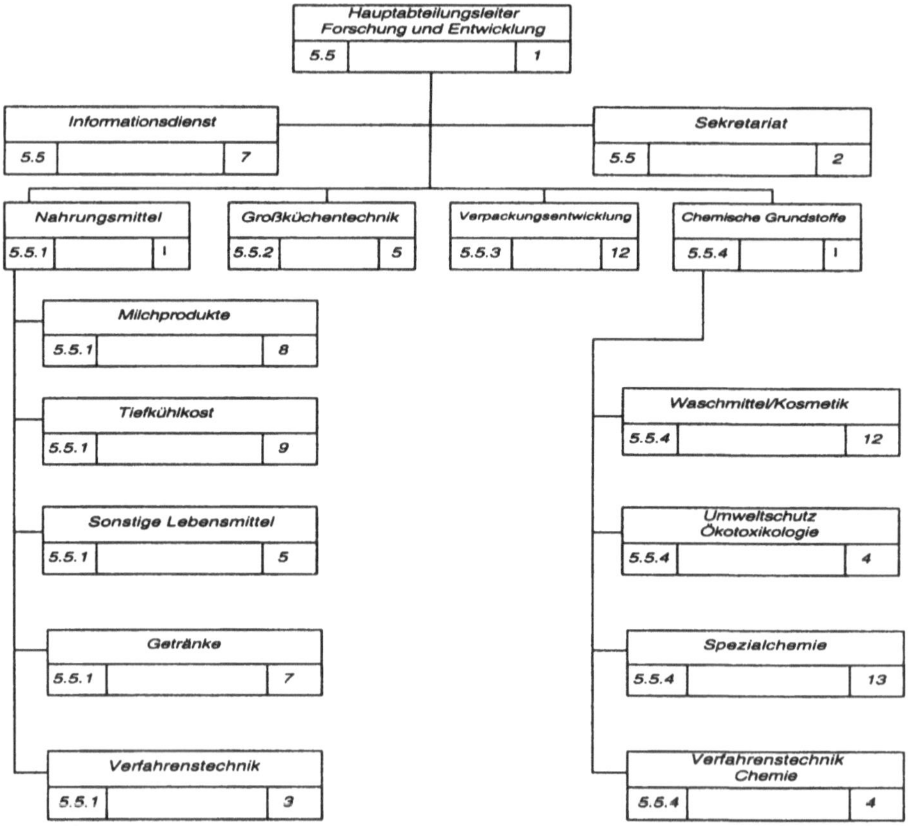

Hauptabteilungsleiter Forschung und Entwicklung	
5.5	1

Informationsdienst		Sekretariat	
5.5	7	5.5	2

Nahrungsmittel		Großküchentechnik		Verpackungsentwicklung		Chemische Grundstoffe	
5.5.1	1	5.5.2	5	5.5.3	12	5.5.4	1

Milchprodukte	
5.5.1	8

Tiefkühlkost	
5.5.1	9

Sonstige Lebensmittel	
5.5.1	5

Getränke	
5.5.1	7

Verfahrenstechnik	
5.5.1	3

Waschmittel/Kosmetik	
5.5.4	12

Umweltschutz Ökotoxikologie	
5.5.4	4

Spezialchemie	
5.5.4	13

Verfahrenstechnik Chemie	
5.5.4	4

6. Organigramm Holding
Personaldirektor

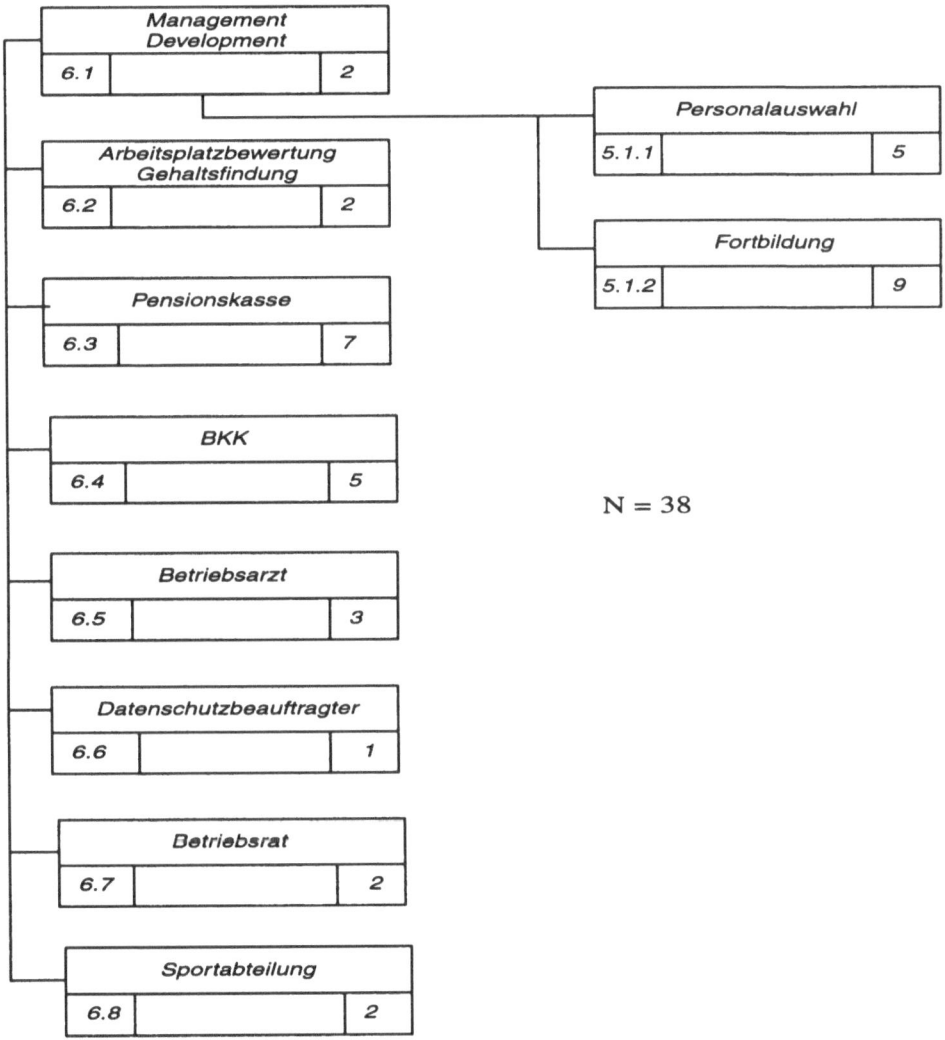

N = 38

Sparten

Das Spartenmanagement sieht sich von zwei Seiten unter Kostendruck gesetzt. Es muss die hohen Overheadkosten, die besonders durch die Holding der Schmackig AG verursacht werden, auffangen. Dies geht in der Regel nur, indem man die Preise für die Produkte hoch ansetzt. Allerdings bewirkt man Preisnachteile durch die stärker werdende Konkurrenz. Die Konkurrenzsituation ist durch einen Preiskampf gekennzeichnet. Die großen Ketten sind sogar dazu übergegangen, selbst Produkte zu entwickeln und in ihren Märkten zu verkaufen. Den Ausweg in der Entwicklung immer neuer Produkte zu suchen, ist nicht sehr erfolgreich. Die meisten entwickelten Produkte überleben weniger als ein Jahr. Auch ist der Handel schwer zu überzeugen, immer wieder solche Experimente durchzuführen, weil seine Regal- und Lagerkapazitäten dadurch außerordentlich strapaziert werden. Der Handel hat eigene Formen entwickelt, um sich gegen diesen Ansturm zu wehren. Trotz umfangreicher Forschungstätigkeiten im Konzern werden keine wirklich innovativen Produkte geschaffen. Meist handelt es sich darum, erfolgreiche Produkte der Konkurrenz nachzuahmen. So ist man vor allem bestrebt, das Kerngeschäft zu erhalten und die bewährten Produkte durch Marketingmaßnahmen zu stärken.

Auch die Produktion macht "von unten Druck". Viele Probleme in der Fertigung können nur gelöst werden, wenn die Entwicklungs- und Verfahrensfachleute der Sparten effektiver arbeiten würden. Auch in diesem Bereich entstehen außerordentlich hohe Kosten im Vergleich zu konkurrierenden Unternehmen. Dies liegt nicht nur an der geringeren Produktivität, sondern auch daran, dass immer wieder auftretende Fehler nicht genügend bearbeitet werden. Die Mitarbeiter in der operativen Ebene sind zu wenig motiviert, um auf eine hohe Qualität bei der Herstellung zu achten. Insbesondere kommt es immer wieder zu Fehlern, wenn Rezepturen für die Lebensmittel geändert werden. Die Produktkernvorschriften seien nicht vollständig oder sogar fehlerhaft und könnten deshalb nicht erfolgreich umgesetzt werden. Es kommt hier zu einer intensiven Schuldzuweisungsdebatte zwischen den beteiligten Abteilungen. Lösungen sind allerdings nicht in Sicht. In diesem Zusammenhang wird auch darüber geklagt, dass die Fortbildungen in der Firma sich vorwiegend auf die Führungskräfte beziehen. Die seien auch in der Regel gut ausgebildet und auf dem neuesten Stand der Kenntnisse. Aber bei den Mitarbeitern auf der operativen Ebene gibt es einen hohen Ausbildungsbedarf, weil es nur teilweise gelingt, Fachkräfte zu rekrutieren. Außerdem verändern sich die Technologien bei der Herstellung und bedingen einen entsprechenden Weiterbildungsbedarf für das Bedienungspersonal.

Ebenso kommen recht kostenträchtige Fehler vor, die durch mangelhafte Kommunikation zwischen den Abteilungen bedingt sind. So startet die Marketingabteilung eine Werbeaktivität für ein bestimmtes Produkt zu einem bestimmten Zeitpunkt, allerdings weiß davon die Produktionsabteilung nichts. Deshalb sind die Produkte schnell vergriffen und können nicht so schnell nachproduziert werden. Die Wirkung solcher saisonalen Werbeaktionen verpufft dann sehr leicht.

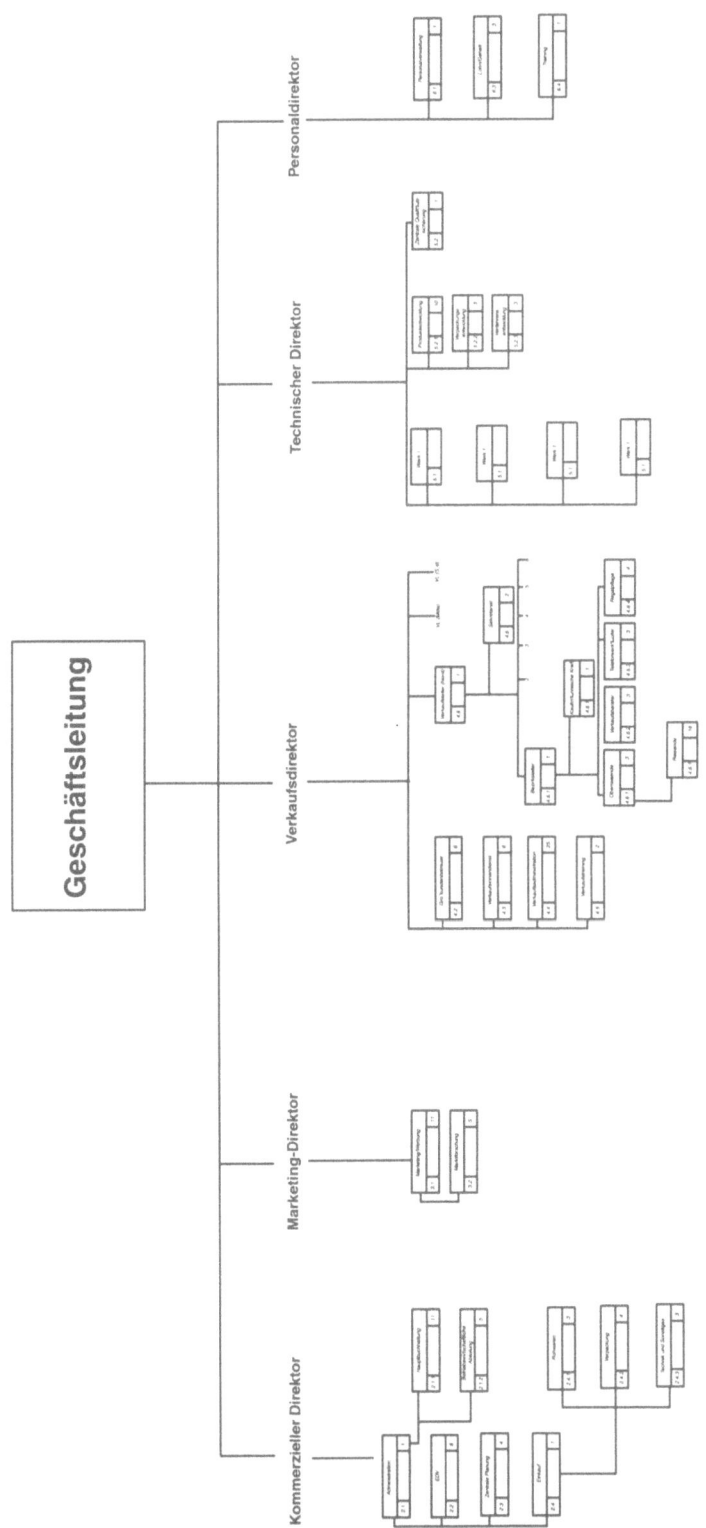

1. Organigramm Sparte

Gesamtanzahl der Sparten:

1. Lebensmittel
2. Tiefkühlkost
3. Waschmittel
4. Körperpflegemittel

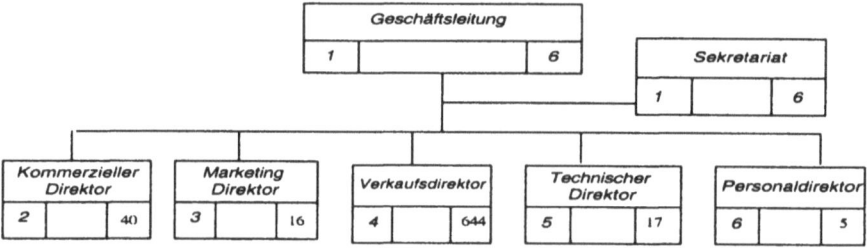

N = 724

2. Organigramm Sparte Kommerzieller Direktor

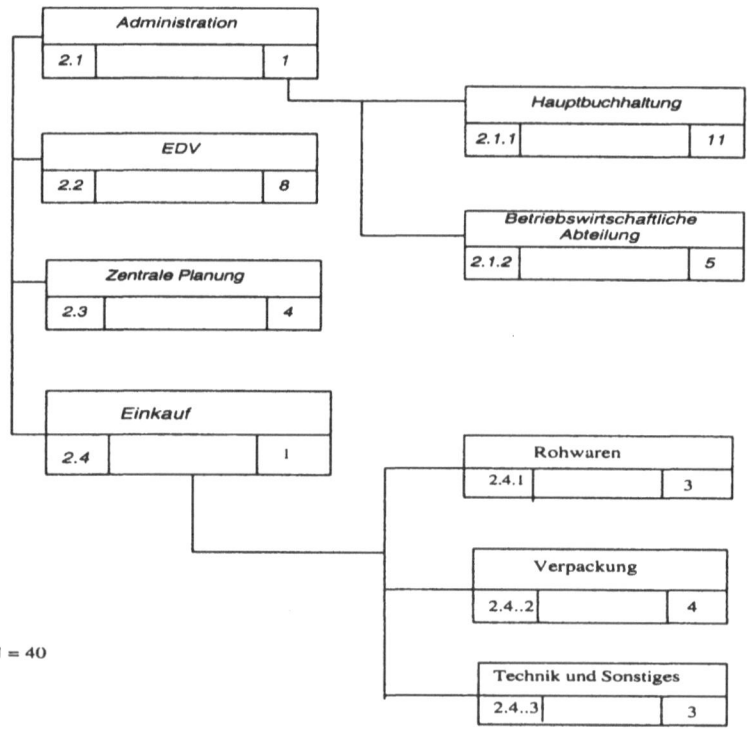

N = 40

3. Organigramm Sparte
Marketing Direktor

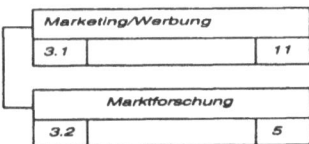

N=16

4. Organigramm Sparte
Verkaufsdirektor

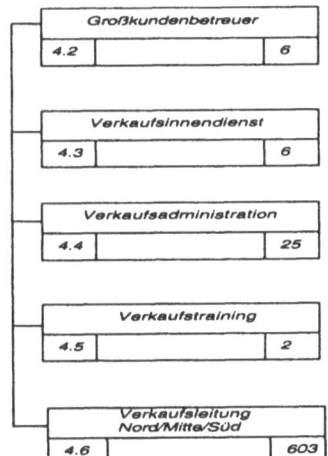

N= 644

4.1. Organigramm Sparte
Fortsetzung Verkaufsdirektor

Verkaufsbereiche:

Nord   N=201
Mitte N=201
Süd   N=201

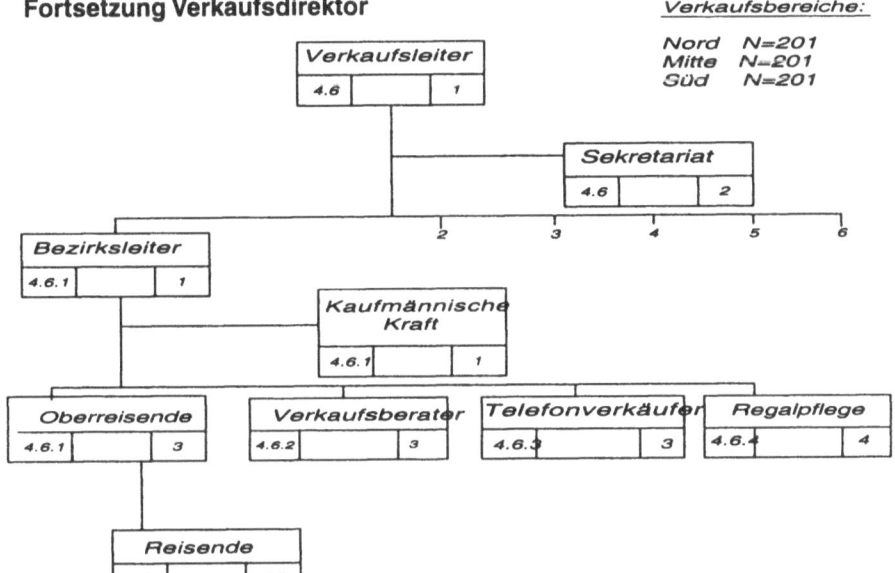

5. Organigramm Sparte
Technischer Direktor

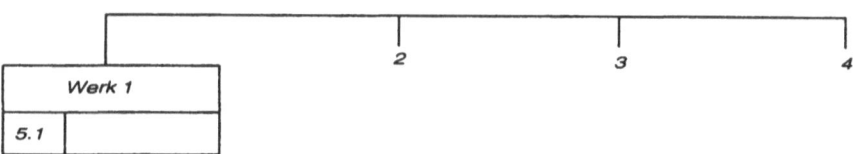

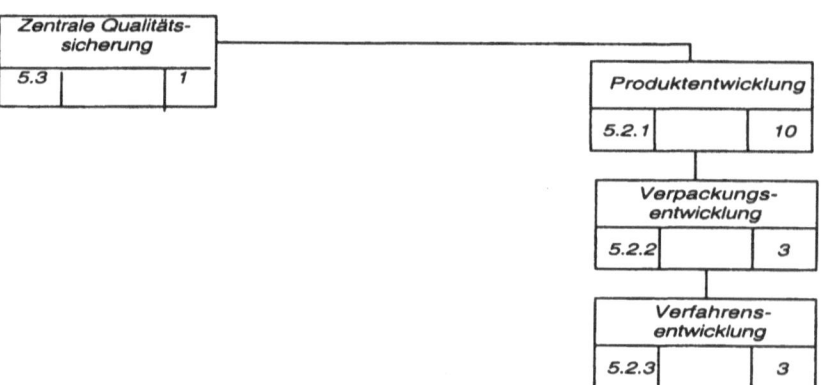

6. Organigramm Sparte
Personaldirektor
Funktionaler Vorgesetzter Personalleiter Werke

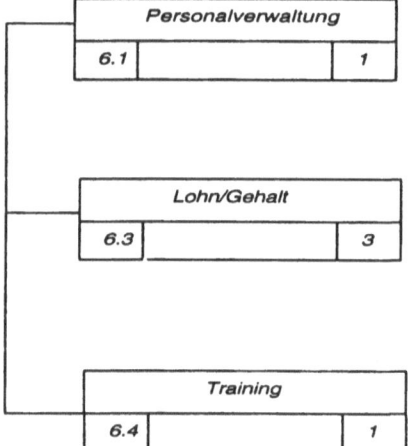

Werke

Die einzelnen Fabriken der verschiedenen Sparten sind auf die gesamte Bundesrepublik verstreut. Alle Holdingabteilungen des Vorstandes und die Abteilungen des Spartenmanagements sind in München konzentriert. Das bedeutet nicht nur eine große Entfernung zu vielen Produktionsstätten, sondern auch, dass der Kontakt zum Spartenmanagement und der geschäftsführenden Managementholding mehr als distanziert ist. Eigentlich gilt für alle Geschäftsleitungen, dass sie das Gefühl haben, nicht genügend durch die Zentrale unterstützt zu werden. Den Kostendruck allerdings spürt man sehr direkt, denn über die Schieflage wird fortlaufend von der Zentrale informiert. Aber wo soll eigentlich gespart werden?

Trotz hoher Arbeitslosigkeit können nicht genügend gute Fachkräfte eingestellt werden. Es müsste eine intensive Weiterbildung betrieben werden. Doch die Abteilung in der Holding kümmert sich nur um die Weiterbildung des Managements. Auch fehlt es an geeigneten Instrumenten für die Auswahl der Arbeitskräfte. Oft stellt sich erst nach längerer Zeit heraus, dass der eingestellte Mitarbeiter mit den Aufgaben nicht zurechtkommt. Für den Managementnachwuchs dagegen werden aufwendige Verfahren (3 Tage) in der Zentrale durchgeführt. Aber hier vor Ort kommt es vor allem auf den "Riecher" des Personalleiters an. Eine Ursache für Fehler in der Produktion liegt sicherlich in den mangelnden Kenntnissen. Oft stellt sich heraus, dass "menschliches Versagen" Ursache für Produktionsausfälle ist. Das Ärgerliche ist, dass einige Fehler sich ständig wiederholen. Die Mitarbeiter überblicken die Prozesse nicht und aus kleinen Fehlern werden große, wenn sie weitergegeben werden. Auch bei den Rezepturen der Produkte gibt es oft Schwierigkeiten. Veränderungen werden nicht rechtzeitig weitergegeben, bleiben in der Hierarchie stecken oder kommen zu spät an. Ärgerlich ist auch, dass die Produktion über Marketingmaßnahmen nicht rechtzeitig informiert wird und die Produktion sich folglich nicht auf höhere Produktvolumina einstellen kann. Schuldig ist man natürlich in der Produktion, die nicht flexibel genug sei. Bei solchen Schuldzuschreibungen bleibt es in der Regel. Obwohl die Fehlzeiten des Personals relativ gering sind, haben die Vorgesetzten den Eindruck, dass die Mitarbeiter nicht genügend bei der Produktion mitdenken. Auch dies ist sicher eine Fehlerquelle. Das Vorschlagswesen funktioniert nicht befriedigend. Wirklich gute Vorschläge, die auch prämiert werden, gehen zu selten ein. Allerdings ist auch zu beobachten, dass die Vorschläge nur selten durchgesetzt werden. Meistens gelingt es den Vorgesetzten, die Veränderungsvorschläge abzuwürgen.

Die Qualitätskontrolle, in der Regel Labors, überprüfen die fertigen Chargen. Fehler werden deshalb erst nach der Produktion bemerkt. Die dadurch entstehenden Kosten sind entsprechend hoch. Eigentlich bräuchte man mehr Personal, insbesondere Führungskräfte auf der unteren Ebene, damit besser kontrolliert werden kann. Aber leider weiß man auch, dass die Kosten in der Produktion im Vergleich zur Konkurrenz zu hoch sind. Für die notwendigen Änderungen erhält man nicht genügend Unterstützung von der Zentrale. Vorschläge von unten haben keine Chance.

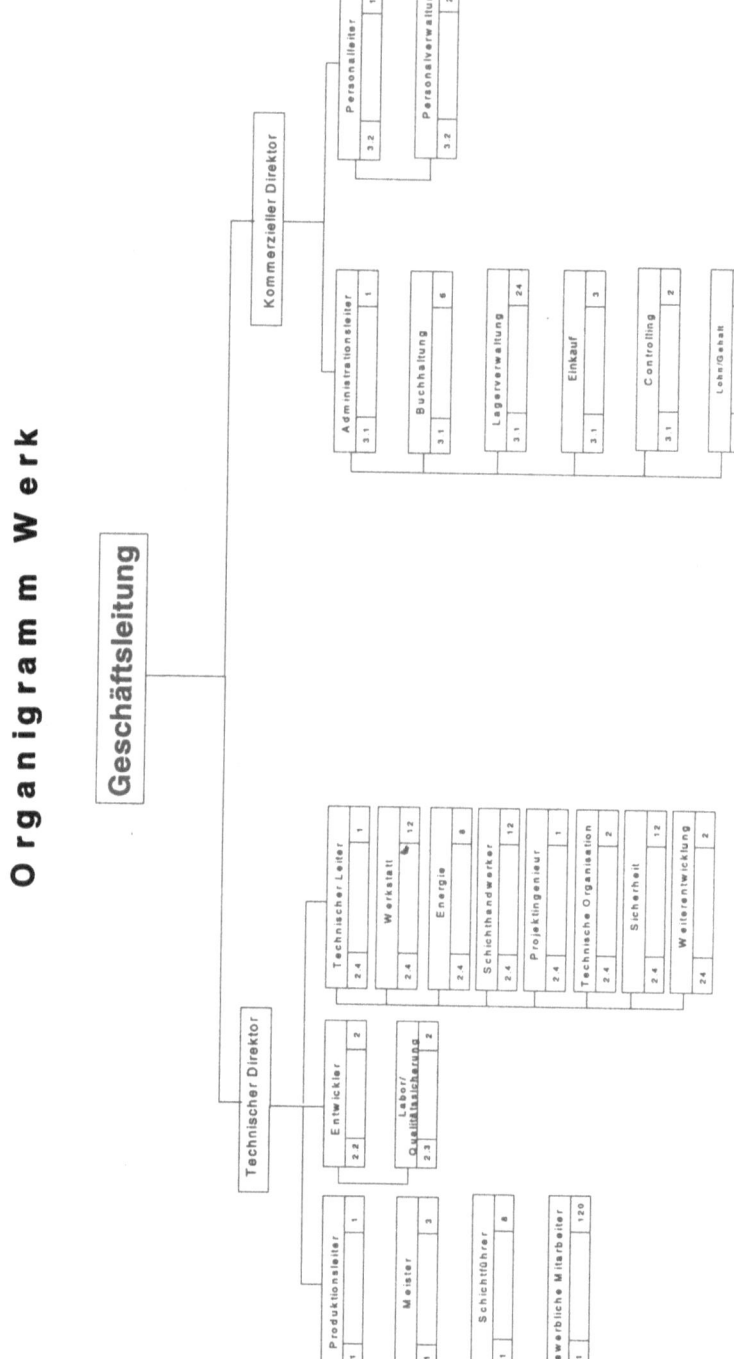

Organigramm Werk
Technischer Direktor

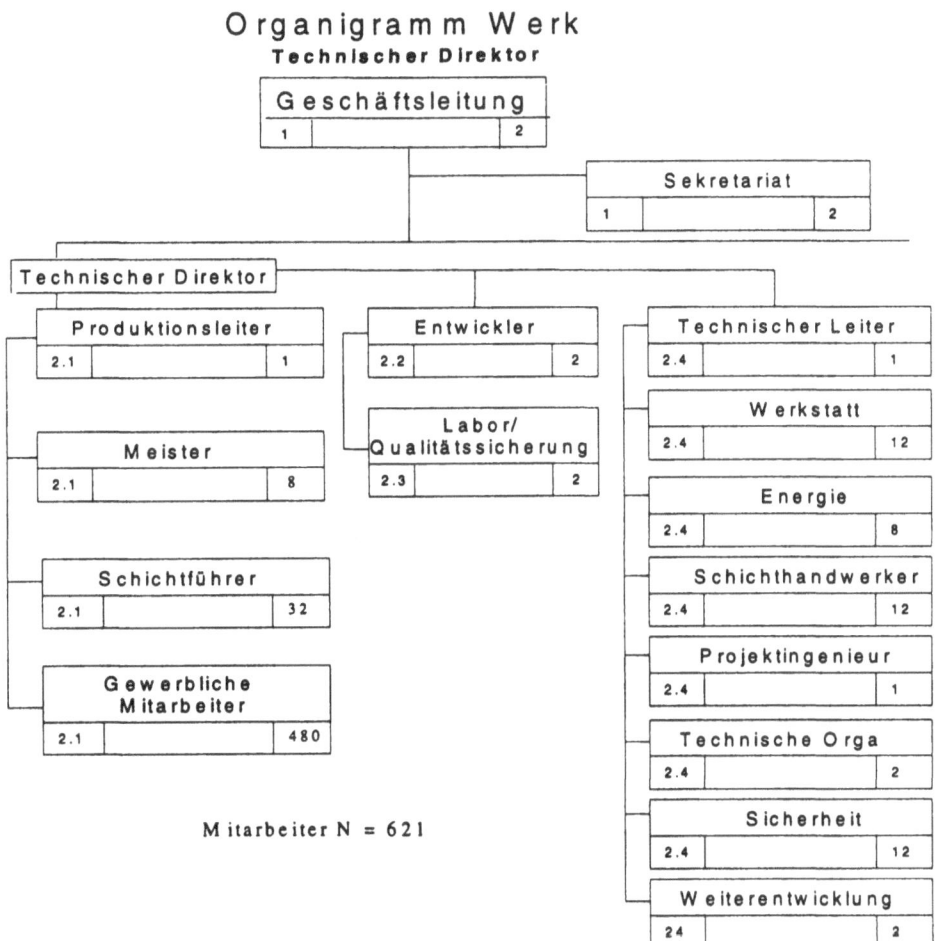

Geschäftsleitung	
1	2

Sekretariat	
1	2

Technischer Direktor

Produktionsleiter	
2.1	1

Entwickler	
2.2	2

Technischer Leiter	
2.4	1

Meister	
2.1	8

Labor/Qualitätssicherung	
2.3	2

Werkstatt	
2.4	12

Energie	
2.4	8

Schichtführer	
2.1	32

Schichthandwerker	
2.4	12

Projektingenieur	
2.4	1

Gewerbliche Mitarbeiter	
2.1	480

Technische Orga	
2.4	2

Mitarbeiter N = 621

Sicherheit	
2.4	12

Weiterentwicklung	
24	2

Organigramm Werk

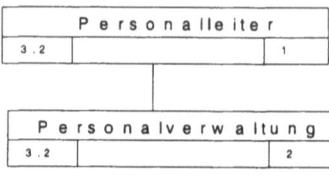

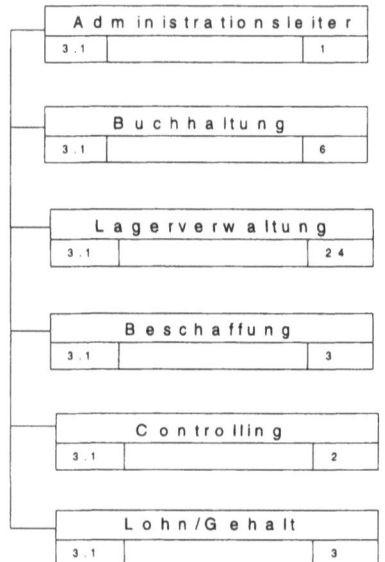

Mitarbeiter: 42

4.2.3 Strategischer Bereich: Managementsysteme

Management by Objectives

Management by Objectives (MbO) ist von der Holding der Schmackig AG für das gesamte Unternehmen eingeführt worden, weil es für verschiedene Bereiche von Bedeutung ist:

- Durchführung der Unternehmensplanungen
- Motivierung von Managern
- Ergänzung der Beurteilung und Entwicklung von Managern
- Feststellung von Fortbildungsbedürfnissen.

Das Ziel von MbO ist, die Kommunikation innerhalb des Unternehmens auf wichtige Zielsetzungen hin zu orientieren. Dadurch wird eine Basis geschaffen, auf diese Ziele hin die gemeinsame Arbeit zu organisieren. MbO soll für jeden transparent machen, wohin der Weg führen soll.

Zielsetzungen von MbO aus Unternehmenssicht

MbO sichert das Erreichen von langfristigen und kurzfristigen Zielen, indem Arbeitspläne für Gruppen von Managern und individuelle Manager erstellt werden. Es werden Prioritäten gesetzt und Unteraufgaben auf die niedrigeren Hierarchiestufen des Managements delegiert. Diese Technik verlangt, dass allgemeine Zielsetzungen des Unternehmens immer weiter spezifiziert werden. Die der Konkretisierung geschieht im gesamten Unternehmen, bezogen auf alle Hierarchiestufen. Dadurch soll auch die Verbindlichkeit hinsichtlich der Durchführung von Unternehmensplanungen gesteigert werden. Die Akzeptanz der Unternehmenspläne ist wesentlich für ihre erfolgreiche Durchführung. Die Akzeptanz soll durch folgende Maßnahmen erreicht werden:

- Beteiligung jedes Managers bei der Formulierung seiner eigenen Ziele und Arbeitspläne
- Beteiligung jedes Managers bei der Festlegung der Leistungsstandards, mit denen die Erreichung der Zielsetzung bewertet werden soll
- Befähigung jedes Managers bei der Mitwirkung seiner Beurteilungen und seiner Karriereplanung in der Firma

Zielsetzungen von MbO aus der Sicht des Managers

Durch das Verfahren kann sichergestellt werden, dass jeder Manager die Ziele versteht, die durch den Fünfjahresplan bzw. den Jahresplan erreicht werden sollen. Die Konkretisierung der Ziele für seinen eigenen Arbeitsbereich steht in Verbindung zu den allgemeinen Zielen. Bei der Konkretisierung der Ziele soll auch darauf geachtet werden, ob die Organisationsstruktur eine effiziente und effektive Bearbeitung der Ziele ermöglicht. Dafür muss für jeden Manager eine Arbeitsplatzbeschreibung vorliegen, die dann überprüft werden kann. Für die eigene Arbeit müssen Prioritäten gesetzt werden, die dann in Arbeitsplanungen münden. Auf dieser Basis ist auch ein Gespräch mit den Mitarbeitern notwendig, um die Ziele weiter zu konkretisieren und Aufgaben zu delegieren. Es ist sicherzustellen, dass die Ziele auch erreicht werden können. Dazu müssen die eigenen Möglichkeiten ebenso wie die der Abteilung analysiert werden. Beurteilung der Abteilungsleistung: Nach der Durchführung kann anhand der Zielsetzungen jeder beteiligte Manager selbst den Erfolg der Maßnahmen beurteilen. Die Selbstbeurteilung geht dann ein in die Gesamtbeurteilung des Managers. Aus der Beurteilung kann abgeleitet werden, welche Fähigkeiten und Fertigkeiten des Managers erweitert werden sollten. Die individuellen Trainingsbedürfnisse lassen sich dadurch konkret bestimmen. Auch Planungen für die weitere Entwicklung in Unternehmungen können auf dieser Basis diskutiert werden. Die Zielsetzungen ermöglichen auch die Entwicklung von Kontrollmechanismen, um das Erreichen der Unternehmensziele und die Einhaltung individueller Ziele zu erfassen. Eine umfassende Beurteilung soll die Entgeltfestlegung sowie die weitere Personalentwicklung im Unternehmen ermöglichen.

Die Phasen zur Einführung eines konzernweiten MbO

Der Ausgangspunkt sind die Unterlagen der Unternehmensplanung. Die weiteren Planungsschritte sind:

1. Planungen für die Sparten: Die langfristige Planung (fünf Jahre) muss für die verschiedenen Sparten konkretisiert werden. Wenn der Fünfjahresplan ausgearbeitet ist, sind die allgemeinen Ziele für die Produktgruppen verfügbar.

2. Langfristige Planung für die einzelnen Werke: Die Werke, die in einer Produktgruppe zusammengefasst sind, spezifizieren die Pläne und Zielsetzungen.

3. Kurzfristige Planung: Die Fünfjahresplanung wird nun in Jahresplanungen zerlegt. Es wird bestimmt, was jedes Jahr durchgeführt und dann folgen soll (z.B. Marketingstrategie: Entwicklung eines Produkts und Einführung in den Markt).

    3.1 Jährliche Zielsetzungen und Durchführungsplanung: Die Ziele für ein Jahr werden niedergelegt und die Maßnahmen dazu skizziert. Die konkreten Ausführungen beziehen sich auf die Fünfjahresplanung und die Abfolge der Jahresplanungen. Diese Planungen enthalten auch die jährlichen Kostenvoranschläge und jährlichen Budgets.

    3.2 Jahresplanung und Durchführungsplanung für die einzelnen Abteilungen: Diese Unterlagen weisen klar aus, wie Teile der Unternehmensplanungen in Ziele für die einzelnen Abteilungen und Arbeitsgruppen aufgeteilt werden. Die jährliche Planung von MbO - Maßnahmen für das Unternehmen vollzieht sich gewöhnlich unter folgenden Gesichtspunkten: Profitabilität, Produkte, Märkte, Organisation, Ressourcen sowie Einsparungsprojekte.

    3.3 Kontrolle der Abteilungszielsetzungen und Durchführungsplanungen: Vierteljährlich soll der Fortschritt auf die Ziele hin überprüft werden. Damit soll nachgewiesen werden, ob und wie weit die Durchführung vorangeschritten ist, aber auch ob die Abteilungszielsetzungen noch gültig sind.

    3.4 Ziele und Arbeitsplatz für den einzelnen Manager: Jeder Manager in der Abteilung bearbeitet bestimmte Ziele, die sich selbstverständlich auf die Abteilungsziele beziehen.

    3.5 Überprüfung der individuellen Pläne: Um die Fortschritte der Abteilung beschreiben zu können, müssen auch die durchgeführten individuellen Maßnahmen erfasst werden. Das beinhaltet noch keine Beurteilung, sondern nur die Überprüfung der Zielsetzungen und den Fortschritt hinsichtlich der Zielerreichung.

Grundlagen und Bedingungen für ein funktionsfähiges MbO

In den Arbeitsplatzbeschreibungen sind die Leistungsstandards und die Hauptaufgaben jedes Mitarbeiters aufgeführt. Gegenstand der Beurteilung sind zuerst die Durchführung der Hauptaufgaben und die Erreichung der damit verbundenen Leistungsstandards. Zusätzlich kommen die bearbeiteten Zielsetzungen hinzu.

MbO ist keine Technik, sondern ein Stil des Managens. Nur wenn eine offene und ungehinderte Kommunikation im Unternehmen möglich ist, kann dieses System funktionieren. Dies bezieht sich sowohl auf die vertikale als auch auf die horizontale Kommunikation. Es muss möglich sein, dass die Manager zusammenarbeiten und mitwirken können bei den Abteilungs- und Unternehmenszielsetzungen. Wenn neue Zielsetzungen angestrebt werden, ist es notwendig, das gesamte Unternehmen darauf auszurichten. Der ideale Zeitpunkt ist das Ende des Finanzjahres, wenn der jährliche Unternehmensplan vorliegt. Die Planungen für die Abteilungen und die einzelnen Manager folgen dann logischerweise. Die Geschäftsleitung formuliert die Zielsetzung für das gesamte Unternehmen und entwickelt die langfristigen wie kurzfristigen Planungen. Sie ist auch für die weitere Durchführung des Systems verantwortlich. Ernannte Ansprechpartner sollen bei der individuellen Durchführung unterstützen und bei der Erarbeitung der Zielsetzungen behilflich sein. Insbesondere sollen sie die Koordination der verschiedenen Funktionsbereiche wahrnehmen. Falls Probleme auftauchen, sollten auch externe Berater hinzugezogen werden.

Folgende Aufgaben müssen unterstützend und koordinierend geleistet werden:

- den Managern Anregungen geben, in Zielsetzungen und Durchführungsplanungen zu denken
- das Konzept und die Prinzipien von MbO immer wieder klar zu machen
- den formalen Ablauf der Zielsetzungsprozeduren zu sichern
- ungeübte Manager mit diesem System vertraut zu machen und zu trainieren.

Beurteilungssystem

Ein wesentlicher Bestandteil der Führungsgrundsätze ist, dass jeder Mitarbeiter seine Persönlichkeit und seine Fähigkeiten weiterentwickeln kann (Fortbildung). Selbständiges Denken und Handeln im Rahmen der Funktionen eines Mitarbeiters sollen vom Vorgesetzten gefördert werden. Damit diese Grundsätze verwirklicht werden können, sollen einmal im Jahr Beurteilungsgespräche im gesamten Unternehmen durchgeführt werden. Dadurch erfährt jeder Mitarbeiter, auch die Führungskräfte, mit welchen Maßstäben Leistung beurteilt wird, welche Möglichkeiten es zur persönlichen Weiterentwicklung gibt und wie die berufliche Zukunft aussehen könnte. Zu den Beurteilungssystemen gehört auch das MbO-System. Es werden nicht nur die Routineaufgaben beurteilt, sondern auch die Erreichung spezieller vereinbarter Zielsetzungen.

Zusammen mit dem Vorgesetzten sollen spezielle Maßnahmen mit dem Mitarbeiter diskutiert werden, um die Fähigkeiten und Fertigkeiten des Mitarbeiters weiterzuentwickeln. Das Unternehmen andererseits erhält durch die Beurteilungen Informationen über die Arbeitsleistungen, das Potential ihrer Mitarbeiter und Führungskräfte. Damit ergeben sich Gesichtspunkte für Einsatzmöglichkeiten und Entwicklungen für die Mitarbeiter in dem Unternehmen. Das Beurteilungssystem hat auch den Zweck, Leistungszulagen festzulegen.

Ablauf des Beurteilungsprozesses

Am Anfang des Jahres sollen Vorgesetzte und Mitarbeiter die Funktionsbeschreibung überarbeiten, Aufgabenschwerpunkte festlegen und Ziele vereinbaren. Diese Festlegungen ergeben die Grundlage für die Beurteilung am Ende des Jahres. Die Beurteilung selbst wird durch ein einheitliches Verfahren möglichst objektiv gestaltet. Zuständig für den gesamten Beurteilungsprozess ist der disziplinarisch Vorgesetzte oder der funktionale Vorgesetzte, falls der Mitarbeiter verschiedene Vorgesetzte hat. Natürlich ist die Beurteilung ein fortlaufender Prozess, der über das ganze Jahr verläuft. Der Vorgesetzte wird immer wieder Gespräche mit dem Mitarbeiter führen, um mit ihm über die Arbeit, Leistungen und Probleme zu sprechen. Lob und Anerkennung sind dabei ebenso wichtig wie Kritik. Bei Kritik ist darauf zu achten, dass Hilfen gegeben werden, wie Verhalten und Leistungen verbessert werden können.

Durchführung des Beurteilungsgesprächs

Zuerst stehen die Leistungen des Mitarbeiters im vergangenen Beurteilungszeitraum im Mittelpunkt des Gesprächs. Es werden dabei auch die externen und internen Einflüsse auf die berufliche Leistung erörtert und diskutiert. Aus den Ergebnissen dieses Gesprächs werden Möglichkeiten für die weitere berufliche Zukunft des Mitarbeiters erörtert. Insbesondere wird über Fortbildungsmaßnahmen gesprochen. Bei diesem Gespräch sind die Vorstellungen des Mitarbeiters besonders zu berücksichtigen. Die Stellungnahmen des Mitarbeiters sind zu protokollieren, auch wenn sie von der Meinung des Vorgesetzten abweichen. Alle Beurteiler werden zuvor in das Verfahren eingeführt und durch Trainingskurse für das Verfahren vorbereitet. Außerdem finden Harmonisierungsgespräche statt, die vom zuständigen Personalleiter einberufen und organisiert werden. In diesen Harmonisierungskonferenzen werden das Vorgehen und auch die Beurteilungsergebnisse diskutiert. Es soll verhindert werden, dass milde Effekte die Beurteilungsmaßstäbe verschieben. Dies hätte im übrigen auch Auswirkungen auf die Gehaltsfindung.

Entlohnungssystem
Das System ist in Gehaltsstufen aufgegliedert. Die Grundlage für die Festlegung bildet die Stellenbeschreibung. Jede Stufe hat eine Bandbreite, in der das Gehalt festgelegt werden kann. Von Stufe zu Stufe besteht ein Unterschied von 12 Prozent. Das System ist in folgende Stufen und Kategorien eingeteilt:

- Tarifbereich: 15 - 17
- Unteres Management: 18 - 20
- Mittleres Management: 21 - 24
- Senior Management: 25 - 30

Die Arbeitsplatzbewertung erfolgt nach einem Punktsystem. Dieses enthält folgende Kriterien:

- finanzielle Verantwortung: Ertrags- sowie Budget- und Kostenverantwortung
- Anzahl der unterstellten Mitarbeiter
- Entscheidungsrisiken

Die Spannweite der Bewertung in einer Stufe kann im Sonderfall um bis zu 50 % überschritten werden. Weitere Zulagen sind nur über besondere Leistungen möglich. Diese werden in Beurteilungsgesprächen festgestellt. Die Leistungszulagen sind einmalig. Sie gehen nicht in das Gehalt ein und haben keine Auswirkungen auf die Pension.

Management Development

Das Unternehmen fördert systematisch den Führungsnachwuchs, um eine möglichst umfangreiche Basis für das mittlere und obere Management im eigenen Unternehmen zu schaffen. Die Auswahl für die Trainees und Direkteinstellungen im Managementbereich werden deshalb mit aufwendigen Verfahren vollzogen. Es werden Daten über die Mitarbeiter (wie z.B. Beurteilungen, Bewährung in verschiedenen Arbeitsplätzen u.ä.) gesammelt und ausgewertet, um bei Besetzungen von Führungspositionen gezielt und systematisch vorgehen zu können. Dazu gehört auch die umfangreiche Fortbildung der Manager, die möglichst viele Jungmanager für Führungspositionen befähigen soll. Diese Aufgaben werden in speziellen Abteilungen der zentralen Personalabteilung in der Schmackig AG durchgeführt.

Die Abteilung "Auswahl" hat als hauptsächliche Arbeitsgebiete:

- Auswahl von Hochschulabsolventen für Direkteinstellungen
- Entwicklung und Betreuung des Beurteilungssystems
- Entwicklung und Betreuung der Potentialbeurteilung von Managern (Assessment Center)

Die Anforderungskriterien gliedern sich in vier Gruppen:

1. Intelligenz und Ausbildung	2. Sozialverhalten
· Sachkenntnisse	· Zusammenarbeit im Team
· analytisches Denken	· Kontaktverhalten
· kritisches Denken	· Durchsetzungsvermögen
· Kreativität	· Einsatzfreude
· Ausdrucksfähigkeit	
3. Arbeitshaltung, Arbeitseinstellung	4. Persönlicher Eindruck
· Sorgfalt	· Sympathie
· Initiative	· Auftreten
· Konzentration	· Psychische Stabilität
· Entscheidungsfreude	
· persönliche Arbeitsorganisation	

Die Fortbildungsabteilung hat folgende Aufgaben:

* Betreuung der Trainees
* Entwicklung von Fortbildungssystemen für die funktionalen Bereiche und Führungsebenen
* Beratung von Abteilungen, die eigene Fortbildung betreiben (DV, Organisation, Vertrieb)
* Konzeption von Sonderveranstaltungen

Für jeden Funktionsbereich gibt es eine detaillierte Fortbildungsplanung (Rahmenplan Marketing, Administration etc.) und ein Führungstraining für die verschiedenen Hierarchiestufen. Die Rahmenplanung enthält die Routineveranstaltungen innerhalb der Fortbildung, die einen erheblichen Umfang einnehmen. Revisionen sind natürlich selbstverständlich. Innerhalb der Seminare ändern sich Inhalte, neue Seminare kommen hinzu, einige fallen weg. Sämtliche Routineveranstaltungen werden in einer Broschüre jährlich veröffentlicht. Für spezielle Themen können auch externe Veranstaltungen gebucht werden, die durch die Fortbildungsabteilung überprüft werden. Die Benennung für Seminare erfolgt durch den jeweiligen Vorgesetzten in Abstimmung mit der zuständigen Personalabteilung. Der Bedarf ergibt sich aus den Beurteilungsgesprächen und weiteren Entwicklungsplänen für den Mitarbeiter (Management-Development-Planung).

Personal-Informationssystem

Im Personalinformationssystem sind alle relevanten Daten über das Personal gespeichert. Dadurch sollen die Verwaltungsaufgaben erleichtert und die Führungsaufgaben im Personalbereich unterstützt werden. Für die Verwaltung sind neben Personalstatistiken abrufbar:

* Gehaltsabrechnung mit allen weiteren Berechnungen (Lohnsummensteuerermittlung, Verdiensterhebungen, Überstundenübersichten, Krankengeldzuschussmittlung, vermögenswirksame Leistungen etc.)
* Tarifbereich und Gehaltsvorschau (Statistik der Effektivgehälter, Struktur der Tarifgehälter, Veränderungen in den Gehältern, Gehaltsentwicklungen für jeden Mitarbeiter etc.)
* Firmenpensionskasse (mit Bestandsliste der Pensionen, Bestandsentwicklung, Ermittlung des Deckungskapitals etc.)
* Darlehensabwicklungen

4.3 Die beteiligten Gruppen:

Gruppe 1: Geschäftsleitung

Das Unternehmen muss sich grundlegend verändern. Einerseits drücken Kosten und mangelnde Produktivität. Andererseits sind in jüngster Vergangenheit eine Reihe von Problemen aufgetreten, weil interne Strukturen und Prozesse zu schwerfällig gehandhabt werden und sich als wenig anpassungsfähig erwiesen haben. An eine rasche Anpassung an den Markt ist dabei kaum zu denken. Noch weniger gelingt es der Schmackig AG gegenwärtig, den Markt proaktiv zu beeinflussen und zu entwickeln. Insbesondere über aktive Gestaltung muss aber nachgedacht werden, damit die Zukunft des Unternehmens gesichert werden kann.

Der Aufsichtsrat hat ihnen die Aufgabe gestellt, das Unternehmen grundlegend zu verändern. Zu diesen Aufgaben gehören:

- Neuformulierung der strategischen Zielsetzungen
- Erarbeiten einer neuen Organisationsstruktur
- Veränderung und Ergänzungen bzw. Einführung von Managementsystemen, sodass eine Anpassung zu der neuen Unternehmensstruktur gewährleistet ist
- Erhöhung des Gewinns über eine Verbesserung der Produktivität

Die Veränderungen sollen ohne negative Presseberichte erfolgen. Das Image der Firma könnte leiden und es wäre nicht auszuschließen, dass Umsatzeinbußen hingenommen werden müssten. Man ist in einem sensiblen Markt tätig, der stark beeinflusst wird von der Wirksamkeit der eigenen Marken, die Kundenverhalten lenken sollen.

Das Veränderungskonzept und die zeitliche Realisierung der Maßnahmen sollen im Konsens mit wichtigen Einheiten und dem Mittelmanagement erarbeitet werden. Für die Erarbeitung von Details soll eine Projektgruppe gebildet werden, die die Vorschläge allen Beteiligten zugänglich macht, koordiniert und zusammenfasst. Die Projektgruppe wird aus Mitgliedern aller an der Reorganisation beteiligten Unternehmensbereiche gebildet. Die Geschäftsleitung ist in dieser Projektgruppe vertreten. Sie ist selbst für die Durchführung des gesamten Vorhabens voll verantwortlich und hat mit ihrem Mittelmanagement ein Konzept für die Veränderungen zu erreichen. Die Gesamtplanung wird nach Verabschiedung dem Aufsichtsrat (Spielleitung) vorgelegt. Die Geschäftsleitung ist für die Bildung der Projektgruppe verantwortlich. Sie kann eigene Vorschläge für die Reorganisation machen. Vor allem muss sie Vorschläge zu ihrer eigenen Restrukturierung machen.

Gruppe 2: Stabsabteilungsleiter

In dieser Gruppe sind die wichtigsten Zentralabteilungen der Schmackig AG durch ihre Abteilungsleiter vertreten.

Der Hauptabteilungsleiter der *Organisationsgruppe* vertritt die nach Mitarbeiterzahl größte Zentralabteilung. Seine Abteilungen haben sich schnell entwickelt.

Besonders in den 70er-Jahren hat sich der Bereich Datenverarbeitung stetig vergrößert. Auch das Aufgabenspektrum des DV-Bereiches ist stetig gewachsen:

- Betreuung der Zentralrechenanlage
- Umstellung der sich ständig ändernden DV-Systeme
- Programmierarbeiten für verschiedene individualisierte "Insellösungen" (Personalinformationssystem, Managementinformationssystem, PPS etc.)
- Erarbeitung von DV-Konzepten
- Betreuung der Software und Schulung der Anwender

Die Organisationsgruppe umfasst außerdem Abteilungen mit Beratungsfunktionen. Die Organisationsabteilung berät die Sparten, Produktgruppen und einzelnen Firmen in Fragen der Aufbau- und Ablauforganisation. Diese Abteilung führt auch selbst Seminare durch, die im Gesamtkonzept der Fortbildung integriert sind.

In der Abteilung *Operations Research* sitzen mathematische Spezialisten, die vor allem Optimierungsverfahren entwickeln und auf die Produkte, Logistik etc. anwenden. Besonders diese Abteilung ist darauf angewiesen, ihre möglichen Dienstleistungen den Linienmanagern näher zu bringen. Deshalb führt sie selbst auch Seminare durch, die die verschiedenen Verfahren und ihre Einsatzmöglichkeiten zum Gegenstand haben. Der Bereich *Administration* ist durch den Hauptabteilungsleiter, die zentrale *Personalabteilung* durch den Leiter des Management Development und die weiteren Abteilungen durch die Leiter *Revision* und *juristische Abteilung* vertreten. Natürlich verursachen die Zentralabteilungen in der Schmackig AG einen großen Teil der Konzerngemeinkosten. Die Mitarbeiter in den verschiedenen Abteilungen sind meist hoch qualifizierte Spezialisten, die ihr Handwerk verstehen. Andererseits ist klar, dass neue Wege entwickelt werden müssen, um das Unternehmen beweglicher und schlagkräftiger zu machen. Natürlich ist es eine besondere Herausforderung für die Zentralabteilungen, Ideen und Vorstellungen zu liefern, die gerade ihre Kompetenz beweisen. Es ist Ihre Aufgabe, die Zentralabteilungen der Schmackig AG neu zu strukturieren. Denken Sie daran, dass Sie in Ihrer Gruppe Vorschläge nur im Konsens verabschieden können. Ebenfalls ist zu bedenken, falls Sie zu keiner Einigung kommen, dass andere Gruppe Ihnen Lösungen diktieren werden.

Gruppe 3: Geschäftsleitungen der Sparten

Aus Mitgliedern der Spartengeschäftsleitungen ist eine weitere Gruppe gebildet worden, die aus ihrer Sicht ein Konzept für eine Veränderung erarbeiten soll. Die hohen Kosten der Konzernleitung der Schmackig AG stören Sie schon lange. Ihre Anstrengungen, in Ihrem Produktbereich erfolgreich zu sein, werden gerade dadurch behindert. Natürlich wissen Sie, dass erhebliche zusätzliche Kosten auch durch Ihren eigenen "administrativen Apparat" erzeugt werden. So ist sicherlich auch die eigene

Sparte Gegenstand, über Veränderungen nachzudenken. Gefordert ist eine Gesamtsicht des Unternehmens bis in die produzierenden Einheiten hinein. Ihre Hauptaufgabe wird darin bestehen, in Ihrem eigenen Bereich nach Veränderungen zu suchen.
Vor allem sollen die Kosten reduziert und die Produktivität erhöht werden. Es geht
aber auch um die Flexibilisierung und die bessere Anpassungsfähigkeit des gesamten Unternehmens an die sich verändernden Märkte. In Ihrer Sparte sind Sie näher
an den Zielsegmenten und können so auch die Veränderungen im Markt besser
registrieren und auf sie reagieren als die Zentralabteilungen der Schmackig AG. Die
aufwendigen Prozeduren, um z.B. Investitionen durchzubekommen, verhindern zu
oft eine schnelle Reaktion. Bevor größere Veränderungen durchgeführt werden
können, muss das Einverständnis bei der Schmackig AG eingeholt werden. Dies
bezieht sich auf alle Tätigkeitsbereiche. Die Finanzierung von Produktentwick-
lungen und Neueinführungen in Märkte muss finanziell erst mit der Schmackig AG
abgeklärt werden. Auch die Veränderung der Produktion oder der Einsatz neuer
Maschinen müssen genehmigt werden. Besonders langwierig sind die Verfahren,
wenn neue Werke gebaut werden sollen. Nur im operativen Geschäft hat man freie
Hand. Die Vertriebs- und Marketingmaßnahmen für die einzelnen Produkte werden
in den Sparten entwickelt, konzipiert und auch realisiert.

Gruppe 4: Geschäftsleitungen der Werke
Eigentlich ist Ihre Tätigkeit nur auf die Herstellung der einzelnen Produkte der
Schmackig AG begrenzt. Das ist aber gerade das Problem. Informationen über das
Gesamtgeschäft und eine Orientierung über die Marktentwicklung insgesamt sind
nur schwer von der Schmackig AG erhältlich. Von verschiedenen Seiten erhalten
Sie Informationen (Schmackig AG, Projektkoordinatoren), die nicht immer übereinstimmen. Das Verhältnis zum Verkauf und Marketing ist manchmal gestört. Die
Kommunikation ist zum Teil mangelhaft. So kann es durchaus vorkommen, dass
besondere Maßnahmen vom Marketing getroffen werden (Werbung für ein bestimmtes Produkt), die Ihnen nicht mitgeteilt werden. Dann kommt es zu Engpässen
in der Produktion, weil die Nachfrage plötzlich ansteigt. Zusätzlich startet der
Verkauf umsatzsteigernde Maßnahmen, die Ihnen nur zum Teil bekannt sind. Eine
verlässliche Produktionsplanung ist unter diesen Umständen nicht möglich.
Natürlich gibt es auch in Ihrem Verantwortungsbereich Verbesserungsmöglichkeiten. Die bürokratischen Strukturen entsprechen nicht mehr den Notwendigkeiten
einer flexiblen und sich schnell anpassenden Produktion. Außerdem treten zu oft
Produktionsfehler auf, die z.T. sogar zu Schäden an den Maschinen führen. Wenn
eine ganze Charge verdorben ist, laufen außerdem sofort sehr hohe Kosten für
Materialverlust, ausgefallene Lieferbereitschaft gegenüber dem Lebensmittelhandel
und Gewinnausfall auf. Es mangelt außerdem an der richtigen Motivation der
Mitarbeiter. Das nötige Wissen ist eigentlich vorhanden. Aber es kommen immer
wieder durch Nachlässigkeiten gravierende Fehler zustande. Die Qualitätskontrolle
greift zu spät.

Gruppe 5: Konzernbetriebsrat

Als Konzernbetriebsrat verfolgen Sie die anstehende Reorganisation mit Sorge. Einerseits droht der Verlust von Arbeitsplätzen durch Restrukturierung. Andererseits könnten noch mehr Arbeitsplätze verloren gehen, wenn sich die Ertragslage und Marktposition der Schmackig AG weiter verschlechtern. Die gesetzlich geregelten Mitbestimmungsrechte des Betriebsrates sichern Ihnen vor allem eine *Beteiligung* bei der Neuregelung von Arbeitszeiten, Personalstruktur und Entlohnungssystem. Zu Fragen der Fertigungsorganisation sowie des Personalbedarfs müssen Sie *konsultiert*, also gehört werden. Finden Veränderungen im Management oder der Gesamtorganisation des Konzerns statt, haben Sie *Informationsrechte*.

Aus Ihrer Sicht leidet die Konkurrenzfähigkeit des Unternehmens vor allem unter veralteten Strukturen, sodass langfristig mit einer Krise des Unternehmens gerechnet werden muss. Daraus ergeben sich folgende konkrete Probleme, die Ihre aktive Beteiligung an der Reorganisation unabdingbar machen:

- durch die Bedrohung der Arbeitsplätze treten soziale Spannungen innerhalb der Belegschaft auf
- nicht funktionsfähige bzw. fehlende Managementsysteme, insbesondere in der Qualitätssicherung, gefährden nicht nur den materiellen Erfolg des Unternehmens, sondern in Einzelfällen auch die Gesundheit der Produktionsmitarbeiter

Durch die oben angeführten Probleme ergeben sich für den Betriebsrat nachstehende Forderungen:

- Sicherung der Arbeitsplätze
- Einsatz neuer Technologien
- Modernisierung der Strategien, Strukturen und Managementsysteme
- Schulungsmöglichkeiten für das Personal, damit die Weiterbeschäftigung der derzeitigen Belegschaft gewährleistet wird
- Sozialpläne für ausscheidende Arbeitnehmerinnen und Arbeitnehmer

4.4 Die Aufgabenstellungen

Aufgabenblatt 0 (individuelle Arbeit vor dem Seminar)
Name:

Das Aufgabenblatt ist mit der Beantwortung der Fragen vor dem Seminar abzugeben.

1. Normative Dimension des Unternehmens

In welchen Bereichen sollen die normativen Grundlagen verändert werden?
Führen Sie die Veränderungen aus.

2. Strategischer Bereich: Organisationsstrukturen und Managementsysteme

Für drei Bereiche sind die Organisationsstrukturen den veränderten normativen Ausrichtungen anzupassen: (1) Holding, (2) Sparten und (3) Werke. Zeichnen Sie die entsprechenden Organigramme.

Die Managementsysteme sind für die gesamte Organisation zu konzipieren. Welche Managementsysteme sollen das Erreichen der Unternehmensziele unterstützen?

Wie sollen die zukünftigen Managementsysteme gestaltet sein? Legen Sie die Art der Systeme fest und skizzieren Sie, wie die Systeme gehandhabt werden sollen.

3. Durchsetzung der Vorstellungen und Kontrolle der Wirkungen

Welches Konzept soll verfolgt werden, um die Veränderungen im Unternehmen zu verwirklichen? Führen Sie dazu die einzelnen Schritte für die Umsetzung aus und beschreiben Sie, welche Wirkung Sie durch Ihre Maßnahmen erwarten und wie Sie die Wirkungen kontrollieren wollen.

4. Zusammenarbeit in der Gruppe

Wie stellen Sie sich die Zusammenarbeit in ihrer Gruppe vor? Beschreiben Sie:

- die Organisation innerhalb der Gruppe
- die Entscheidungsfindung
- die Art der Zusammenarbeit

5. Zusammenarbeit mit den anderen Gruppen

Es werden fünf Gruppen gebildet, um Vorstellungen für die Veränderungen zu erarbeiten:

Gruppe 1: Geschäftsleitung Holding

Gruppe 2: Projektgruppe für die Koordination und Entwicklung eines Gesamtkon-
zepts (wird
von der Geschäftsleitung eingesetzt)

Gruppe 3: Vertretung der Stabsabteilungsleiter der Schmackig AG

Gruppe 4: Vertretung der Sparten

Gruppe 5: Vertreter der einzelnen Geschäftsleitungen der Werke

Gruppe 6: Konzernbetriebsrat

Wie stellen Sie sich die Zusammenarbeit mit den anderen Gruppen vor, um ein Konzept zu erarbeiten?

Aufgabenblatt für die Gruppe 1 (Geschäftsleitung)

Regeln für die Arbeitsphasen

In der Aktionsphase werden die Konzepte für das Unternehmen erarbeitet. Die Gruppe nimmt nach eigenen Vorstellungen Kontakt zu den anderen Gruppen auf. Dies geschieht schriftlich oder in Form von Treffen, deren Ergebnisse in einem Protokoll festgehalten werden. Jeder Kontakt wird dokumentiert und in Form einer Kopie an die Spielleitung weitergegeben. Es dürfen keine Fakten gesetzt werden. Das darf nur die Spielleitung. Die Spielleitung kann nach Bedarf verschiedene Funktionen einnehmen (z.B. Aufsichtsrat, Beratung).

Regeln für die Analysephasen

In dieser Phase sollen keine Aktivitäten durchgeführt werden. Ihre Aufgabe besteht vor allem darin, das Geschehen in der Aktionsphase zu analysieren, zu bewerten und Folgerungen daraus zu ziehen. Das Ziel ist, sich die Prozesse bewusst zu machen und sie nach eigenen Vorstellungen zu gestalten.

- Die Analyse beinhaltet den Zugang zu den abgelaufenen Prozessen, zuerst individuell und dann durch Gruppendiskussion. Informationen, Meinungen der Gruppenmitglieder werden zusammengetragen und diskutiert, um die Vorgänge besser zu verstehen.

- Ihre Ziele, die Sie in der Vorarbeit 0 erarbeitet haben, sind die Kriterien für die Bewertung der Vorgänge. Sind wir auf dem richtigen Weg? Was sollen wir verbessern?

- Danach erst sollen Sie Maßnahmen für die nächste Spielphase planen. Was müssen wir noch tun, um unsere Ziele besser zu erreichen?

---

1. Tag

Bearbeiten der Übung "Kreativer Wandel".

Gruppenarbeit

Die individuellen Vorarbeiten sollen hinsichtlich des normativen Bereichs und der Gesamtvorstellungen einer Reorganisation diskutiert und zu einem Gruppenkonsens geführt werden. Erleichtert wird die Arbeit, wenn Sie die Moderationstechnik anwenden und sich über das Vorgehen und das Arbeiten in der Gruppe einigen. Themen sind:

1. Normative Veränderungen
2. Leitlinien für eine Reorganisation: Organisationsstrukturen und Managementsystemen
3. Durchsetzungsstrategie für die Veränderungen und Kontrolle der Wirkungen
4. Zusammenarbeit und Arbeitsteilung in unserer Gruppe
5. Zusammenarbeit mit den anderen Gruppen

Ihre Kernaufgabe besteht nicht in der konkreten Ausarbeitung der Organisationsstrukturen, Managementsysteme, Kontrollen und Einführungsprozesse. Sie müssen allerdings eine gemeinsame Vorstellung mit den Gruppen initiieren. Die Hauptaufgabe besteht darin, die normativen Bereiche festzulegen, Leitlinien für die Reorganisation zu entwickeln und die Prozesse im Unternehmen so zu steuern, dass ein gemeinsamer Konsens aller Gruppen hinsichtlich der Reorganisation erzielt wird.

Analysen
Führen Sie die Analysen sorgfältig durch, auch wenn Sie am Anfang kaum Veränderungsbedarf sehen. Man kann alles verbessern; nichts ist perfekt.
Gruppencheck 1. Er wird zweimal durchgeführt. Aufgabe: Verbesserung der Zusammenarbeit in der Gruppe planen.
Intergruppencheck wird nach Eindruck erstellt. Nach dem Ausfüllen an die Spielleitung abgeben.

2. Tag
Gruppenarbeit
Weiterarbeit an der Reorganisation.
Planung der Veränderungen. Wie sollen die Veränderungen gemanagt werden?
Entwickeln und Koordinieren der Vorstellungen hinsichtlich der Reorganisation mit den anderen Gruppen.
Vorbereitung einer Präsentation für den Nachmittag (nach der Analyse):
Wie weit ist die Reorganisation voran gekommen?

Analysen
Gruppencheck 2 (Entwicklung der Gruppe). Aufgabe: Verbesserungen überprüfen, weitere Verbesserungen planen.
Intergruppencheck. Aufgabe: Prozesse zwischen den Gruppen analysieren, Kontaktgestaltung überprüfen, Verbesserungen planen.
Fragebögen Einstellungen zum Wandel, Unternehmensklima individuell ausfüllen, Weitergabe an Spielleitung. Ergebnisse der Intergruppenanalyse ebenfalls an die Spielleitung weitergeben.

3. Tag
Gruppenarbeit
Weiterarbeit an der Reorganisation.
Planung der Veränderungen. Wie sollen die Veränderungen weiter gemanagt werden? Entwickeln und Koordinieren der Vorstellungen hinsichtlich der Reorganisation mit den anderen Gruppen.

Vorbereitung einer Präsentation für den Nachmittag (nach den Analysen):
Welche Erfahrungen haben Sie mit Ihrer Gruppenarbeit und den Gruppenanalysen gemacht?
Welche Erfahrungen haben Sie mit der Zusammenarbeit mit den anderen Gruppen und den Intergruppenanalysen gemacht?

Analysen
Gruppencheck 1. Aufgabe: Verbesserungen planen.
Intergruppencheck. Aufgabe: Prozesse zwischen den Gruppen analysieren, Kontaktgestaltung überprüfen, Verbesserungen planen. Ergebnisse Intergruppencheck an die Spielleitung weitergeben.

4. Tag
Gruppenarbeit
Ausarbeiten des letzten Standes der gesamten Reorganisation und Vorbereiten für eine Präsentation. Allgemeine Fragestellung: Was ist Konsens im Unternehmen?
1. Veränderungen im normativen Bereich
2. Organisationsstrukturen und Managementsysteme
3. Prinzipien für das Vorgehen und die Durchsetzungsschritte der Veränderungen
4. Kontrollverfahren hinsichtlich der Auswirkungen der Durchführung

Alle Gruppen stellen ihre Sichtweise hinsichtlich der anderen Gruppen zusammen: Wie hat sie auf uns gewirkt, was hat gefallen, was störte uns (kurz in Statements).

Analysen
Gruppencheck 2. Aufgabe: Wo steht unsere Gruppe? Was hat sich vom ersten Tag bis jetzt verändert?
Intergruppencheck. Aufgabe: Wie sind die Beziehungen zu den anderen Gruppen?
Fragebögen Einstellungen zum Wandel, Unternehmensklima individuell ausfüllen, Weitergabe an Spielleitung. Ergebnisse der Intergruppenanalyse ebenfalls an die Spielleitung weitergeben.

Feedback
Individuelle Bearbeitung des Checkbogens 3: Individuelle Fähigkeiten
Feedbacksitzung innerhalb der Gruppen nach Vorgabe Signale:
1. Individuelle Arbeit, schriftliches Feedback mit dem Bogen: Jedes Gruppenmitglied füllt für alle anderen Mitglieder seiner Gruppe einen Bogen aus.
2. Gruppensitzung: Jedes Mitglied erhält nacheinander von jedem anderen Mitglied ein freies Feedback (positive Eindrücke und Kritik, nach der 3-K-Regel).

Aufgabenblatt für die Gruppen 3 - 6 (Stäbe, Sparten, Werke, Betriebsrat)

Regeln für die Arbeitsphasen

In der Aktionsphase werden die inhaltlichen Konzepte für das Unternehmen erarbeitet. Die Gruppe nimmt nach eigenen Vorstellungen Kontakt zu den anderen Gruppen auf. Dies geschieht schriftlich oder in Form von Treffen, deren Ergebnisse in einem Protokoll festgehalten werden. Jeder Kontakt wird dokumentiert und in Form einer Kopie an die Spielleitung weitergegeben. Es dürfen keine Fakten gesetzt werden. Das darf nur die Spielleitung. Die Spielleitung kann nach Bedarf verschiedene Funktionen einnehmen (z.B. Aufsichtsrat, Beratung).

Regeln für die Analysephasen

In dieser Phase sollen keine Aktivitäten durchgeführt werden. Ihre Aufgabe besteht vor allem darin, das Geschehen in der Aktionsphase zu analysieren, zu bewerten und Folgerungen daraus zu ziehen. Das Ziel ist, sich die Prozesse bewusst zu machen und sie nach eigenen Vorstellungen zu gestalten.

- Die Analyse beinhaltet den Zugang zu den abgelaufenen Prozessen, zuerst individuell und dann durch Gruppendiskussion. Informationen, Meinungen der Gruppenmitglieder werden zusammengetragen und diskutiert, um die Vorgänge besser zu verstehen.

- Ihre Ziele, die Sie in der Vorarbeit 0 erarbeitet haben, sind die Kriterien für die Bewertung der Vorgänge. Sind wir auf dem richtigen Weg? Was sollen wir verbessern?

- Danach erst sollen Sie Maßnahmen für die nächste Spielphase planen. Was müssen wir noch tun, um unsere Ziele besser zu erreichen.

---

1. Tag

Bearbeiten der Übung "Kreativer Wandel".

Gruppenarbeit

Die individuellen Vorarbeiten müssen nun diskutiert und zu einem Gruppenkonsens geführt werden. Erleichtert wird die Arbeit, wenn Sie die Moderationstechnik anwenden und sich über das Vorgehen und das Arbeiten in der Gruppe einigen. Ihre Vorstellungen sollen auch zu den anderen Gruppen kommuniziert werden. Es sind also auch konkrete Aktivitäten durchzuführen. Themen sind:

1. Zusammenarbeit in unserer Gruppe

2. Zusammenarbeit mit den anderen Gruppen

3. Normative Veränderungen

4. Organisationsstrukturen und Managementsysteme

5. Durchsetzungsstrategie für die Veränderungen und Kontrolle der Wirkungen

Analysen

Gruppencheck 1. Er wird zweimal durchgeführt. Aufgabe: Verbesserung der Zusammenarbeit in der Gruppe planen.

Intergruppencheck wird nach Eindruck erstellt. Nach dem Ausfüllen an die Spielleitung abgeben.

2. Tag

Gruppenarbeit

Weiterarbeit an der Reorganisation. Planung der Veränderungen. Wie sollen die Veränderungen zeitlich gesehen durchgeführt werden? Welche Pläne haben Sie hinsichtlich der betroffenen Mitarbeiter?

Abgleichen der Vorstellungen hinsichtlich der Reorganisation mit den anderen Gruppen.

Vorbereitung einer Präsentation für den Nachmittag (nach der Analyse):

Wie weit ist die Gruppe mit ihren Vorstellungen hinsichtlich der Reorganisation?

Analysen

Gruppencheck 2 (Entwicklung der Gruppe). Aufgabe: Verbesserungen überprüfen, weitere Verbesserungen planen.

Intergruppencheck. Aufgabe: Prozesse zwischen den Gruppen analysieren, Kontaktgestaltung überprüfen, Verbesserungen planen.

Fragebögen Einstellungen zum Wandel, Unternehmensklima individuell ausfüllen, Weitergabe an Spielleitung. Ergebnisse der Intergruppenanalyse ebenfalls an die Spielleitung weitergeben.

3. Tag

Gruppenarbeit

Weiterarbeit an den Organigrammen und Managementsystemen. Abgleichen der Vorstellungen hinsichtlich der Reorganisation mit den anderen Gruppen.

Vorbereitung einer Präsentation für den Nachmittag (nach den Analysen):

Welche Erfahrungen haben Sie mit Ihrer Gruppenarbeit und den Gruppenanalysen gemacht?

Welche Erfahrungen haben Sie mit der Zusammenarbeit mit den anderen Gruppen und den Intergruppenanalysen gemacht?

Analysen

Gruppencheck 1. Aufgabe: Verbesserungen planen.

Intergruppencheck. Aufgabe: Prozesse zwischen den Gruppen analysieren, Kontaktgestaltung überprüfen, Verbesserungen planen. Ergebnisse Intergruppencheck an die Spielleitung weitergeben.

4. Tag

Gruppenarbeit

Ausarbeiten der gesamten Reorganisation und Vorbereiten für eine Präsentation. Allgemeine Fragestellung: Was ist aus unseren Vorstellungen geworden?

1. Veränderungen im normativen Bereich
2. Organisationsstrukturen und Managementsysteme
3. Prinzipien für das Vorgehen und die Durchsetzungsschritte der Veränderungen
4. Kontrollverfahren hinsichtlich der Auswirkungen der Durchführung

Abgleichen der Vorstellungen hinsichtlich der Reorganisation mit den anderen Gruppen.

Alle Gruppen stellen ihre Sichtweise hinsichtlich der anderen Gruppen zusammen: Wie hat sie auf uns gewirkt, was hat gefallen, was störte uns (kurz in Statements).

Analysen

Gruppencheck 2. Aufgabe: Wo steht unsere Gruppe? Was hat sich vom ersten Tag bis jetzt verändert?

Intergruppencheck. Aufgabe: Wie sind die Beziehungen zu den anderen Gruppen?

Fragebögen Einstellungen zum Wandel, Unternehmensklima individuell ausfüllen, Weitergabe an Spielleitung. Ergebnisse der Intergruppenanalyse ebenfalls an die Spielleitung weitergeben.

Feedback

Individuelle Bearbeitung des Checkbogens 3: Individuelle Fähigkeiten

Feedbacksitzung innerhalb der Gruppen nach Vorgabe Signale:

1. Individuelle Arbeit, schriftliches Feedback mit dem Bogen: Jedes Gruppenmitglied füllt für alle anderen Mitglieder seiner Gruppe einen Bogen aus.
2. Gruppensitzung: Jedes Mitglied erhält nacheinander von jedem anderen Mitglied ein freies Feedback (Positive Eindrücke und Kritik, nach 3-K-Regel, s. Skript).

4.5 Interventionsvorschlag

Wenn der Prozess der Reorganisation nicht schnell genug voran kommt, kann die Spielleitung durch folgende Intervention die Rahmenbedingungen setzen.

Von: Aufsichtsrat   An: Geschäftsleitung

Leitlinie für Reorganisation

Sehr geehrte Damen und Herren,

Zu folgenden Punkten möchten wir von Ihnen nähere Informationen haben:
1. Personalkosten: Wie viel soll pro Jahr eingespart werden? Unsere Vorstellung: Mindestens 100 Mio. pro Jahr
2. Verbesserung der Kundenorientierung.
3. Erschließen neuer Märkte
4. Erhöhung der Anpassungsfähigkeit
5. Verschlankung der Verwaltung
6. Optimierung interne Geschäftsprozesse
7. Beschleunigung von Entscheidung und deren Umsetzung

Wie sollen diese Punkte bei der Reorganisation berücksichtigt werden?

Mit freundlichen Grüßen
Aufsichtsrat

4.6 Übung: Kreativer Wandel

In einer ersten Phase sollen Sie in Ihrer Gruppe kreativ und ohne Einschränkungen Einfälle sammeln für die Erarbeitung des Veränderungskonzepts.
1. Phantasieren:
   Was wären die idealen Arbeitsbedingungen für unser Unternehmen?
   Jeder schreibt seine Einfälle auf die Pinnwand. Es gibt keine Einschränkungen für die Einfälle. Es wird nicht miteinander gesprochen. Keiner darf Kritik üben.
2. Bearbeiten der Ideen: Welche Vorschläge lassen sich zusammenfassen?
3. Bewerten der Ideen: Welche Ideen können realisiert werden?
   Jeder hat drei Punkte, um die Ideen zu bewerten. Die Punkte können auf einen Vorschlag kumuliert werden.
4. Analyse: Welche Auswirkungen haben die Vorschläge?
   Nehmen Sie sich nacheinander die drei am höchsten bewerteten Vorschläge vor.

5. Entscheidung: Welchen Vorschlag wollen wir weiter verfolgen?

   Legen Sie nun einen Vorschlag fest, den Sie weiter bearbeiten und in die
   Reorganisation der Schmackig AG einbeziehen wollen.

Positive Auswirkungen:	*Negative Auswirkungen:*

4.7 Analysebögen

4.7.1 Gruppencheckliste 1: Analyse der Gruppenarbeit

1. Individuelle Beurteilung

   Jedes Gruppenmitglied gibt zuerst seine individuelle Beurteilung ab, wie die
   Gruppe arbeitet. Dies geschieht mit Hilfe der Skalierungszahlen, die Verbesserungsbereiche kennzeichnen. Jeder macht dann Vorschläge, wie die Gruppe sich weiter entwickeln kann.

2. Gruppenarbeit

   Diskutieren Sie in der Gruppe nur die Antworten auf die Fragen. Gehen Sie
   nicht jedes Statement durch und diskutieren Sie dort nicht den einzelnen
   Punktwert. Jeder versteht etwas anderes unter einer bestimmten Zahl. Sie
   verschwenden nur Zeit. Konzentrieren Sie sich auf extreme Werte (1 bzw. 5)
   oder "Ausreißer".

   Drücken Sie Ihre Beurteilung mittels einer 5-Skala aus: 1 = starke Zustimmung

   5 = hohe Ablehnung

Vorgaben	1	2	3	4	5
1. Die Ziele für das Projekt werden von allen akzeptiert					
2. Das Vorgehen wird genau geplant					
3. Das Arbeiten mit der Pinwand wird zweckmäßig angewandt					
4. Allen ist die Bedeutung der Aufgabe klar					
5. Die Gruppe kommt mit den geforderten Aufgaben nicht zurecht					
6. Jeder ist daran interessiert, dass das Projekt ein Erfolg wird					
7. Die Gruppe produziert gute Ideen					
8. Die Ideen werden konsequent verfolgt					
9. Wir gehen in den Sitzungen zu wenig systematisch vor					
10. Entscheidungen werden konsequent umgesetzt / kontrolliert					
11. Die Gruppe achtet auf die Wirkungen ihrer Planungen					

Vorgaben	1	2	3	4	5
12. Der Informationsfluss in der Gruppe funktioniert nicht einwandfrei					
13. Wir sind flexibel in unserer Arbeitsweise					
14. Meinungsverschiedenheiten werden nicht restlos geklärt					
15. Es fehlt die klare Linie in unserer Arbeit					
16. Es wird nicht genügend darauf geachtet, Zeit zu nutzen und unsere Kräfte gut zu organisieren					
17. Alle Gruppenmitglieder sind in der Gruppe integriert					
18. Verbesserungsmöglichkeiten werden offen angesprochen					
19. Auf ein gutes emotionales Klima wird nicht genügend geachtet					
20. Konflikte werden konstruktiv gelöst					
21. Zurückhaltende Gruppenmitglieder werden übergangen					
22. Die Gruppe ist in Cliquen gespalten					
23. Ich fühle mich in unserer Gruppe wohl					
24. Wir weichen unangenehmen Diskussionen aus					
25. Vor allem loben wir unsere gute Zusammenarbeit und vergeuden dadurch Zeit unsere Zusammenarbeit zu verbessern					
26. Ideen von außen haben kaum Chancen					
27. Die Gruppe lernt nicht aus Fehlern					
28. Wichtige Angelegenheiten werden zu oft unter den Teppich gekehrt					
29. Die Zeit wird nicht genügend für eine ergiebige Analyse genutzt					

Individuelle Arbeit

1. Was soll verbessert werden, um die Aufgaben besser zu lösen?
2. Was soll getan werden, um die Zusammenarbeit zu verbessern?
3. Was soll geschehen, um die Analysephasen besser zu nutzen?

Stellen Sie einen Plan auf:

Was soll verändert werden?

Wie soll es verändert werden?

Wer achtet auf die Durchführung?

Gruppenarbeit

1. Stellen Sie zuerst alle Verbesserungsvorschläge zusammen (Pinnwand).
2. Gewichten Sie die Vorschläge. Jedes Gruppenmitglied vergibt nach seinen Vorstellungen drei Punkte für die wichtigsten Verbesserungsbereiche.
3. Entwickeln Sie Maßnahmen für zwei Verbesserungsbereiche.
4. Legen Sie die Kontrolle für die Maßnahmen fest.

4.7.2 Gruppencheck 2: Entwicklung der Gruppe

1. Individuelle Beurteilung

   Jedes Gruppenmitglied gibt zuerst seine individuelle Beurteilung ab, wie die Gruppe arbeitet. Dies geschieht mit Hilfe der Skalierungszahlen, die Verbesserungsbereiche kennzeichnen. Jeder macht dann Vorschläge, wie die Gruppe sich weiter entwickeln kann.

2. Gruppenarbeit

   Diskutieren Sie in der Gruppe nur die Antworten auf die Fragen. Gehen Sie nicht jedes Statement durch und diskutieren Sie dort nicht den einzelnen Punktwert. Jeder versteht etwas anderes unter einer bestimmten Zahl. Sie verschwenden nur Zeit. Konzentrieren Sie sich auf extreme Werte (1 bzw. 7) oder große Abweichungen.

Drücken Sie Ihre Beurteilung mittels einer 7-Skala aus: 1 = gering,

7 = sehr stark ausgeprägt

Vorgabe	Vorher	Jetzt
1. Ich fühle mich mit der Gruppe verbunden	1.	1.
2. Kooperation bestimmt das Arbeiten in der Gruppe	2.	2.
3. Man unterstützt sich gegenseitig	3.	3.
4. Es wird vertrauensvoll und offen miteinander umgegangen	4.	4.
5. Man ist mit vollem Engagement bei der Arbeit	5.	5.
6. Alle tragen mit ihren Beiträgen zum Erfolg der Gruppe bei	6.	6.
7. Der Gruppe stelle ich mein ganzes Wissen zur Verfügung	7.	7.
8. Störungen werden offen angesprochen und konstruktiv verarbeitet	8.	8.
9. Wir arbeiten sehr wirkungsvoll	9.	9.
10. Wir nutzen unsere Zeit optimal	10.	10.
11. Wir haben klare Zielvorstellungen	11.	11.
12. Probleme werden systematisch bearbeitet	12.	12.
13. Ich kann auch über persönliche Angelegenheiten mit der Gruppe sprechen	13.	13.
14. Man versucht möglichst niemanden zu verletzen	14.	14.
15. Ich bin bei der obigen Beurteilung ehrlich gewesen	15.	15.

In welchen Bereichen soll die Gruppe weitere Anstrengungen unternehmen?

•

•

Was soll unternommen werden, um die Gruppe weiter zu entwickeln?

4.7.3 Checkbogen 3: Bezüge zu den anderen Gruppen

Erstellen Sie in der Gruppe ein Diagramm nach folgendem Muster (Soziogramm).
Tragen Sie jeweils den Namen einer Gruppe in die Kreise ein.

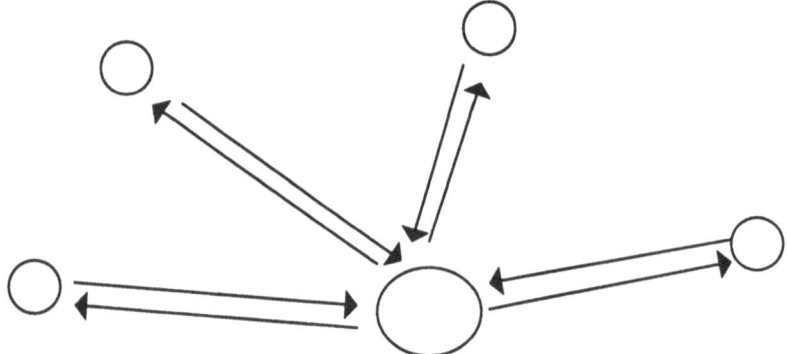

1. Informationsfluss: positiv, negativ (+, -, bei neutral Pfeil weglassen)
2. Zusammenarbeit: positiv, negativ (+, -, bei neutral Pfeil weglassen)
3. Emotionale Beziehung: positiv, negativ (+, -, bei neutral Pfeil weglassen)

Auflisten:
Welches waren unsere größten Leistungen für die Reorganisation der
Schmackig AG?
Welches waren die gravierendsten Misserfolge?
Welche Beiträge leisteten die anderen Gruppen?

Aktivitäten
1. Zu welchen Gruppen sollten wir den Kontakt verbessern? Was ist zu tun? Wer
   soll es tun? Bis wann soll es ausgeführt sein?
2. Welche Aufgaben sollten wir allein in Angriff nehmen? Was ist zu tun? Wer soll
   es tun? Bis wann soll es ausgeführt sein?
3. Welche Aufgaben sollten wir mit anderen Gruppen durchführen?
4. Aufgabe/n   Gruppe/n   Verantwortlich

4.7.4 Checkbogen 4: Individuelle Fähigkeiten

Ziel

Der Bogen soll die Analyse eigener Verhaltensweisen ermöglichen. Er soll Anregungen geben, erwünschte Verhaltensweisen weiterzuentwickeln und unerwünschte Verhaltensweisen zu kontrollieren. Die Ergebnisse sind nur für Sie selbst bestimmt. Falls Sie Bestätigungen, Anregungen von Ihren Gruppenmitgliedern wünschen, sprechen Sie die Verhaltensbereiche in der freien Feedbackrunde an.

Bedeutung der Zahlen

0 = das beschriebene Verhalten trifft auf mich nicht zu

1 = ich möchte mein Verhalten in diesem Bereich steigern bzw. intensivieren

2 = ich bin mit dem Stand meines Verhaltens zufrieden

3 = ich möchte mein Verhalten in diesem Bereich besser kontrollieren

Systematisches Vorgehen

1. Ich erfrage Informationen und Meinungen, um ein gemeinsames Problemverständnis zu ermöglichen	0	1	2	3
2. Ich beschäftige mich überwiegend nur mit meinen eigenen Sichtweisen	0	1	2	3
3. Ich setze mich mit den Ideen anderer konzentriert auseinander	0	1	2	3
4. Ich werte Ideen anderer ab	0	1	2	3
5. Ich achte auf ein systematisches Vorgehen	0	1	2	3
6. Ich blocke Beiträge zur Klärung von Sachverhalten ab	0	1	2	3

Entwickeln des Gruppenklimas

1. Ich drücke Lob und Anerkennung aus	0	1	2	3
2. Ich zeige Interesse an der Meinung anderer	0	1	2	3
3. Ich bin nur darauf bedacht, eigene Beiträge beizusteuern	0	1	2	3
4. Ich versuche, verschiedene Standpunkte miteinander zu versöhnen	0	1	2	3
5. Ich greife manchmal Meinungsgegner persönlich an	0	1	2	3
6. Ich trage zum Abbau von Spannungen mit bei	0	1	2	3

Zeigen von Emotionalität

1. Ich zeige meine Empfindungen in einer Situation	0	1	2	3
2. Ich lege offen meinen Widerspruch dar	0	1	2	3
3. Ich signalisiere indirekt durch Rückzug meine Unzufriedenheit	0	1	2	3

4. Ich drücke Dankbarkeit offen aus	0	1	2	3
5. Ich zeige häufig Gefühle wie Sarkasmus, Ironie	0	1	2	3
6. Ich bin meistens ausgeglichen	0	1	2	3

Gestalten von sozialen Beziehungen

1. Ich halte mich in Gruppen zurück, verhalte mich möglichst neutral	0	1	2	3
2. Ich gehe auf andere zu, ergreife die Initiative	0	1	2	3
3. Ich bin mehr auf den eigenen Vorteil bedacht	0	1	2	3
4. Ich nehme andere vor persönlichen Angriffen in Schutz	0	1	2	3
5. Ich versuche alle in Aktivitäten der Gruppe einzubeziehen	0	1	2	3
6. Ich halte Vereinbarungen, Verabredungen unbedingt ein	0	1	2	3

Gestalten der Kommunikation

1. Ich rede lieber von eigenen Erfahrungen bei jeder sich bietenden Gelegenheit	0	1	2	3
2. Ich suche Meinungen anderer zu verstehen	0	1	2	3
3. Ich werde ungeduldig, ärgerlich, wenn andere nicht meiner Meinung sind	0	1	2	3
4. Ich unterbreche andere, um zum eigenen Thema zu wechseln	0	1	2	3
5. Ich werte Ideen und Meinungen anderer ab	0	1	2	3
6. Ich höre geduldig zu, wenn jemand etwas vorträgt	0	1	2	3
7. Ich suche den Konsens	0	1	2	3
8. Ich habe bei neuen Ideen meist Bedenken	0	1	2	3
9. Ich bin aufgeschlossen gegenüber Kritik	0	1	2	3

Stellen Sie die störenden Verhaltensweisen für die Gruppenarbeit zusammen, ergänzen Sie die Verhaltensweisen aus den Gruppenerfahrungen.

Welche Verhaltensweisen wollen Sie in Zukunft mehr kontrollieren?

Wie wollen Sie die angeführten Verhaltensweisen kontrollieren?

Welche Verhaltensweisen wollen Sie in Zukunft mehr nutzen?

4.7.5 Feedback: Signale

Signale (nach Francis/Young, 1982)

Von: **An:**

Es wäre hilfreicher und einfacher für mich, wenn du

1. häufiger und mehr ...

2. weniger oder überhaupt nicht mehr ...

3. weiterhin ...

4. außerdem ...

                                            ... tun würdest.

4.8 Fragebögen für die Kontrolle von Vorgängen in der Organisation

4.8.1 Unternehmensklima

Bitte individuell den Fragebogen beantworten und anschließend an die Spielleitung abgeben. 1 = stimmt voll zu   3 = weder noch   5 = stimmt überhaupt nicht

	Organisation	1	2	3	4	5
1	Die Aufgaben für jeden Mitarbeiter sind eindeutig vorgegeben.					
2	Die Einhaltung des Dienstweges ist wichtig, Abweichungen gelten als Verstoß.					
3	Es gibt viele Regeln und Vorschriften.					
4	Die Abläufe werden eigenverantwortlich durch die Mitarbeiter gestaltet.					
5	Veränderungen werden gemeinsam erarbeitet und entschieden.					
6	Die Organisation reagiert flexibel auf Veränderungen.					
	Autonomie					
1	Es wird hauptsächlich nach Anweisungen gearbeitet.					
2	Es gibt nur geringe Gestaltungsmöglichkeiten.					
3	Bei wichtigen Entscheidungen gibt es wenig Einflussmöglichkeiten.					
4	Aufgabenbereich und Entscheidungskompetenz sind verknüpft.					
5	Jeder hat Einfluss auf die Vorgänge in der Gruppe.					
6	Jeder ist für seine Tätigkeiten verantwortlich.					

	Mitarbeiter	1	2	3	4	5
1	Das Miteinanderumgehen ist unpersönlich.					
2	Misstrauen und Distanz herrschen vor.					
3	Gemeinschaftssinn fehlt weitgehend.					
4	Bei Schwierigkeiten unterstützt man sich gegenseitig.					
5	Das Vertrauen ist hoch. Es wird über alles offen gesprochen, auch über private Angelegenheiten.					
6	Jeder kann seine Meinung, Gefühle frei ausdrücken.					
	Leistungsorientierung					
1	Jasager kommen am besten voran.					
2	Gute Leistungen, neue Ideen werden kaum anerkannt.					
3	Es fehlt Engagement bei der Arbeit.					
4	Leistungen werden anerkannt und belohnt.					
5	Alle beteiligen sich, um die Arbeit noch besser zu gestalten.					
6	Jeder ist am Wohlergehen des Unternehmens interessiert.					
	Zusammenarbeit					
1	Spannungen in und zwischen den Gruppen beherrschen den Alltag.					
2	Konkurrenz bestimmt das Umgehen miteinander.					
3	Man versucht vor allem Harmonie herzustellen.					
4	In den Gruppen erarbeitet man systematisch Verbesserungen in der Zusammenarbeit.					
5	Konflikte zwischen Gruppen werden konstruktiv gelöst.					
6	Auf die Integration von verschiedenen Vorstellungen, Meinungen wird besonders geachtet.					
	Innovation und Entwicklung					
1	Man bleibt lieber bei bewährten Verfahren.					
2	Man sucht vorwiegend die Mängel bei Vorschlägen und Ideen.					
3	Risiko wird weitgehend vermieden.					
4	Man ist bereit, Neues zu erproben.					
5	Man ist gegenüber Ideen, Vorschlägen aufgeschlossen.					
6	Jeder bemüht sich Lösungsansätze weiterzuentwickeln.					
	Informationen					
1	Über wichtige Angelegenheiten sind wir unzureichend informiert.					
2	In der Regel wird man vor vollendete Tatsachen gestellt.					
3	Vor Einführung neuer Verfahren wird ausgiebig informiert.					
4	Über die Situation des Unternehmens ist jeder umfassend informiert.					
5	Fragen werden schnell und umfassend beantwortet.					

4.8.2 Einstellungen zum Wandel

Gruppe:

Kreuzen Sie entsprechend Ihrer Meinung an, was Sie von den Veränderungen bei der Schmackig AG halten.

1 = sehr ... 2 = ziemlich ... 3 = weder noch 4 = ziemlich ... 5 = sehr ...

Die Veränderungen im Unternehmen sind

hilfreich	1	2	3	4	5	hinderlich
nützlich	1	2	3	4	5	ungeeignet
formalistisch	1	2	3	4	5	flexibel
systematisch	1	2	3	4	5	chaotisch
schlecht	1	2	3	4	5	gut
spannend	1	2	3	4	5	langweilig
abstoßend	1	2	3	4	5	motivierend
professionell	1	2	3	4	5	unzulänglich
entfaltend	1	2	3	4	5	einengend
selbst kontrollierend	1	2	3	4	5	fremd kontrolliert

Überprüfen Sie die aufgestellten Behauptungen und drücken Sie Ihre Meinung durch das Ankreuzen der Skalenwerte aus.   1 = stimmt   2 = stimmt im Wesentlichen 3 = weder noch 4 = stimmt eigentlich nicht ganz   5 = stimmt nicht

Markieren Sie zusätzlich die Vorgaben, die Sie für besonders wichtig halten, mit einem Kreuz.

1. Die Veränderungen sind wirkungsvoll	1	2	3	4	5
2. Die Veränderungen führen zu Fluktuation und Fehlzeiten	1	2	3	4	5
3. Die Veränderungen machen die Abläufe effizienter	1	2	3	4	5
4. Eine tiefgreifende Veränderung findet nicht statt	1	2	3	4	5
5. Die Veränderungen erhöhen die Fähigkeiten unseres Unternehmens im Markt zu bestehen	1	2	3	4	5
6. Der Wandel erhöht die Kundenzufriedenheit	1	2	3	4	5
7. Das Vorgehen verbessert die Mitwirkungsmöglichkeiten	1	2	3	4	5
8. Der Wandel entmachtet die mittlere Führungsebene	1	2	3	4	5
9. Das Vorgehen fördert die Kooperation	1	2	3	4	5
10. Veränderungen erhöhen das Ansehen der Firma	1	2	3	4	5
11. Wandel ist eine Mode, die man mitmachen muss	1	2	3	4	5
12. Das Vorgehen überfordert unser Personal	1	2	3	4	5
13. Der Wandel verändert das Klima positiv in der Firma	1	2	3	4	5

14. Veränderungen führen zu weniger Fehlern   1 2   3   4   5

15. Durch das Vorgehen wird offener kommuniziert   1 2   3   4   5

16. Wandel fördert die Transparenz von betrieblichen Abläufen 1 2   3   4   5

17. Veränderungen verbessern nur kurzfristig die Konkurrenz-

    situation   1 2   3   4   5

18. Veränderungen haben wenig Einfluss auf Produktqualität 1 2   3   4   5

19. Veränderungen erhöhen die Produktivität   1 2   3   4   5

20. Veränderungen verbessern die Kommunikation zwischen

    den Abteilungen   1 2   3   4   5

21. Veränderungen sind für Überleben der Firma unerlässlich 1 2   3   4   5

Weitere Bemerkungen zu den inhaltlichen Veränderungen bei der Schmackig AG:

4.8.3 Einstellungen zur Methode des Veränderns

Gruppe:

Kreuzen Sie entsprechend Ihrer Meinung an, was Sie von der Durchführung der Veränderungen bei der Schmackig AG halten.

1 = sehr …   2 = ziemlich …   3 = weder noch   4 = ziemlich …   5 = sehr …

Das Vorgehen ist:

systematisch	1	2	3	4	5	chaotisch
flexibel	1	2	3	4	5	starr
gut	1	2	3	4	5	schlecht
stressend	1	2	3	4	5	angemessen
motivierend	1	2	3	4	5	abstoßend
offen	1	2	3	4	5	eng
aktivierend	1	2	3	4	5	gleichgültig
professionell	1	2	3	4	5	unzulänglich
entfaltend	1	2	3	4	5	einengend
selbst kontrollierend	1	2	3	4	5	fremd kontrolliert
interessant	1	2	3	4	5	langweilig

Überprüfen Sie die aufgestellten Behauptungen und drücken Sie Ihre Meinung durch das Ankreuzen der Skalenwerte aus.

1 = stimmt   2 = stimmt im Wesentlichen   3 = weder noch

4 = stimmt eigentlich nicht ganz   5 = stimmt nicht

Markieren Sie zusätzlich die Vorgaben, die Sie für besonders wichtig halten, mit einem Kreuz.

1. Informationen über das Vorgehen sind umfassend	1	2	3	4	5
2. Bedenken werden aufgegriffen und mit den Beteiligten bereinigt	1	2	3	4	5
3. Geschäftsleitung unterstützt und begleitet das Vorgehen	1	2	3	4	5
4. Die Führung steht nicht hinter dem Vorgehen	1	2	3	4	5
5. Das Projekt wird umsichtig und gut geplant durchgeführt	1	2	3	4	5
6. Die Verantwortlichen haben das Verfahren vollständig unter Kontrolle	1	2	3	4	5
7. Die betroffenen Mitarbeiter können umfassend mitwirken	1	2	3	4	5
8. Die Zusammenarbeit lässt viel zu wünschen übrig	1	2	3	4	5
9. Die Mitarbeiter werden nicht ernst genommen	1	2	3	4	5
10. Informationen werden optimal ausgetauscht	1	2	3	4	5
11. Das Projekt verschlechtert das Klima	1	2	3	4	5
12. Probleme werden nicht genügend berücksichtigt	1	2	3	4	5
13. Das Projekt wird bürokratisch administriert	1	2	3	4	5
14. Das Gefühl der Zugehörigkeit erhöht sich	1	2	3	4	5
15. Der Umgang untereinander ist freundlicher als vorher	1	2	3	4	5
16. Furcht vor Arbeitsplatzverlust entwickelt sich	1	2	3	4	5
17. Misstrauen erhöht sich	1	2	3	4	5
18. Wenn ich verantwortlich für die Einführung wäre, würde ich die Einführung anders gestalten	1	2	3	4	5

Weitere Bemerkungen zum Vorgehen bei der Veränderung der Schmackig AG:

4.9 Evaluation des Planspiels

Fragebogen: Beurteilung des Planspiels *Schmackig* AG
Ihre Meinung und Ihre Vorschläge zu diesem Seminar sind für uns sehr wichtig, um das Seminar systematisch weiter entwickeln zu können.

1. Ihr persönlicher Eindruck vom Seminar

klar, übersichtlich	1	2	3	4	5	verwirrend
gründlich	1	2	3	4	5	oberflächlich
nützlich	1	2	3	4	5	nutzlos
wichtig	1	2	3	4	5	unwichtig
interessant	1	2	3	4	5	uninteressant
aussagestark	1	2	3	4	5	uninformativ

Was war für Sie besonders wichtig?

Was hat Sie gestört?

2. Die vorgegebenen Behauptungen sollen Ihnen helfen, Ihre Meinung über das Seminar auszudrücken.

	stimmt genau				stimmt überhaupt nicht
2.1. Mir ist die Bedeutung der Entwicklung einer gemeinsamen Vorstellung von Ordnung in einem Unternehmen deutlich geworden.	1	2	3	4	5
2.2. Ich verstehe besser, wie Beeinflussungsprozesse gestaltet werden (können).	1	2	3	4	5
2.3. Ich weiß nun, wie wichtig theoretische Kenntnisse für die Bewältigung von Praxisproblemen sind.	1	2	3	4	5
2.4. Zusammenarbeit gestalten zu können, ist die Grundlage für heutige Managementtätigkeiten.	1	2	3	4	5
2.5. Ich weiß jetzt, wie man die Zusammenarbeit in einer Gruppe systematisch entwickeln kann.	1	2	3	4	5
2.6. Ich weiß, wie wichtig die Gestaltung von Prozessen zwischen Gruppen ist.	1	2	3	4	5

	stimmt genau				stimmt überhaupt nicht

2.7. Organisationsstrukturen und Systeme beeinflussen
das Verhalten in Organisationen.   1   2   3   4   5

2.8. Der Zusammenhang zwischen konkretem Verhalten
und der Bildung von Strukturen informeller Art ist
mir jetzt deutlich.   1   2   3   4   5

2.9. Das Gestalten von Kommunikations- und
Interaktionsprozessen ist für meine spätere Berufs-
tätigkeit sehr wichtig.   1   2   3   4   5

2.10 Bemerkungen

3. Bitte machen Sie uns nun Vorschläge, wie man das Seminar verbessern kann.

3.1. Einführungsphase: Kennenlernen und Einführung in das Seminar
Wie gut war die Einführungsphase?

```
┌─────────────────────────┐
│  1    2    3    4    5   │
│ sehr            sehr     │
│ gut           schlecht   │
└─────────────────────────┘
```

Was sollte geändert werden?

3.2. Spielphasen
Wie gut waren die Phasen?

```
┌─────────────────────────┐
│  1    2    3    4    5   │
│ sehr            sehr     │
│ gut           schlecht   │
└─────────────────────────┘
```

Was sollte geändert werden?

3.3 Analysephasen

Wie gut waren die Phasen?

1	2	3	4	5
sehr				sehr
gut			schlecht	

Was sollte geändert werden?

3.4. Schlussphase

Wie gut waren der Ausstieg und die Reflexion?

1	2	3	4	5
sehr				sehr
gut			schlecht	

Was sollte geändert werden?

4. Unterlagen

	sehr gut			sehr schlecht		Was sollte verbessert werden?
	1	2	3	4	5	
Skript						
Aufgabenblätter						(bitte Aufgabenblatt angeben)
Analysebögen						(bitte Analysebogen angeben)

5. Planspiel *Pappenheim*

Ziele

Pappenheim ist eine Stadt mit vielen Problemen unserer heutigen Zeit, insbesondere sind es ökonomische und ökologische Probleme. Verschiedene Gruppen darunter ein Unternehmen, Parteien und Bürgerinitiativen wollen die Stadt nach ihren Vorstellungen gestalten und die Probleme lösen. Dazu müssen sie ihre Vorstellungen präzisieren, Konzepte entwickeln und Aktivitäten planen und durchführen. Dazu benötigt man auch die Hilfe anderer Gruppen. Das vorgegebene Stadtszenario mit den verschiedenen Gruppen bildet die Ausgangslage für eine Simulation, in der die Gruppen agieren sollen, um ihre Interessen durchzusetzen.

Die Teilnehmer sollen...

- Konzepte planen und in Aktivitäten umsetzen, um die Stadt nach den jeweiligen Vorstellungen der Gruppen zu gestalten.
- Analysen der Aktivitäten auf Wirksamkeit durchführen, um das eigene Tun zu verbessern.
- Prozesse zwischen Gruppen gestalten, um die Vorstellungen durchzusetzen. Dazu gehört auch die Analyse der Prozesse.
- Prozesse innerhalb der eigenen Gruppe gestalten und analysieren, um wirksam zusammenzuarbeiten.

Vor dem eigentlichen Planspiel treffen sich die Teilnehmer einen halben Tag. Hier gibt es weitere Informationen, werden Fragen geklärt und das Spiel vorbereitet.

Das Planspiel selbst dauert eine ganze Woche von 9.00 bis etwa 17.00 Uhr. Es besteht aus verschiedenen Phasen: (1) Einstiegsphase, (2) Aktions- und Analysephasen und (3) Endauswertungsphase.

5.1 Ablauf und Regeln

Vorbereitungstagung (Halber Tag)

Kennenlernen

Ziele des Planspiels
- Konzeptionen entwickeln und durchsetzen,
- Prozesse zwischen Gruppen gestalten und analysieren,
- Prozesse innerhalb einer Gruppe kontrollieren können

Ausgangssituation und die Gruppen des Szenarios vorstellen.
Ablauf des Planspiels erläutern:

- Anfangsphase
- Spiel- und Analysephase
- Schlussauswertungsphase

Das gesamte Szenario (die Stadt Pappenheim und die einzelnen Gruppen) und der Ablauf des Verhaltensplanspiels sind auf Pinnwandpapier abgebildet.
Organisation der Spielphase: Ablauf Spielzüge und Regeln
Einteilung in Spielgruppen
Einarbeiten in die Unterlagen
Unterlagen lesen:

- Die Stadt, das Werk der *Interpapp* und Vorgabe für die eigene Gruppe

Aufgabenstellungen für die Gruppe entwickeln:

- Was ist zu tun?
- Wie soll es ausgeführt werden? Inhaltlich und organisatorisch

Verhaltensplanspiel (einwöchige Veranstaltung)

Einstiegsphase

- Raumeinteilung
- Standort Briefkasten
- Pressemitteilung an alle: Kurzbeschreibung des Vorhabens Werk *Pappenheim* Pressekonferenz mit Bürgerbeteiligung Präsentation der Geschäftsleitung (GL)
- Aufgabe: Vorbereitung der Gruppen auf diese Konferenz, bzw. Ausarbeitung ihres Konzepts
- Durchführung der Pressekonferenz mit Befragungsmöglichkeiten

Spiel- und Analysephasen

- Durchführen von Spielzügen
- Analyse der Gruppenprozesse
- Checken der Bezüge zu den anderen Gruppen

Schlussauswertung

- Abschlusskonferenz: Ergebnisse des Spiels feststellen: Was ist erreicht worden?
- Berichte der Gruppen: Welche Ziele hatten wir? Was haben wir erreicht?
- Wie sieht der Endzustand des Szenarios aus? Wie bewerten ihn die Gruppen?
- Was müsste man tun, um den Zustand der Stadt weiterzuentwickeln?

- Soziogramm über die Spielphasen: Wie haben sich die Beziehungen entwickelt?
- Gruppenfeedback: Was wir der Gruppe noch sagen wollen.
- Gestaltung von Gruppen- und Intergruppenprozessen: Was fördert/hindert die Zusammenarbeit?
- Stellungnahme zum Spiel (evtl. Fragebogen)
- Zufriedenheit: Was hat das Spiel gebracht?
- Veränderungsvorschläge

Regeln für das Verhaltensplanspiel

- Die Gruppen treffen sich in der Regel nicht in Person, sondern verkehren schriftlich miteinander. Jede Aktivität ist zu dokumentieren. Die Gruppen organisieren ihren "Postverkehr" selbst.
- Verkehren die Gruppen mündlich miteinander (gemeinsame Sitzungen, Besprechungen etc.), so sind Ergebnisprotokolle anzufertigen.
- Jede Gruppe ist im Besitz einer aktuellen und kompletten Dokumentation ihrer Aktivitäten.
- Die Gruppenanalysen werden gesammelt und nach dem Spiel der Spielleitung übergeben.
- Eine Spielphase (3 Stunden) entspricht einem 1/4 Jahr "Realzeit". Änderungen gibt die Spielleitung bekannt.
- Keine Spielgruppe darf Fakten setzen. Auch Namen der Gruppen dürfen nicht verändert werden. Veränderungen nimmt nur die Spielleitung vor.
- In Pausen und Auszeiten dürfen keine Spielzüge erfolgen.
- Die Spielleitung kann verschiedene Rollen (Konzern, Stadtverwaltung, Gericht etc.) annehmen und ist Ansprechpartner für Anfragen.

5.2 Das Szenario

5.2.1 Die Stadt *Pappenheim*

Die Stadt Pappenheim liegt in Nordrhein-Westfalen und nimmt räumlich gesehen eine ausgeprägte Randlage ein. Es handelt sich um eine mittelgroße Industriestadt, die an ein Ballungsgebiet angrenzt. Insgesamt erstreckt sich die Stadt auf eine Fläche von 6257 ha. Die Einwohnerzahl beträgt 62048 (davon männlich 32731 und weiblich 30317) und die Bevölkerungsdichte ist mit 947 Einwohner/qkm anzugeben. Durch zahlreiche Naturparks und Eichen- sowie Buchenwälder sind Pappenheim und seine malerische Umgebung zu einem Erholungsgebiet geworden. Die Stadt Pappenheim kann auf eine über tausendjährige Geschichte zurückblicken.

Die erste urkundliche Nennung Pappenheims erfolgte im Jahre 974. Im 19. Jahrhundert begann die Umwandlung von einer kurfürstlichen Residenzstadt zur modernen Industriestadt. Als Folge der einsetzenden Industrialisierung ergab sich eine Verzehnfachung der Bevölkerungszahl. Im Jahr 1800 zählte Pappenheim 5260 Einwohner; 1969 waren es 54500 Einwohner. Gewerbebetriebe, teils neue, teils bisher in Pappenheim ansässige, siedelten sich in den Randgemeinden an, weil innerhalb der Stadtgrenzen kein geeignetes Baugelände mehr angeboten werden konnte. Diese Entwicklung führte dazu, dass die Stadt trotz der positiven wirtschaftlichen Lage keine höheren Gewerbesteuern einnehmen konnte.

Die heutige finanzielle Situation von Pappenheim ist gekennzeichnet durch erhöhte Ausgaben im Gegensatz zu den Einnahmen. Die Einnahmen betrugen im Jahr 1989 198,9 Mio. DM gegenüber den Ausgaben von 205,5 Mio. DM. Die Einnahmen der Stadt beinhalten unter anderem Steuern, Zahlungen vom Bund sowie Gebühren und zweckgebundene Abgaben. Die Ausgaben sind unter anderem gesplittet in Personalausgaben, Sozialleistungen und Zinsausgaben. Den Grund für höhere Ausgaben im Verhältnis zu den Einnahmen der Stadt bilden die angestiegenen Sozialleistungen, die aus der zunehmenden Arbeitslosigkeit resultieren.

Das ungewöhnliche Anwachsen der Bevölkerung bewirkte einen Überlauf des Stadtgebietes zugunsten der benachbarten Randgemeinden. Das Bild der heutigen Industriestadt Pappenheim wird hauptsächlich geprägt durch Bekleidungsindustrie, Messwerkzeugfabriken, Lenkrad- und Hydraulikmotorenbau, Stahlbau, Zellstofffabrikation, chemische Industrie und optische Geräte.

Ein Problem, mit dem sich die Stadt konfrontiert sieht, ist die hohe Arbeitslosigkeit, die allein im letzten Jahr von 10% auf 12% angestiegen ist. Von den 35738 Beschäftigten sind 21666 Männer und 14072 Frauen. Der Ausländeranteil an der Beschäftigtenzahl beträgt 2484 Personen. Aufgeteilt auf die einzelnen Wirtschaftsbereiche ergibt sich folgendes Bild: Im produzierenden Bereich wurden insgesamt 18544 Beschäftigte gezählt, das sind ca. 52% der Gesamtbeschäftigten. Der Bereich Handel und Verkehr hatte insgesamt 8306 Beschäftigte, das sind 23% der Gesamtbeschäftigten (Männer 4230; Frauen 4076). Im Dienstleistungsbereich sind 8769 Personen beschäftigt, das sind rund 24% der Gesamtbeschäftigten (Männer 3586; Frauen 5183). In der Land- und Forstwirtschaft, der in Pappenheim nur eine untergeordnete Bedeutung zukommt, wurden lediglich 119 Arbeitnehmer gezählt.

Durch die hohe Anzahl von Einpendlern, die täglich in die Stadt fahren, hat die Verkehrsbelastung im Innenstadtbereich stark zugenommen. 91% des Kfz-Straßenverkehrs ist stadtorientiert. Die Stadt hat auf Grund dieser Tatsache ein umfangreiches Verkehrskonzept entwickelt. Eine nennenswerte Erneuerung bildet der Ausbau des äußeren Ringes der Stadt. Damit wird eine Verkehrsberuhigung in der Innenstadt erreicht und die Schadstoffbelastung in diesem Stadtbereich reduziert.

Die ökologische Situation Pappenheims wird anhand von Bodenanalysen, Immissionswerten und Gewässeranalysen ermittelt. Die Sorge der Stadt über die zunehmende Belastung der Gewässer durch Schadstoffe verschiedener Art und Herkunft hat in den letzten Jahren zu einer intensiven Entwicklung auf dem Gebiet der Spurenanalyse beigetragen. Solche Verfahren sind insofern notwendig, als eine Anzahl von Stoffen wie z.B. einige Schwermetalle und Metalloide schon in sehr geringen Konzentrationen chronisch-toxische Wirkungen zeigen können und diesem muss entgegengewirkt werden. Das Vorkommen dieser Stoffe in den für Trinkwasserzwecke genutzten Oberflächengewässern sowie im Trinkwasser selbst ist im Laufe des Forschungsprogrammes durch Verordnungen bzw. Richtlinien auf zulässige Höchstkonzentrationen begrenzt worden. Die Pappel zeigt Höchstkonzentrationen. Fische leben seit Jahrzehnten nicht mehr in diesem Fluss. Zurückzuführen sind diese Verunreinigungen primär auf die Einleitung von Abwässern der nahe gelegenen Fabrikationswerke, insbesondere des Werks der *Interpapp*. Die übrigen Wasserverunreinigungen der Stadt werden durch die Kläranlagen aufgefangen. Das Trinkwasser ist bisher einwandfrei. Werte über die Belastungen des Bodens im Stadtgebiet beschränken sich bisher auf eine Auswertung des Schwermetallgehalts im Boden. Werte über weitere Probleme, wie beispielsweise Nitrate, FCKW, Radioaktivität oder andere Altlasten liegen Zurzeit noch nicht vor, sollen in Zukunft aber auch in die Bodenuntersuchungen einbezogen werden. Die Ergebnisse sind vor allem wichtig im Zusammenhang mit anderen Umweltdaten (Luft/Wasser) als Entscheidungshilfe bei behördlichen Stellungnahmen zu Planungsvorhaben, Flächennutzungsänderungen oder Umweltverträglichkeitsprüfungen. Die Bodenproben wurden auf folgende Parameter hin untersucht: Blei, pH-Wert, Quecksilber, Cadmium, Chrom, Kupfer, Nickel und Zink. Die Auswertung der Bodenproben ergab bei der Pappelwiese im Bereich der *Interpapp* einen Bleigehalt von 134,7 mg/kg. Der zulässige Grenzwert liegt bei 100 mg/kg. Die Quecksilberkonzentration wies an zwei Entnahmestellen erhöhte Werte auf. Bei allen anderen Schwermetallen lag keine Überschreitung der Grenzwerte vor.

Insgesamt kann festgestellt werden, dass in der Stadt Pappenheim keine flächendeckende Belastung durch erhöhte Schwermetallkonzentrationen vorliegt. Die erhöhten Belastungen an einzelnen Probepunkten konnten in der Regel durch ihre Lage oder durch Ablagerungen von kontaminiertem Erdreich erklärt werden. Über die Luftverschmutzung der Stadt Pappenheim kann man durch Vergleich der Immissionswerte mit den durch die TA-Luft festgesetzten zulässigen Höchstwerten aussagen, dass eine überhöhte Schadstoffbelastung an manchen Tagen vorliegt, verursacht durch hohen Kohlenmonoxid-, Schwefeldioxid-, Stickstoffoxid- und Schwebstaubgehalt der Luft. Die Verursacher befinden sich nicht im unmittelbaren Stadtgebiet, sondern in der benachbarten Industrieregion.

5.2.2 *Interpapp* AG

Die Entwicklung der Papierindustrie in der Bundesrepublik Deutschland

Ausgehend von einer ausgezeichneten Konjunkturlage, die 1989 für die Bundesrepublik den höchsten Zuwachs des BSPs von 4% in den letzten 13 Jahren erreichte, konnte auch die Papierindustrie ihre Produktion steigern. So war es möglich die Papierproduktion auf 11 Mio. Tonnen zu erhöhen. Dies bedeutet gegenüber dem Vorjahr eine Steigerung von 5%, und gegenüber dem Stand von 1983 eine Erhöhung um 3 Mio. Tonnen. Auch der Papierverbrauch stieg im gleichen Betrachtungszeitraum in der Bundesrepublik um 5% auf die absolute Zahl von 13 Mio. Tonnen. Dies bedeutet speziell für den *Interpapp* Konzern, dass keine Engpässe auf dem Absatzmarkt vorhanden sind, sondern dass Kapazitätsengpässe auf der Produktionsseite bestehen. Konsequenterweise sollen Nettoinvestitionen getätigt werden.

Zellstoff vs. Altpapier als Rohstoff

Betrachtet man die Entwicklung der Einkaufspreise für die im Konzern verarbeiteten Stoffe, so ist festzustellen, dass die Preise für Zellstoff gegenüber dem Vorjahr um 14% gestiegen sind. Andere wichtige Produktionsfaktoren, wie z.B. Holz und schweres Heizöl, stagnierten in ihrer Preisentwicklung. Die Preise für Altpapier waren im letzten Jahr sogar rückläufig. Dies bedeutet, dass die Produktionszweige der Papierindustrie, die Altpapier als Rohstoff verarbeiten, erheblich kostengünstiger produzieren als die zellstoffabhängigen Hersteller. Es ist daher sinnvoll, dass dort, wo es durch Veränderung der technischen Ausstattung möglich ist, Zellstoff durch Altpapier ersetzt wird.

Umsatzentwicklung

Die *Interpapp* AG hat 1989 im Vergleich zum Geschäftsjahr 1988 den Außenumsatz von 3,77 Mrd. DM auf 4,15 Mrd. DM gesteigert. Der Umsatz auf dem inländischen Markt betrug 1,98 Mrd. DM. Dies bedeutet eine Expansion von 6,8% gegenüber 1988. Auch der Auslandsumsatz nahm um 14% auf 1,79 Mrd. DM zu. Die restlichen Umsätze wurden mit Konzerngesellschaften erzielt.

Umweltschutz

Im Bewusstsein der Verantwortung für das Allgemeinwohl ist der Konzern bedacht, die Produkte so umweltfreundlich wie möglich herzustellen. So hat der Konzern im vergangenen Geschäftsjahr Ausgaben von 73 Mio. DM für umfangreiche Umweltschutzmaßnahmen aufgebracht. Im Bereich Graphische Papiere wurde im Werk Stochheim ein Bleichverfahren eingeführt, dass mit Sauerstoff anstelle von Elementar-Chlor arbeitet. Seit Mai 1989 ist die *Interpapp* AG in der Lage Zellstoff für die Hygienepapierproduktion absolut chlorfrei herzustellen, wofür sie mit dem Umweltschutzpreis des "Bundesverbandes der Deutschen Industrie" (BDI) ausgezeichnet wurde.

Allerdings muss noch erheblich investiert werden, bis alle Anlagen umgestellt worden sind. Diese Technik ist noch nicht im Werk Pappenheim einsetzbar, weil die gesamte Produktionsanlage umgestellt werden müsste. In den nächsten Jahren kann nur im Bereich "Wellpappe" investiert werden. Es steht noch nicht fest, in welchem Werk die neuen Anlagen installiert werden sollen. Die Konzernleitung macht dies von einem anhängigen Genehmigungsverfahren abhängig.

Struktur der Gewinn und Verlust Rechnung
Gesamtleistung bezogen auf den Außenumsatz von 3,77 Mrd. DM (1988: 3,4 Mrd. DM)

	1989	1988
Materialaufwand	57,1%	54,9%
Löhne, Gehälter, Sozialausgaben	18,5%	18,7%
Altersversorgung	1,5%	0,8%
Abschreibungen	4,8%	4,9%
Saldo sonstige Aufwendungen und Erträge	12,4%	12,5%
Finanzergebnis	0,4%	0,8%
Ertragssteuern	2,7%	3,8%
Jahresüberschuss	2,6%	2,5%
Gesamtleistung	**100,0%**	**100,0%**

Mitarbeiter
Zum 31.12.1989 waren bei der *Interpapp* 11.785 Mitarbeiter beschäftigt. Herauszustellen ist, dass die verschiedenen Altersgruppen nahezu gleich stark vertreten sind. Für die Zukunft bleibt zu bemerken, dass auch bei gleichbleibend guter Konjunkturlage die Mitarbeiterzahl reduziert werden muss, um langfristig konkurrenzfähig zu bleiben. Dies kann nur durch ein Bündel von Maßnahmen erreicht werden:

- Investitionen in neue Technologien in der Produktion und Verwaltung,

- Reorganisationen mit Arbeitsplatzanreicherungen, teilautonomen Gruppen und Abbau hierarchischer Strukturen.

Sparten des Konzerns

Die *Interpapp* ist in vier verschiedene Sparten aufgeteilt:

Interpapp AG

Graphische Papiere	Hygiene-papiere	Verpackungs-papiere und Verpackung	Technische Spezial-papiere
Systema GmbH (Datenbelege)	IP-BRD	Industriepapier GmbH	IP-Dekor
	IP-Belgien		IP-Kunststoff
Cardsystem GmbH (Info.-systeme)	IP-Italien	Well AG	GmbH
		Werk	Falke Papier-
IP-Graphische Papiere GmbH	IP-GB	Pappenheim	beschichtungs-GmbH

Graphische Papiere

Mit einem Anteil von 44,4% stellen die graphischen Papiere den stärksten Anteil am Konzernumsatz. Wichtigste Ursache für die Expansion in 1989 in dieser Sparte war die gute Konjunktur der Werbebranche, die der Hauptabnehmer für diese Papiere ist. Zur Erweiterung der Produktpalette hat das Unternehmen "Systemform" in diesem Jahr eine Mehrheitsbeteiligung an einem Hersteller von Plastik- und Magnetkarten, Novacard Infosysteme, erworben.

Hygienepapiere

Bezogen auf den Konzernumsatz nimmt die Sparte Hygienepapiere mit 24,3% den zweiten Platz ein.

Technische Spezialpapiere

In dieser Sparte beträgt der Anteil am Konzernumsatz 10,2%. Dies konnte hauptsächlich durch eine gute Konjunktur in der Bau- und Möbelbranche realisiert werden. Auch als Zulieferunternehmen der Automobilindustrie, z.B. bei Trennpapieren für geprägte Oberflächen anspruchsvoller Automobilausstattungen, konnten Marktpositionen ausgebaut werden.

Verpackungspapiere und Verpackungen

In dieser Sparte ist ein rückläufiger Anteil am Konzernumsatz festzustellen. Noch 1987 betrug dieser Anteil 21,8%. Im Jahr 1989 hingegen belief sich dieser Anteil lediglich auf 19,9%. Dies ist nicht auf eine schwindende Nachfrage zurückzuführen, sondern darauf, dass notwendige Nettoinvestitionen nicht getätigt wurden. Deshalb sollen neue Anlagen mit einer Produktionskapazität von 250.000 t pro Jahr gebaut werden.

5.2.3 *Interpapp* - Werk Pappenheim

Bereits ab 1874 wurden in Pappenheim Zellstoff und Papier produziert. Seit 1973 erfolgte eine Spezialisierung auf das Wellpappe IP-Fluting aus Halbzellstoff. Als Rohstoff für das Fluting-Vorprodukt "Halbzellstoff" wird überwiegend sogenanntes Industrieholz eingesetzt. Dies besteht aus, bei Durchforstungen anfallenden, dünnen und krummen Stämmen und Ästen, Schnee- und Windbruchholz, sowie Resthölzern aus Sägewerken. Die jährliche Kapazität der im Werk Pappenheim installierten vier Papiermaschinen beträgt rund 110.000 Tonnen. Es können Papierbreiten bis 248 cm hergestellt werden. Die Hygienepapiere (Tissue-Papier) haben noch einmal den gleichen Produktionsumfang und werden ebenfalls aus Halbzellstoff hergestellt. Für den Bleichvorgang wird bisher noch Chlor verwendet.

Innerbetriebliche Organisation

An der Spitze des Werkes steht die Geschäftsleitung. Folgende Stabsstellen sind angegliedert:

- **Umweltschutzbeauftragter (USB)**
  Der USB hat die Aufgabe auf die Einhaltung gesetzlicher Bestimmungen bezüglich umweltgefährdender Emissionen (Abwasser, Abgase, Lärm, etc.) zu achten und bei auftretenden Überschreitungen der zulässigen Grenzwerte die Geschäftsleitung zu informieren, damit Gegenmaßnahmen eingeleitet werden können. Er entnimmt Proben und führt Messungen, Kontrollen und Befragungen durch. Auf diese Weise soll ein Höchstmaß an Arbeitsplatzsicherheit und Umweltschutz gewährleistet werden. Weiter informiert er über neue Technologien, die eine Reduzierung der Schadstoffe herbeiführen können.

- **Öffentlichkeitsarbeit**
  Von der Stabsstelle Öffentlichkeitsarbeit werden alle Arbeiten vorbereitet bzw. erledigt, die dazu dienen die Öffentlichkeit über das IP-Werk Pappenheim zu informieren. Pressemitteilungen werden hier verfasst und Informationsbroschüren erstellt, die bei Bedarf verschickt werden. Das Informationsmaterial wird auch von Ein- und Verkauf genutzt (z.B. als Kundeninformation).

- **Recht**
  Alle das Werk betreffenden Rechtsangelegenheiten, mit Ausnahme von arbeitsrechtlichen Fragen, welche innerhalb der Personalabteilung erledigt werden, werden von Spezialisten bearbeitet. Die Rechtsabtielung hat beratende Funktion für die Geschäftsleitung.

Der Geschäftsleitung unterstellt sind außerdem die vier Hauptabteilungen (1) Produktion, (2) Personal, (3) Verwaltung und (4) Einkauf/Verkauf´.

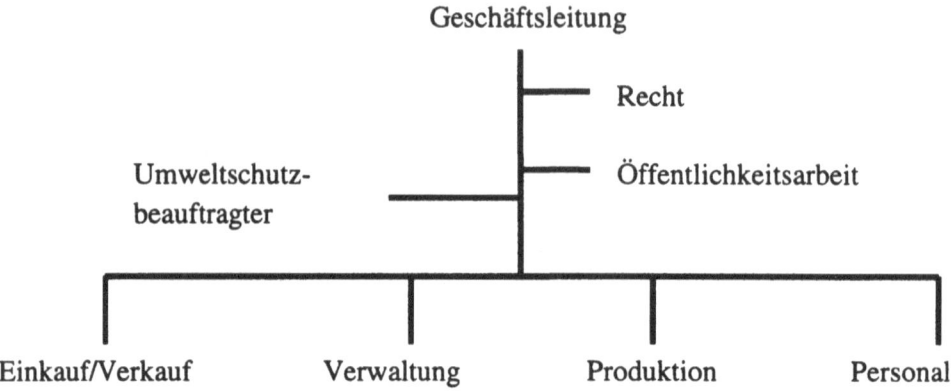

Abb.: Organisatorischer Aufbau im Werk Pappenheim

Spannungsfeld Betriebsrat und Geschäftsleitung

Betriebsrat und Geschäftsleitung sind die Kräfte, von denen die Verwirklichung der Ziele des BetrVG im einzelnen Betrieb weitgehend abhängt. Deshalb ist es von größter Bedeutung, in welcher Art und Weise sie zusammenarbeiten. Durch § 2. Abs.1 werden die zwei Parteien ausdrücklich dazu verpflichtet, unter Beachtung der geltenden Tarifverträge vertrauensvoll und im Zusammenwirken mit den im Betrieb vertretenen Gewerkschaften und Arbeitgebervereinigungen zum Wohl der Arbeitnehmer und des Betriebes zusammenzuarbeiten. Diese Idealvorstellung wird in den Unternehmen mal mehr oder weniger gut realisiert. In Großbetrieben wie *Interpapp* wird die Institution Betriebsrat akzeptiert und gefördert. Denn die Unternehmer sehen hier die Chance, die sozialen Spannungen im betrieblichen Ablauf durch die Einführung der Zwischeninstanz Betriebsrat abzumildern und die Fronten im Betrieb aufzulockern.

Der Betriebsrat

Mitbestimmungsrechte

- Fragen der Ordnung des Betriebs und des Verhaltens der AN im Betrieb
- spezifische Arbeitszeitregelungen
- Unfallschutz
- Änderung der Personalstruktur
- Zeit/Ort/Art der Entlohnung
- Aufstellung der Urlaubsgrundsätze und des Urlaubsplanes sowie die Festlegung des Urlaubs, bei Nichteinigung zwischen Arbeitgeber und Arbeitnehmer §§ 87, 91, 94, 95, 98, 99, 102, 112*

Konsultationsrechte

- Änderung der Fertigungsorganisation
- personelle Maßnahmen/Personalbedarf §§ 90, 92, 112*

Informationsrechte

- Einstellung leitender Angestellter
- Unterrichtung in wirtschaftlichen Angelegenheiten
- allg. Aufgaben
- Arbeitsschutz §§ 80, 89, 105, 106*

*Die Angaben der Paragraphen beziehen sich auf das BetrVG.

Geplante Änderungsvorhaben

Die Situation des Werkes Pappenheim stellt sich momentan wie folgt dar: Das Werk arbeitet schon seit längerer Zeit an der Kapazitätsgrenze, sodass die Nachfrage des Marktes nur unzureichend befriedigt werden kann. Außerdem sind die Emissionen auf Grund der teilweise veralteten Anlagen hoch, könnten aber durch die Einführung neuer Technologien insgesamt erheblich reduziert werden. Pappenheim als Standort ist Zurzeit für Investitionen in einer Gesamthöhe von rund 300 Mio. DM vorgesehen. Jedoch kommen auch andere Werke der Industriepapier GmbH für die nachfolgend beschriebenen Projekte in Frage. Es ist beabsichtigt Teile der Anlage stillzulegen und durch modernere, neue zu ersetzen. Die neue Gesamtanlage ist ausgelegt für eine Produktionsleistung von 250.000 Tonnen/Jahr Wellpappenrohpapiere. Als Rohstoff wird 100 % Altpapier eingesetzt. Die neue Anlage wird durch den Einsatz einer umweltfreundlichen Technologie gegenüber der bestehenden Anlage einen beachtlichen Sanierungsgewinn erzielen, d.h. die Umweltbelastung wird wesentlich reduziert. Die Herstellung von Tissuepapier soll jedoch unverändert auf Halbzellstoffbasis weiter laufen. Investitionen in diesem Bereich sind je nach Gewinnentwicklung geplant.

Ebenfalls verbessern würde sich die Abwassersituation des Werkes durch eine geplante 2-stufige biologische Abwasserreinigung, die jedoch nur für die neue Wellpappenanlage ausgelegt ist. Das neue Kraftwerk ersetzt komplett die alte Anlage. Sie ist sogar so geplant, dass sie Strom für die Stadt abgeben kann. Daran ist die Stadt sehr interessiert, um Spitzenlasten besser abfangen zu können. Der Standort Pappenheim könnte durch die geplanten Neuanlagen der Papierfabrik langfristig erhalten und abgesichert werden (Arbeitsplatzsicherheit für die z.Zt. mehr als 500 Beschäftigten). Ebenso würde sich die Ertragssituation des Werkes auf den noch immer expandierenden Papiermärkten Europas stabilisieren und verbessern.

5.2.3.1 Produktionsverfahren und Umweltbelastungen

Für die Papier- und Pappeherstellung benötigt man Faserstoffe, Hilfsstoffe und Wasser. Die Faserstoffe werden weltweit zu ca. 95% aus Holz und zu ca. 5% aus anderen Stoffen wie z.B. Bambus, Stroh und Lumpen gewonnen. Die Faserstoffanteile bestehen in der Bundesrepublik in etwa aus 16,2% Holzstoff, 39,6% Zellstoff und 44,2% Altpapier.

Holzstoff kann mit zwei unterschiedlichen Verfahren produziert werden, der mechanischen Holzstoffherstellung, auch Holzschliff genannt, und der neueren thermomechanischen Holzstoffherstellung. Die Erzeugung von Holzstoff erfordert pro Kilogramm je nach Verfahren und Faserqualität rund 1-2 Kilowattstunden Energie. Vorteil des Holzstoffes ist die hohe Ausbeute. Aus 100 kg trockener Substanz erhält man je nach Schleifverfahren 90-95 kg trockenen Holzstoff.

Zellstoff erhält man, wenn aus dem Holz diejenigen Stoffe herausgelöst werden, die im Papier nachteilig sind. Dies sind vor allem Harze und Lignin (dem verharzenden und festigenden im Zellstoff eingelagerten Bestandteil des Holzes). Hierfür unterscheidet man zwei Verfahren.

Die **Sulfatzellulose** bringt mit Hilfe eines alkalischen Aufschlusses das Lignin in Lösung. Das geschälte und zerkleinerte Holz wird in großen Kochern bei einem Druck von 7-10 bar und einer Temperatur von 170 -180°C einige Stunden in einer Ätznatron, Natriumsulfit, Natriumkarbonat und Natriumsulfat enthaltenden Lauge behandelt. Bei diesem Vorgang löst sich das Lignin. Die **Sulfitzellulose** löst das Lignin mit Hilfe eines sauren Aufschlusses. Hier wird das geschälte und zerkleinerte Holz in Druckgefäßen bei 4-6 bar mit freier schwefliger Säure enthaltender Kaliumsulfitlauge bis zur völligen Erweichung mit Dampf erhitzt. Anstelle der Kaliumsulfitlauge kann auch Magnesiumoxid verwendet werden. In Deutschland wird fast ausschließlich das Sulfitverfahren angewendet. Der Zellstoff ist ein höherwertiger Faserstoff als der Holzstoff. Je nach Verfahren und Herstellungsbedingungen erhält man aus 100 kg trockener Holzsubstanz nur 50 kg Zellstoff.

Altpapier muss, um im Produktionsprozess wieder eingesetzt werden zu können, von den nicht brauchbaren Bestandteilen, wie z.B. Heftklammern, Kunststoffteilen und Schmutz befreit werden. Dieses geschieht mittels Gebläsen und Rüttlern aus dem im Wasser aufgelösten Altpapierbrei. In der Papierindustrie werden jährlich über 4 Mio. Tonnen Altpapier mit steigender Tendenz verwendet.

Herstellung von Wellpappe aus 100% Altpapier
Aufgrund der Vielzahl von Papier- und Pappeprodukten, wird bei der Herstellung von jedem einzelnen dieser Produkte eine spezielle Maschinenkombination benötigt. Das bedeutet, dass es keine Standard-Papierfabrik gibt. Trotzdem lässt sich der Verfahrensablauf im Prinzip in die Bereiche Stoffaufbereitung, Papierherstellung, Veredelung und Ausrüstung des Papiers unterteilen. Entsprechend den Bereichen

lassen sich die Maschinen zur Produktion von Papier trotz ihrer konstruktiven Vielfalt in die folgenden Elemente aufteilen: Stoffaufbereitung, Siebpartie, Trockenpartie und Aufrollung (vgl. Abbildung). Zur Stoffaufbereitung gehört die Stoffzentrale, ein Sortierer (Zentrifugal, Loch- oder Schlitzsortierer) und der Stoffauflauf. Die Faserstoffe werden in die Stoffzentrale geleitet und dort je nach Qualität mit weiteren Faser-, Hilfs- und Füllstoffen gemischt. Wird Altpapier als Faserstoff eingesetzt, muss es erst durch Zugabe von Wasser in einem mechanischen Verfahren in seine Einzelfasern aufgelöst und anschließend von seinen Verunreinigungen befreit werden. In manchen Anlagen wird das Altpapier zusätzlich noch de-inkt, das heißt von seinen Farbstoffen befreit. Diese Mischung wird über den Sortierer zum Stoffauflauf geleitet, der die Aufgabe hat, die hochverdünnte Fasermischung gleichmäßig auf die gesamte Breite der Langsiebmaschine zu verteilen. Hier bilden die Fasern ein dünnes Vlies, das nach der Pressen- und Trockenpartie und eventueller Veredelung als Papier aufgerollt wird. Das in der Sieb- und Pressenpartie aus dem Vlies herausfließende Wasser wird aufgefangen und durch einen Stofffänger geleitet. Von dort fließt ein Teil des Wassers in die Reinigungsanlagen, der Rest wird dem Kreislaufwasser zur Stoffaufbereitung sofort wieder zugeführt.

Bei der Pappeherstellung wird eine kombinierte Langsieb/ Rundsiebmaschine eingesetzt. Dabei werden mehrere dünne Papiervliese (Lagen) gebildet und zu einem dicken Blatt kontinuierlich zusammengefügt (gegauscht). Man verwendet 3 bis 7 dieser Rundsiebe. Die Bindung zwischen den einzelnen Lagen erfolgt durch zusammenpressen und durch die natürlichen Bindungskräfte der Fasern.

Die Papierbahnen die noch 80% Wasser enthalten werden in der Pressenpartie durch mechanischen Druck noch weiter entwässert und in die Trockenpartie geleitet. Hier werden die Bahnen über bis zu 100 dampfgeheizte Trockenzylinder geführt. Am Ende der Trockenpartie können durch zusätzliche Maschinen noch spezielle Effekte erzielt werden. Nach der Trockenpartie wird die nun fertige Rohpappe aufgerollt und je nach Anspruch der Verbraucher anschließend veredelt und/oder geschnitten.

Umweltbezogene Effekte bei der Papierherstellung

Die einzelnen Beziehungen von Umwelt und Papierproduktion lassen sich aus der Reihenfolge des Fertigungsprozesses ableiten. Der erste Einfluss auf die Umwelt vollzieht sich in der Rohstoffbeschaffung in Form von Holz. Eine Steigerung des Einsatzes von Altpapier würde in diesem Falle eine Schonung der Holzressourcen bewirken.

In allen Produktionsvorgängen fallen Reststoffe in fester, gasförmiger und flüssiger Form an. Das Abwasser enthält dabei den größten Anteil umweltbelastender Residuen in Form von organischen Stoffen. Diese können durch chemische Nassoxidation und bakterielle biologische Oxidation reduziert werden. Durch organische Residuen stark belastete Abwässer erfordern daher zu ihrer 'Reinigung' einen hohen Sauerstoffbedarf. Um die Höhe der Belastung durch organische Substanzen zu messen, bedient man sich der CSB- und BSB5-Werte. Sie bezeichnen die Menge der

Residuen, indem sie auf den durch die Oxidation (chemisch und biologisch) ver-
zehrten Sauerstoff, abstellen. Der CSB stellt die auf Sauerstoff umgerechnete Masse
des verbrauchten Oxidationsmittels dar. Mittels der Hilfe von Kaliumdichromat, als
chemisches Oxidationsmittel, werden die organischen Stoffe fast vollständig oxi-
diert, wobei bestimmte chemische Elemente und Verbindungen nur sporadisch
erfasst werden. Der BSB5 kennzeichnet jene Sauerstoffmasse, die Bakterien beim
Abbau von organischen Stoffen im Wasser mittels intrazellularer Stoff-
wechseltätigkeit während einer definierten Zeitspanne (5 Tage = BSB5) ver-
brauchen.

Mechanische und chemische Stoffbereitung
In der mechanischen Stoffbereitung entstehen überwiegend feste Residuen in Form
von Rindenabgängen. Neben der Trockenentrindung führt die Nassentrindung zur
Entstehung von BSB5- und CSB-Frachten, die im Wasser gelöst vorliegen. Die
festen Rinden werden entweder auf eine Deponie gebracht, oder nach Entwässerung
verbrannt. Während der chemischen Stoffbereitung entstehen die größten Mengen
an im Wasser gelösten Residuen; diese entstehen im Zusammenhang mit der
Herstellung und Bleiche primärer Halbstoffe, besonders bei der Herstellung des
Zellstoffs. Hier entsteht durch den Zusatz von Aufschlusschemikalien in der
Halbstoffherstellung und durch Bleichvorgänge in der Halbstoffaufbereitung eine
hohe BSB5- und CSB- Konzentration in der Ablauge.

BSB5- und CSB-Fracht während der chemischen Zellstoffherstellung
Ein Teil der Ablauge wird bei der Zellstoffwäsche herausgefiltert und nach einem
Verdampfungsvorgang verbrannt, wobei teilweise die Chemikalien zurückgewonnen
werden können. Dieser Vorgang hat jedoch sekundäre Abfallstoffe zur Folge.
Einerseits werden die beim Verdampfen entstehende Kondensate zu einem geringen
Teil 'erneut' aus den in der Ablauge enthaltenen organischen Stoffen belastet,
wodurch die BSB5- und CSB-Fracht nicht vollständig eliminiert werden kann.
Andererseits wird das in der Ablauge gebundene SO2 durch die Verbrennung freige-
setzt.

BSB5- und CSB-Fracht während des (chemischen) Bleichvorganges
Die Bleichereiabwässer stellen ein besonderes Problem dar, da die darin vorkom-
menden Reststoffe am schwierigsten abzubauen sind. Verschiedene Maßnahmen
bringen hier nur unbefriedigende Ergebnisse. Die Höhe der Fracht hängt in diesem
Vorgang von der Differenz des ungebleichten Zellstoffs und dem gewünschten
Weißegrad des gebleichten Zellstoffs ab.

Die Papiererzeugung

In den Abwässern der Papiererzeugung fallen überwiegend ungelöste Stoffe an. Durch Siebvorgänge wird das Wasser weitgehend von den Schwebstoffen befreit. Die minimale Belastung mit organischen Residuen dokumentieren sich in dieser Fertigungsstufe durch geringe BSB5- und CSB-Werte.

Die bei der Papierfertigung entstehenden Schadstoffe sollen in ihrem Mengenverhältnis zueinander, abhängig vom Weißegrad, in der Tabelle 1 zusammengefasst werden. Dabei ist gleiche Produktspezifikation unterstellt.

Weißegrad	80-82	25
Halbstoffmischung	100% Magnesiumsulfit-zellstoff	100% Sekundärfasern aus gemischtem Altpapier
Schadstoffanfall		
1. gasförmig		
-Chlor	0.5	0
-Schwefeldioxid	13.0	0
-Partikel	14.0	0
Summe gasförmig	**27.5**	**0**
2. flüssig		
-gelöste anorganische Stoffe	131.5	10.5
-gelöste organische Stoffe	334.0	31.5
-anorganische Schwebstoffe	2.0	101.0
-organische Schwebstoffe	54.5	46.0
Summe flüssig	**522.0**	**189.0**
3. fest		
-anorganische Feststoffe	50.0	7.0
-organische Feststoffe	31.5	6.5
Summe fest	**81.5**	**13.5**
Summe gesamt	**631.0**	**202.5**

Tabelle 1: Schadstoffanfall bei der Herstellung von Tissue-Papier in Abhängigkeit vom gewünschten Weißegrad. Schadstoffanfall in kg pro Tonne luftgetrockneten Papiers.

Wirkungskategorie	Altpapier als Ersatz von Zellstoff
Holzbedarf	sinkt erheblich
Energiebedarf	sinkt
Wasserbedarf	sinkt erheblich
gasförmige Residuen	sinken
Abwasserbelastung	sinkt erheblich
feste Residuen	bleiben gleich

Tabelle 2: Auswirkungen des Altpapiereinsatzes auf die Umwelt

Zusammenfassende Darstellung: Input-Output-Faktoren

Die folgende Übersicht bringt einen Überblick über die verschiedenen Input- und Outputfaktoren während der einzelnen Produktionsprozesse. Die Höhe der Abwasserbelastung ist dabei durch in Klammern gesetzte Zahlenwerte dargestellt.

Input	(Arbeits-)Vorgang	Output
HALBSTOFFHERSTELLUNG		
Rohstoffe------>	mechanische Bearbeitung ------->	Rindenabgänge Hackschnitzel
Hackschnitzel------> Lauge / Säure Wasser	kochen in schwefliger Lauge----> bzw. Säure	Halbstoffe Abwasser (2) Ablauge (5)
Halbstoffe--------> Wasser	Stofflösung------>	in Wasser dispergierte Faserstoffe (2)
dispergierte Faserstoffe---->	Stoffmahlung------>	in Wasser gekürzte und fein verteilte Faserstoffe (2)
gekürzte Faserstoffe ------>	Stoffmischung------>	Hilfs- und Faserstoff- Wasser-Gemisch (2)
Stoff-Wasser-Gemisch --->	Bleichvorgänge---->	Bleichereiabwässer (4) 'gereinigtes' Stoff-Wasser- Gemisch
PAPIERERZEUGUNG		
'gereinigtes' Stoff- Wasser- ------> Gemisch	Blattbildung, Blatttrocknung,---> Glättvorgänge	Papier, Karton, Wasser (2)

Übersicht: Input-Output-Faktoren bei der Papierproduktion

Das durch BSB5- und CSB-Frachten belastete (Ab-) Wasser wird durch in Klammern angegebene Zahlenwerte dokumentiert. Dabei bedeuten:

(1) = sehr geringe Belastung, (2) = geringe Belastung, (3) = mittlere Belastung, (4) = hohe Belastung, (5) = sehr hohe Belastung

Es wurde bei obiger Übersicht auf die explizite Aufführung des Inputfaktors Energie verzichtet, da sie für die Abwasserbelastung nicht vordergründig ist. Weiterhin bleibt festzuhalten, dass in jeder Produktionsstufe Residuen in fester, flüssiger oder gasförmiger Form anfallen. Diese sind nicht vollständig aufgelistet worden, um die Übersichtlichkeit und die Beschränkung auf das Wesentliche zu gewährleisten.

5.2.3.2 Die Kläranlagensysteme

Die bestehende Kläranlage

Die Abwasserreinigung geschieht über eine einstufige Kläranlage mit Vorklärstufe, Belebungsstufe und Absitzbecken.

Vorklärstufe

Während des Produktionsprozesses wird ein Teil der HZ-Fasern sowie anderer Papiergrundstoffe, die weiterverwendungsfähig sind, in das Abwasser geschwemmt. Diese gilt es abzutrennen und der Produktion zuzuführen. Das geschieht über das sog. "Fluting", bei dem in einem kleinen Becken feinste Luftblasen das Wasser durchperlen, sich an die Papiergrundstoffe anlagern und sie dadurch zum Aufschwimmen bringen. Dieses Fasergemenge wird an der Oberfläche abgeschöpft und dem Produktionsprozess zugeführt. Das so vorgereinigte Abwasser, das durch organische Schwebstoffe stark getrübt und mit Stärke versetzt ist, wird in die **Belebungsstufe** gepumpt. Hier wird dem Abwasser kontinuierlich mit speziellen Bakterien durchsetzter Belebtschlamm zugegeben. Gleichzeitig wird wiederum feinperlig Luft eingeblasen, wodurch die Bakterien mit dem benötigten Sauerstoff versorgt werden und eine optimale Durchmischung erreicht wird. Die Bakterien beginnen sofort mit dem Abbau der Stärke und Schwebstoffe. Eine relativ hohe Temperatur (ca. 30 C) und die gute Verwirbelung führen zu einem starken Wachstum und einer explosionsartigen Vermehrung. Dieses belebte Wasser wird fortlaufend in das **Absitzbecken** gepumpt, wo die Bakterien absinken und durch Sauer- und Nährstoffmangel teilweise absterben. Sie bilden am Boden Belebtschlamm, der über Räumschilder in die dafür vorgesehenen Rinnen geschoben und mit Pumpen ausgetragen wird. Ein Teil wird automatisch der Belebungsstufe zugeführt, der Rest wird eingedickt und auf Deponien verbracht. Das so gereinigte Wasser fließt von der Oberfläche fast klar mit einer Temperatur von ca. 20°C in die Pappel ab.

Die geplante neue Kläranlage

Jetzt soll mit einer dreistufigen Kläranlage, durch die Kombination zweier Aerobstufen mit einer nachgeschalteten Anaerobstufe, die Belastung des Abwassers minimiert werden. Es wird in derselben Weise begonnen wie beim bisherigen Verfahren.

Nach der Vorklärstufe zur Abschöpfung der wiederverwertbaren Stoffe folgt die **Belebungsstufe** mit folgendem Absitzbecken, aus dem heraus das Wasser allerdings nicht in die Pappel, sondern in die **2. Belebungsstufe** mit folgendem Absitzbecken gepumpt wird, in der nochmals über Bakterien Abfall- und Schwebstoffe abgebaut werden. Das hier abfließende Wasser wird zur **Anaerobstufe** in einen so genannten Faulturm gepumpt, wo es mit Belebtschlamm anaerober Bakterien vermengt wird. Diese Bakterien bauen die für sie verwertbaren Bestandteile des Abwassers ab, wobei Methan und Butan entsteht, das dem Heizkraftwerk zugeführt wird. Das ablaufende Wasser gelangt in ein weiteres **Absitzbecken**, aus dem nach dem Absitzvorgang ein von nahezu allen organischen Abfallstoffen gereinigtes, ca. 20° C warmes Wasser in die Pappel abfließt. Anorganische Abfallstoffe entstehen, wenn überhaupt, in Mengen, die unterhalb der Toleranzgrenze liegen.

Der nicht zur Impfung benötigte Restschlamm (aerob/anaerob) wird eingedickt und im Wirbelschichtofen umweltfreundlich und energiebringend verbrannt. Das bei der Eindickung ablaufende Wasser wird in die **1. Belebungsstufe** eingespeist.

Abwasser

In unten stehender Tabelle sind die Abwasserwerte der heutigen Anlage (Standortbilanz) mit denen der geplanten Anlage verglichen:

	Standortbilanz	Neue Fabrik
a) IST-Werte 1986/87		
Abwassermenge:	max. 20.000 cbm/d	
pH-Wert:	6,0-7,0 (Tagesmittel)	
BSB5 :	2,5 - 7,5 tato	
Feststoffe:	500 - 600 kg/d	
b) Werte ab Mitte 1988		
Abwassermenge:	10.000-15.000 cbm/d	8.200 cbm/d
- davon Kühlwasser u. sonstige unbelastete Wasser wie Neutralisationswasser Kraftwerk, Sperrwasser etc. (Ableitung zusammen mit Reinwasser aus der Kläranlage in den Vorfluter)	9.000-14.000 cbm/d	2.000 cbm/d
- davon belastetes Abwasser (zur Kläranlage)	1.000 cbm/d	6.200 cbm/d
pH-Wert:	6,0-7,0 (Tagesmittel)	6,0 - 8,5
BSB5:	2,5 tato	0,12 tato
CSB:	5,6 tato	0,9 - 1,6 tato
Feststoffe:	400 kg/d	max. 190 kg/d

5.3 Die beteiligten Gruppen

5.3.1 Gruppe 1: Geschäftsleitung Werk *Pappenheim*

Aufgaben der Geschäftsleitung

Die Geschäftsleitung der Industriepapier GmbH - Werk Pappenheim ist vor allem mit folgenden Aufgaben betraut:

Festlegung der Unternehmensziele und Umsetzung der Ziele in Unternehmenspolitik

- Langfristige Produktionsplanung und Finanzierung
- Auslösen von Reorganisationsprozessen (z.B. Einführung neuer Organisationsstrukturen und technischer Systeme; Delegation besonderer Aufgaben in die Hände von Gremien, Ausschüssen oder Projektgruppen)
- Festlegung von Sollwerten, Normen und Standards für alle Unternehmensbereiche
- Abschluss von Betriebsvereinbarungen mit dem Betriebsrat
- Kontrolle der Zielerreichung und Einhaltung der Sollvorgaben
- Präsentation des Unternehmens innerhalb des Konzerns und gegenüber der Öffentlichkeit

Ziele der Geschäftsleitung
Erhalt und Ausbau der Arbeitsplätze

Zur Zeit beschäftigt die Industriepapier GmbH in Pappenheim 510 Mitarbeiter, davon 89 Frauen und 421 Männer. Außerdem stellt sie 32 Ausbildungsplätze zur Verfügung. Diese Arbeits- und Ausbildungsplätze auch in Zukunft zu erhalten, ist ein vordringliches Ziel. Dieses Ziel ist langfristig nur durch eine Ausweitung der Produktionskapazitäten zu erreichen. Der Papiermarkt ist in den letzten Jahren stark expandiert. Diese Tendenz wird sich noch verstärken.

Es droht jedoch auch eine Verschärfung des Wettbewerbes auf dem europäischen Papiermarkt durch die zusätzliche Konkurrenz nordamerikanischer und nordeuropäischer Anbieter. Diesen Wettbewerb kann Pappenheim nur dann bestehen, wenn es gelingt, die Effizienz der Produktionsabläufe zu optimieren. Folgende Ansatzpunkte bestehen:

- Erhöhung der Ausstoßmengen durch Investitionen

- Senkung der Faktoreinsatzkosten

Wenn keine zusätzlichen Maßnahmen angestrengt werden, ist in Zukunft aufgrund der sich ändernden Produktionstechnologie und der neuen Organisationsstruktur ein erheblicher Personalabbau zu erwarten.

Maximale Umweltverträglichkeit bei effizienter Produktion

Die Einbeziehung von Altpapier in den Produktionsprozess ist notwendig. Die neue Papiermaschine, die vier alte Maschinen ersetzen wird, ermöglicht es, statt bisher Wellpappe aus Halbzellstoff herzustellen, nun aus 100% Altpapier zu produzieren. Dies bedeutet:

- Wiederverwertung eines Abfallproduktes und damit Verringerung des Müllberges, sowie Ersatz des knappen Rohstoffes Holz
- Senkung des Energieverbrauchs in der Produktion
- Senkung der Umweltbelastungen

Die neue Maschine ist ein Beispiel dafür, dass sich umweltbewusste und effiziente Produktion nicht notwendigerweise ausschließen müssen. Der jährliche Ausstoß an Wellpappe wird durch die neue Maschine von 110.000 Tonnen auf 250.000 Tonnen steigen. Fallenden Preisen auf dem Altpapiermarkt stehen tendenziell steigende Zellstoff- und Holzpreise gegenüber, sodass durch die Investitionen auch eine Senkung der durchschnittlichen Kosten erzielt werden kann.

Die Umweltverträglichkeit der Produktion ist aber nicht nur aus Rücksicht auf die Erhaltung des Lebensraumes ein dringendes Erfordernis, sondern auch Bedingung für einen Erfolg auf dem Absatzmarkt. Dem sich mehr und mehr nach Umweltgesichtspunkten orientierenden Nachfrageverhalten will die *Interpapp* mit ihrer Neuinvestition Rechnung tragen. Die Schwachstelle bleibt allerdings die Hygienepapierherstellung, in der mit alten Verfahren produziert wird. Hier fallen weiterhin erhebliche Umweltbelastungen an, die von der alten Kläranlage nicht bewältigt werden können. Die neue Kläranlage ist vorerst nur für die neue Wellpappenproduktion konzipiert worden. Erst nach der Umstellung der Tissueproduktion soll auch die modernere Kläranlage erweitert werden. Die Kläranlage müsste sonst erheblich aufwendiger ausgebaut werden. Die Pappel bleibt deshalb ein totes Gewässer.

Das neue Kraftwerk wird entscheidend zur Reduzierung der Luftverschmutzung beitragen, obwohl die Kapazität verdoppelt wird. Insgesamt verbessert sich die Umweltbilanz des Werkes bezüglich Wasser und Luft erheblich.

Schaffung optimaler Arbeitsbedingungen

Die bei der *Interpapp* beschäftigten Arbeitnehmer sollen sich an ihrem Arbeitsplatz wohl fühlen. Nur ein mit seiner Aufgabe und den Umständen seiner Tätigkeit zufriedener Arbeitnehmer wird sich an seinem Arbeitsplatz engagieren. Die Geschäftsleitung versucht daher ständig, in direkter Zusammenarbeit mit der Arbeitnehmerschaft und dem Betriebsrat, die Arbeitsbedingungen zu verbessern.

Dies geschieht vor allem im Hinblick auf :

- Flexibilität der Arbeitszeiten
- Technische Ausstattung der Arbeitsplätze

- Sicherheit der Arbeitsplätze
- Vielfältigkeit der Aufgaben und Eigenständigkeit bei ihrer Verrichtung

Erschließung neuer Absatzmärkte durch Umstellung der Produktion

Das Werk Pappenheim produziert seit Jahren an der Kapazitätsgrenze. In diesem Zeitraum hat der Anteil der Verpackungen am Gesamtumsatz der *Interpapp* AG von 21,8% auf 19,9% abgenommen. Dieser Trend ist nur durch das relativ größere Wachstum der Produktionskapazitäten in den anderen Geschäftsbereichen der *Interpapp* AG zu erklären. Es könnten bei einer Ausdehnung der Produktionskapazitäten im Werk Pappenheim wesentlich größere Ausstoßmengen nicht nur produziert, sondern auch am Markt abgesetzt werden.

Diese positive Einschätzung wird vor allem durch folgende Gesichtspunkte gestützt:

- Der Papiermarkt ist ein stark wachsender Markt. Es besteht eine grundsätzlich gute allgemeine Konjunkturlage
- Durch die Einführung des EURO hat sich eine Intensivierung des innereuropäischen Handels ergeben. Damit kommen speziell auf die Verpackungsindustrie erhebliche Nachfrageänderungen in Bezug auf Quantität und Qualität der Produkte zu. Beiden Anforderungen des Marktes will die *Interpapp* mit größtmöglicher Flexibilität gerecht werden. Um kurzfristig auf Nachfrageschwankungen reagieren zu können, ist eine Erweiterung der Produktionskapazität und eine technische Modernisierung der Anlagen unumgänglich.
- Dadurch, dass in Zukunft noch umweltfreundlicher produzieren kann, wird sich eine größere Akzeptanz eigener Produkte bei den Kunden, und damit eine steigende Nachfrage ergeben.

Die Planungen für die neuen Anlagen (Produktion Wellpappe, Kraftwerk und Kläranlage) sind abgeschlossen. Es geht nun um die Realisierung des Vorhabens. Die Geschäftsleitung möchte ihr Projekt insbesondere als zukunfts- und umweltorientiertes Vorhaben darstellen, um das Ansehen der Firma bei der Bevölkerung zu verbessern. Durch die starken Umweltbelastungen hat das Werk einen sehr schlechten Ruf gerade bei den unmittelbaren Anliegern.

Reorganisation

Eine weitere Aufgabe ergibt sich in der Reorganisation, die mit der Installierung der neuen Anlagen verbunden werden soll. Dies soll auch die Verwaltung mit umfassen, die gleichzeitig mit DV-Geräten ausgestattet werden soll. Bisher benutzte man nur ein DV-System für die Personaladministration.

Die gesamte Organisation vom Werk Pappenheim soll gestrafft, Hierarchiestufen abgebaut werden. Dies soll durch folgende Prinzipien erreicht werden:

- Verbesserung der Arbeitsmittel: DV-Geräte, computergesteuerte Fertigung und Kontrolle,
- Anreicherung der einzelnen Arbeitsstellen mit komplexeren Tätigkeiten

• Delegation von Verantwortung und Einrichtung teilautonomer Gruppen in der Fertigung.

In Zukunft soll es nur noch zwei Hauptabteilungsleiter geben: Produktion und Administration.

Innerhalb der Produktion fallen ca. 50 - 70 Arbeitsplätze weg. Darunter fallen auch Führungspositionen. Den beiden Produktionsleitern sind dann direkt teilautonome Gruppen unterstellt. Ihre Vertreter sind auch für die Schichten zuständig. Für die Produktions- und Qualitätssicherung soll zusätzlich ein Expertensystem installiert werden. Weitere Arbeitsplätze werden bei der Umstellung der Hygienepapierproduktion wegfallen.

Auch in der Administration, dem Personalwesen und dem Einkauf/Verkauf sollen dieselben Prinzipien angewandt werden. Es gibt dann nur noch einen Hauptabteilungsleiter, der für alle Abteilungsleiter in diesen Bereichen zuständig ist. Es soll der Hauptabteilungsleiter Personal sein, weil er für die konzeptionelle Umsetzung und die Qualifizierungsmaßnahmen eine wichtige Rolle spielen wird.

Der gesamt DV-Bereich soll als Stabsabteilung ausgegliedert werden. In diesem Bereich soll für die erweiterten Aufgaben Personal eingestellt werden.

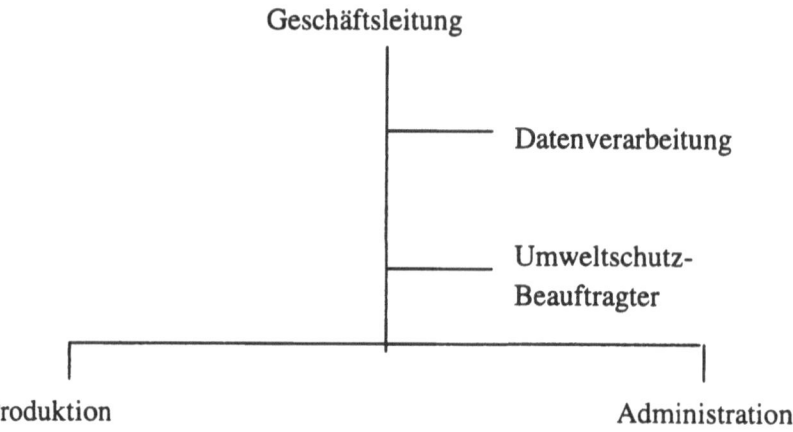

Organisatorischer Aufbau im Werk Pappenheim nach der Reorganisation

Forschung und Entwicklung sowie die Öffentlichkeitsarbeit entfallen und werden nur noch im Konzern durchgeführt. Dienstleistungen können dort angefordert werden oder man bedient sich einer Firma vor Ort. Dies gilt auch für die kleine Rechtsabteilung. Für den eigenen Bedarf genügt eine Rechtsanwaltspraxis in Pappenheim. Die Konzernleitung wird sich um die Unterbringung der Führungskräfte kümmern. Versetzungen und Entlassungen sind nicht zu umgehen.

Die Geschäftsleitung hat den Betriebsrat über die Reorganisation informiert, allerdings ohne Einzelheiten zu nennen. Eine gewisse Unruhe ist bei der Belegschaft schon zu spüren. Es muss nun alles getan werden, damit es nicht zu Spannungen kommt. Der Betriebsrat ist schließlich wichtig bei der Durchsetzung des gesamten Investitionsprogrammes.

Die Hauptabteilungsleiter sind ebenfalls über die Reorganisation informiert worden. Sie sind an den weiteren Ausarbeitungen beteiligt. Es betrifft ihre Abteilungen. Außerdem braucht die GL die Hauptabteilungsleiter bei der Durchsetzung des Vorhabens beim Konzern und bei der Bevölkerung. Schließlich hat sich eine Bürgerinitiative gebildet, die gegen das Werk mobil machen wird.

5.3.2 Gruppe 2: Hauptabteilungsleiter

Die Gruppe setzt sich aus den Leitern der Hauptabteilungen des Werkes Pappenheim zusammen. Sie treffen sich regelmäßig, um Informationen auszutauschen, aber auch um gemeinsame Projekte zu bearbeiteten. Die Treffen dienen auch dazu, Vorgehensweisen gegenüber der Geschäftsleitung oder des Betriebsrates zu verabreden, wenn es um gemeinsame Interessen geht.

Die Veränderung in der Produktion Wellpappe bringt einige Änderungen mit sich, die die Hauptabteilungen unterschiedlich betreffen. Allerdings ist man sich auch klar darüber, dass der Standort Pappenheim nicht zu halten ist, wenn die neuen Anlagen nicht genehmigt werden. Die Hygienepapier- und Wellpappenproduktion ist veraltet und könnte dann an einen anderen Standort verlegt werden. Gelingt es andererseits, die neue Wellpappenanlage nach Pappenheim zu bekommen, so ist die Umstellung der Hygieneproduktion nur eine Frage der Zeit.

Hauptabteilungsleiter: Verwaltung

Die Verwaltung umfasst die Aufgabenbereiche der allgemeinen Datenverarbeitung, der Lohnbuchhaltung, der Bilanzbuchhaltung und des Controlling mit insgesamt 34 Beschäftigten. Jedem dieser vier Aufgabenfelder ist ein Abteilungsleiter zugeteilt, der für seinen Tätigkeitsbereich verantwortlich ist. Der Hauptabteilungsleiter ist für alle Aktivitäten verantwortlich, die in der Verwaltung anfallen und vertritt diesen Bereich auch nach außen. Er ist direkt der Geschäftsleitung unterstellt.

Die Aufgabenbereiche sind Zurzeit absolut unterbesetzt. Das hat zur Folge, das der einzelne Mitarbeiter mehrere Aufgaben gleichzeitig zu erledigen hat. Durch den dadurch angestiegenen Druck und permanente "Springerdienste" hat das Betriebsklima stark gelitten. Infolge einer gewissen Resignation werden verschiedene Aufgaben nicht mehr korrekt und/oder unpünktlich erledigt. So ergaben sich Verzögerungen in der Lohnzahlung, die natürlich für Unruhe in der Belegschaft sorgten.

Konfliktsituation: Die Verwaltung befürchtet, dass bei der Errichtung der neuen Produktionsstätte die Mitarbeiterbelastung weiter steigt und als Folge davon die Arbeitsqualität sinkt. Da der Hauptabteilungsleiter und seine Abteilungsleiter nicht bereit sind, diese Folgen der Unterbesetzung weiter zu vertreten, wollen sie eine 30-

prozentige Steigerung der Mitarbeiterzahl in ihrem Verwaltungsbereich fordern, wobei unterstellt wird, dass dies keine Aushilfskräfte, sondern Fachpersonal sein muss. Die Aufgabenbewältigung wurde bisher schriftlich erledigt, was natürlich sehr personalintensiv ist. Die angekündigte Reorganisation könnte eine Abhilfe schaffen. Nur müsste sie schnell erfolgen. Deshalb gibt es Pläne, eine neue DV-Anlage für alle Tätigkeitsbereiche einzuführen. Dieser Gedanke fand bei den Mitarbeitern ein geteiltes Echo. Insgesamt besteht Unsicherheit, wie sich das neue DV-System auf die Arbeitsplätze auswirken wird. Inzwischen ist auch "durchgesickert", dass in diesem Zusammenhang eine Reorganisation des Verwaltungsbereichs geplant ist, in der es um die Aufhebung von streng formalen Dienstwegen und mehr Mitbestimmung in den Aufgabengebieten geht.

Hauptabteilung: Verkauf und Einkauf

Beide Bereiche sind in einer Hauptabteilung zusammengefasst. Der Verkaufsabteilung untersteht die Organisation des Verkaufslagers und der Logistik mit 15 Beschäftigten. Sie darf in ihrer Abteilung keine eigenen Verkaufsstrategien entwickeln. Dies geschieht zentral in der Konzernleitung.

Konfliktsituation: Im Rahmen der Betriebserweiterung würde zwangsläufig mit steigender Produktion der Arbeitsaufwand steigen. Dieser könnte jedoch über eine Erweiterung und Modernisierung der Lagerhaltung und der dafür eingesetzten Sachmittel (DV-Geräte, Hochregale) aufgefangen werden. Einsparungen bei den Mitarbeitern sind sogar wahrscheinlich.

Organisation des Einkaufs

Der Einkauf ist im Ablauf der Produktion vorangestellt. Der Einkauf ist in zwei Abteilungen unterteilt: (1) allgemeiner Einkauf und (2) Rohstoffeinkauf.

Der "Leiter Einkauf" koordiniert die Einzelbereiche und überwacht die einzelnen Dispositionen. Zeitweise ist er schon mit dem Projekt "Wellpappe" beschäftigt, um sich mit der neuen Materialsituation vertraut zu machen. Nach der Umstellung gibt es für den Bereich Wellpappe keinen Holzeinkauf mehr. Dieser wird dann zugunsten des Altpapiereinkaufes abgelöst. Die Abteilung allgemeiner Einkauf hat die Aufgabe, verschiedene Materialdispositionen inklusive der chemischen Komponenten für die Produktion durchzuführen.

Hauptabteilung: Personal

Der Personalabteilung steht der Hauptabteilungsleiter Personal vor. Seine Aufgaben sind, neben der Führung der Gesamtabteilung, insbesondere die Personalauswahl, Einstellungsgespräche für den außertariflichen Bereich durchzuführen und innerbetriebliche Systeme wie Personalpolitik, Führungsleitlinie, Beurteilungssysteme, Weiterbildung des Konzerns etc. umzusetzen. Dem Leiter sind Sachbearbeiter unterstellt, die die Ressorts Einstellung TA-Angestellter und Arbeiter, Bezahlung, Verträge, Urlaub, Fortzahlung bei Krankheit etc. bearbeiten. Eine andere Abteilung befasst sich mit der Einsatzgruppenplanung in Zusammenarbeit mit der Produktion: Umbesetzen der Schichten, Kompensieren von Personalengpässen etc.

Zur aktuellen Lage: Durch das Projekt und die damit verbundenen Anforderungen an die Mitarbeiter sind Änderungen in der Personalstruktur zu erwarten. Es muss z.B. eine Fortbildung organisiert werden, damit die neue Anlage möglichst schnell und sicher beherrscht wird. Auch für die Umstrukturierung und Einführung neuer DV-Systeme müssen Mitarbeiter geschult und neue Mitarbeiter angeworben werden. Entlassungen sind ebenso wahrscheinlich und müssen sozial verträglich abgewickelt werden. Ältere Mitarbeiter und solche, von denen Schwierigkeiten bei der Neueinführung zu erwarten sind, werden wenn möglich freigestellt.

Hauptabteilung: Produktion

Die Hauptabteilung Produktion besteht aus:

- dem eigentlichen Produktionsbereich,
- einer kleinen F&E-Abteilung, die hauptsächlich für den Hygienebereich arbeitet und z.T. Produkte entwickelt,
- der Abteilung Qualitätskontrolle,
- einer Abteilung, die für das Kraftwerk sowie Wasserversorgung und Wasserentsorgung zuständig ist.

Die Hauptabteilung Produktion stellt im Moment nach relativ veralteten Verfahren aus Holz Halbzellstoff her, der in einem weiteren Arbeitsgang zu IP-Fluting, einem äußerst stabilen Wellenpapier zur Wellpappenherstellung, verarbeitet wird. Nur der Produktionsbereich Hygienepapier hat neuere Maschinen, die noch rentabel arbeiten. Sie sind allerdings nicht auf dem letzten technischen Stand und verursachen deshalb große Umweltprobleme, weil sie auch vom Halbzellstoff ausgehend produziert werden. Der Halbzellstoff wird teilweise von anderen Firmen bezogen.

Die Produktivität ist, gemessen an anderen Unternehmen, die mit der technischen Innovation Schritt gehalten haben, in den letzten Jahren ständig gesunken. Es ist nur eine Frage der Zeit, wann das Werk wegen mangelnder Rentabilität geschlossen werden muss. Dies ist mit Sicherheit dann mittelfristig der Fall, wenn es nicht gelingt, die neue Produktionsanlage für Wellpappe zu bekommen. Die Belegschaft ist dementsprechend beunruhigt.

5.3.3 Gruppe 3: Betriebsrat der *Interpapp*

Die IP beschäftigt 305 Arbeitnehmer. Gemäß Betriebs-Verfassungs-Gesetz (BVG) setzt sich der Betriebsrat (BR) der IP aus einem hauptamtlichen Mitglied und 8 weiteren, die angemessen von ihrer betrieblichen Tätigkeit freigestellt werden, zusammen. Zusätzlich gibt es einen Vertrauensmann für Schwerbehinderte und einen Jugendvertreter. Der BR bemüht sich, die Konflikte, die durch die Interessen der AN entstehen, diplomatisch und kooperativ mit der Geschäftsleitung zu lösen. Die Geschäftsleitung ist laut §90 BVG verpflichtet, den BR regelmäßig zu informieren. Diese Informationspflicht erstreckt sich u.a. auf den folgenden Bereich: Neu-, Um- und Erweiterungsbauten von Fabrikations-, Verwaltungs- und sonstigen betrieblichen Räumen. Die Geschäftsleitung der IP kommt dieser Unterrichtungspflicht grundsätzlich durch die 3x jährlich erscheinende Informationsschrift nach. Der BR leitet diese Informationen auf den Betriebsvollversammlungen an die Belegschaft weiter.

Aktuelle Situation des Unternehmens: Aufgrund veralteter Technologien ist die Konkurrenzfähigkeit mittelfristig nicht mehr gewährleistet, sodass langfristig mit der Schließung des Standortes Pappenheim gerechnet werden muss.

Daraus ergeben sich folgende Probleme:

- Bedrohung der Arbeitsplätze und damit verbunden
- soziale Spannungen innerhalb der Belegschaft
- Gesundheitliche Gefährdung der AN, veraltete Maschinen und Produktionsverfahren führen zu erhöhter Verletzungsgefahr und zu gesundheitlicher Belastung durch Schadstoffemission. Dies gilt für beide Anlagen.

Forderungen des BR: Durch die oben angeführten Probleme ergeben sich für den BR automatisch nachstehende Forderungen:

- Sicherung der Arbeitsplätze
- Verminderung der Schadstoffemission am Arbeitsplatz

Diese Forderungen können durch neue Produktionsanlagen und Fertigungsmöglichkeiten erfüllt werden. Die neuen Technologien müssten den erhöhten Anforderungen an den Umweltschutz genügen. Auf Grund dieser Technologien ändern sich die Anforderungs- und Qualifikationsprofile der Arbeitsplätze. Hieraus ergeben sich folgende Notwendigkeiten:

- Schulungsmöglichkeiten für die Arbeitnehmer, damit die Weiterbeschäftigung der derzeitigen Belegschaft gewährleistet wird
- Sozialpläne für evtl. ausscheidende Arbeitnehmer

Der BR ist von der Geschäftsleitung über eine Reorganisation der gesamten Firma gerade informiert worden, die im Zusammenhang mit der neuen Anlage stehen soll. Einzelheiten sind nicht genannt worden, weil die Planungen erst mit der Investitionsgenehmigung des Konzerns erfolgen sollen. Darüber ist man sehr beunruhigt, weil in der Regel durch Reorganisationen Arbeitsplätze verloren gehen. Mit der neuen Anlage kommt sowieso einiges auf die Belegschaft zu. Aber diese zusätzliche Reorganisation ist Besorgnis erregend. Man möchte möglichst schnell umfassende Informationen über diese Vorhaben.

5.3.4 Gruppe 4: Sozial Fortschrittliche Partei (SFP)

Parteiprogramm der „Sozial Fortschrittlichen Partei":

Die SFP tritt ein für

1. Ein modernes Deutschland!
2. Den ökologischen Umbau der Industriegesellschaft!

- Weiterentwicklung der sozialen Marktwirtschaft zur ökologisch sozialen Marktwirtschaft
- Verbesserung der Energieproduktivität
- EU-Integration
- Bewahrung des Lebens von Mensch und Natur durch besseren Umweltschutz

3. Soziale Gerechtigkeit in Deutschland!

- Arbeit und Wohlstand für alle
- Aktive Arbeitsmarktpolitik durch aktive Regional- und Strukturpolitik
- Menschenwürdiges Wohnen für alle
- Stärkung der Familie

4. Entschiedenes Abrüsten jetzt!

- Hilfe für den Osten als Fortsetzung unserer erfolgreichen Entspannungspolitik

5. Eine solide Finanzpolitik!

- Eine für alle gerechte ökologisch-soziale Steuerpolitik
- Solides Wirtschaften statt Neuverschuldung
- Steuervorteile für Neuinvestitionen statt Subventionen

Umsetzung des Parteiprogramms für die Stadt

Die Weiterentwicklung der sozialen Marktwirtschaft zu einer ökologisch-sozialen Marktwirtschaft macht folgende Maßnahmen notwendig:

(1) Änderung der Energiepolitik. In unserer Gesellschaft geht die Sicherung und Mehrung des Wohlstands mit dem Wunsch einher, in einer intakten Umwelt zu leben. Eine Vielzahl kleiner und mittelgroßer leistungsfähiger Betriebe in unserer Stadt sichern Arbeitsplätze und schaffen Wohlstand. Damit dies nicht zu Lasten unserer Umwelt geschieht, muss die Energieversorgung langfristig umweltfreundlich ausgelegt sein. Die SFP f(ö)ordert daher emissionssenkende Maßnahmen. Veraltete Anlagen zur Energieerzeugung werden einer verschärften Kontrolle unterworfen. Dasselbe gilt für Produktionsanlagen. Eine sichere und die Umwelt nicht belastende Energieversorgung ist eine wichtige Voraussetzung für die wirtschaftliche Weiterentwicklung von Pappenheim.

Eine weitere Voraussetzung ist die Forderung nach umweltfreundlichem Wirtschaften. Die SFP plant daher Gewerbegebiete am Rande der Stadt, die die Wohnqualität nicht beeinträchtigen. Diese Gewerbegebiete können sowohl zur Neuansiedlung von Unternehmen als auch zur Auslagerung bereits vorhandener Betriebe aus dem Stadtkern bzw. aus Wohngebieten genutzt werden. Hierdurch entschärft sich auch die Verkehrssituation (Stichwort 'Pendler'). Die Erschließung von Gewerbegebieten führt zu einer entscheidenden Verbesserung des Standortes Pappenheim. Dadurch wird sich die wirtschaftliche Struktur der Stadt noch weiter verbessern. Neuansiedlungen werden von der SFP auf verschiedene Weise gefördert (günstige Grundstückspreise, zeitlich begrenzter Wegfall der Gewerbesteuer etc.) Die aktive Struktur- und Regionalpolitik eröffnet somit auch nationale und internationale Perspektiven; sie ist damit ein wichtiger Faktor zur Schaffung von Arbeitsplätzen und Wohlstand.

Das Verständnis der SFP von Wohlstand bedeutet, dass sich die Lebensqualität nur dann verbessert, wenn sich auch der Zustand unserer Umwelt wieder verbessert. Die in Aussicht gestellte Auslagerung von Gewerbebetrieben bedeutet eine Verbesserung des Wohnumfeldes in der Stadt. Wertvoller Wohnraum kann hierdurch geschaffen werden. Die Stadt wird eine aktive Erschließungspolitik betreiben, um die frei gewordenen Grundstücke einer zügigen Bebauung zuzuführen. Durch Nutzung des Vorkaufsrechtes wird sich die Stadt selbst an der Errichtung von preiswertem Wohnraum beteiligen. Wir erhoffen uns dadurch eine Entspannung der Lage auf dem Wohnungsmarkt, vor allem für Bezieher niedriger Einkommen.

Alle Maßnahmen werden unter dem Gesichtspunkt einer soliden und ökologisch orientierten Finanzpolitik ausgeführt. Alle Projekte die Ökologie und Ökonomie positiv verbinden (z.B. Kläranlagen, Emissionsverminderung, umweltfreundliches Bauen, Nutzung umweltfreundlicher Energieressourcen etc.) werden wir im Rahmen unserer Möglichkeiten unterstützen.

Unser Programm zur Weiterentwicklung der Stadt und zur Lösung ihrer Probleme stellen wir, als soziale und fortschrittliche Männer und Frauen, auch weiterhin unter die bewährten Leitziele unserer Partei:

- Eintreten für eine friedliche Welt, eine lebensfähige Natur und für eine menschenwürdige, sozial gerechte Gesellschaft.

- Wir wollen Bewahrenswertes erhalten, lebensbedrohende Risiken abwenden und Mut machen, den Fortschritt zu erstreiten.

- Gemeinsam mit den Bürgern unserer Stadt, bei denen das Bewusstsein erhöhter Verantwortung gewachsen ist, wollen wir die großen Herausforderungen der Zukunft partnerschaftlich bewältigen.

Die Partei hat Zurzeit eine hauchdünne absolute Mehrheit, die sie in Zukunft mehr ausbauen will. Die SFP soll ein konkretes Programm entwickeln, um Wählerstimmen zu halten und weitere zu gewinnen. Zu dem Werk des Konzerns Interpapp hat die Partei ein zwiespältiges Verhältnis. Das Werk gewährleistet stabile Beschäftigungsverhältnisse, was man von anderen Unternehmen in der Stadt nicht sagen kann. Es erbringt auch einen verlässlichen Beitrag zu den Einnahmen der Stadt. Andererseits nehmen die Querelen mit der Bevölkerung wegen der Verschmutzung gen zu. Nun hat sich sogar eine Bürgerinitiative gebildet. Besonders die Verunreinigung der Pappel ist ein ständiges Ärgernis für die gesamte Bevölkerung der Stadt, weil der tote Fluss durch die ganze Stadt fließt. Die Umstellung der Wellpappenproduktion ist natürlich ein positives Zeichen in die richtige Richtung. Das Werk hat dann sogar eine Funktion bei der Altpapierentsorgung. Allerdings bleibt die umweltverschmutzende Hygienepapierproduktion.

5.3.5 Gruppe 5: Christlich Demokratisches Zentrum (CDZ)

Die CDZ ist eine demokratische Volkspartei der Mitte, die sich an alle Schichten und Gruppen unseres Volkes wendet. Unser politisches Handeln wird von den christlichen Wertvorstellungen geprägt. Obwohl sich aus dem christlichen Glauben heraus kein bestimmtes politisches Programm ableiten lässt, schafft er dennoch die Voraussetzung für eine von Gerechtigkeit und Nächstenliebe geprägte Politik gegenüber unseren Mitmenschen.

Unsere Partei stellt aufgrund ihrer absoluten Mehrheit von 55% bei den vorangegangenen Landtagswahlen die Landesregierung. Im Stadtrat von Pappenheim befinden sich die CDZ hingegen in der Opposition. Um eine wirkungsvolle Politik für die Zukunft der Menschen in der Region betreiben zu können, liegt das Bestreben der CDZ in der Erlangung der absoluten Mehrheit im Stadtrat von Pappenheim.

Die Bemühungen werden sich daher in der vor uns liegenden Wahlperiode auf folgende Bereiche erstrecken:

Strukturelle Wirtschaftspolitik und Wirtschaftsförderung
Ansiedlung neuer Industrien mit zukunftsträchtigen Perspektiven und Sicherung des Standortes für die angesiedelten Betriebe aus dreierlei Gründen:

- Sicherung und Neuschaffung von Arbeitsplätzen
- Vermeidung von Monoindustrien, da bereits zum jetzigen Zeitpunkt etwa 40% aller Erwerbstätigen der Region Pappenheim in der Textilbranche tätig sind
- Vermeidung eines Anstiegs von Auspendlern

Um die industrielle Neuansiedlung voranzutreiben, sieht unsere Wirtschaftsförderungspolitik Folgendes vor:

- Beratung in Form von Informationen über öffentliche Programme und Finanzhilfen
- spezielle Gebühren- und Beitragsermäßigungen
- Einräumung und Förderung von betrieblichen Tarifvertragsgestaltungen

Für das Land ist die Erneuerung und Erweiterung des Werkes in Pappenheim von besonderer Bedeutung. Das Sammeln von Altpapier hat zu Mengen geführt, die in der Produktion der vorhandenen Papierwerke nicht mehr verarbeitet werden können. Wenn das Werk nicht gebaut werden sollte oder der IP Konzern sich wegen

Querelen für einen anderen Standort entscheidet, würde sich dies für die Umweltpolitik negativ auswirken. Das Sammeln von Altpapier müsste stark reduziert werden, um nicht sinnlos Kosten zu erzeugen.

Infrastruktur

Unser Ziel sind Infrastrukturmaßnahmen zur Verbesserung der Verkehrsanbindung der Region Pappenheim an andere Ballungszentren. Dies ist jedoch nicht gleichbedeutend mit einem Ausbau der bestehenden Autobahnen, sondern vorrangig soll eine Einbindung in das Fernverkehrsnetz der Bundesbahn (IC-Haltepunkte) erfolgen.

Umweltschutz

Ein umweltgerechter Umgang mit unserem Lebensraum ist zum Schutz des Lebens und der Gesundheit unumgänglich. Hierzu gehören:

- Pflicht zur Rauchgasentgiftung in Großfeuerungsanlagen
- Sanierung und Modernisierung der Kläranlagen

In den bestehenden Anlagen fehlt zum größten Teil die Phosphatfällung unserer Abwässer. Darüber hinaus resultiert ein erheblicher Teil unserer Grundwasserverunreinigungen aus defekten Teilen des bestehenden Abwassersystems. Es müssen die Möglichkeiten der Abfallvermeidung sowohl in den einzelnen Haushalten als auch in den Unternehmen geprüft und durchgesetzt werden. Auch für die Abfallverwertung bestehen eine Reihe von Möglichkeiten: z.B. Kompostierung von Grünabfällen, getrennte Sammlung von Wert- und Problemstoffen. Für unvermeidbare und unverwertbare Abfälle werden Deponien und Anlagen benötigt, die dem höchsten Stand der Technik entsprechen müssen. Es ist daher insgesamt zu fordern:

- Schärfere Gesetze und Verordnungen bei Umweltstraftaten
- Vermeidung und Verwertung der Abfälle
- Förderung umweltverträglicher Unternehmen durch Subventionen oder Steuervergünstigungen

Familienpolitik

Der Familie als dem Fundament unserer Gesellschaft kommt eine sehr große Bedeutung zu. Unser Bestreben ist daher:

- Schutz der Familie und des ungeborenen Lebens
- Familienlastenausgleich
- Erhöhung des Erziehungs- und Kindergeldes
- verbesserte Schul- und Bildungspolitik

5.3.6 Gruppe 6: Die Alternative

Die Alternative - Ökologischer Umbau mit radikaler Demokratie

Die Partei wurde 1980 gegründet. Sie ist aus verschiedenen Gruppierungen und Initiativen hervorgegangen, die sich in den 70er-Jahren für eine andere Politik engagierten. Die "Alternative" war schnell in fast allen Landesparlamenten, im Bundestag und im Europaparlament vertreten.

Ziele der Partei

Vier Grundsätze bestimmen die Politik der "Alternative": ökologisch, sozial, basisdemokratisch und gewaltfrei.

Unter dem ökologischen Aspekt wird die Absage an eine Wirtschaft der Ausbeutung und des Raubbaus an Naturgütern und Rohstoffen verstanden. Die Sozialpolitik fordert die Verhinderung von Wachstumszwängen aufgrund wirtschaftlicher Macht, die zur völligen Verseuchung und Verwüstung der menschlichen Lebensbasis führt. Die Selbstbestimmung der Betroffenen kann einer ökologischen, ökonomischen und sozialen Krise entgegenstehen. Basisdemokratie bedeutet Verwirklichung dezentraler, direkter Demokratie, d. h. dass plebiszitäre Elemente verstärkt werden müssen. Die "Alternative" bemüht sich um eine aktive Friedenspolitik, die keine Gewalt unter Menschen zulässt.

Schwerpunktthemen für Pappenheim

- Reduzierung der starken Verkehrsbelastung
- Verhinderung des ökologischen Todes der Pappel
- Verbesserung der Luft- und Bodenqualität in den Industriegebieten von Pappenheim

Um der starken Verkehrsbelastung in Pappenheim entgegenzuwirken, muss der öffentliche Nahverkehr als umweltfreundliche Alternative zum KFZ-Verkehr gefördert werden. Der Gütertransport ist auf die Schiene zu verlagern, außerdem ist eine Schwerverkehrsabgabe für Lastkraftwagen zu entrichten. Diese soll die überproportionalen Wegekosten und Emissionen des LKW-Verkehrs abgelten. Darüber hinaus ist ein sofortiges Nachtfahr- und Wochenendfahrverbot einzuführen.

Damit langfristig wieder Fische in der Pappel leben können, fordert die "Alternative" eine Änderung der örtlichen Abwasserabgabenverordnung dahingehend, dass nicht mehr die Einleiter, sondern unmittelbar die Erzeuger von Abwasser zur Zahlung der Abgabe herangezogen werden. Die Abgabepflichtigen können ihre Zahlungen in dem Maße kürzen, in dem sie nachweislich durch eigene Maßnahmen oder gemeinschaftliche Kläranlagen für den Abbau von Schadstoffen sorgen. Das Baden in der Pappel muss wieder möglich werden! Das Gelände um die Pappel muss für eine ökologische Nische erschlossen werden.

Bodenproben haben eine erhöhte Konzentration von Giftstoffen in den Stadtgebieten ergeben. Die "Alternative" fordert deshalb ein absolutes Verbot von Ausstoß und Verteilung Krebs erregender Schadstoffe. Erforderlich ist auch die beschleunigte Erstellung von Gutachten über die gesundheitsschädlichen Auswirkungen der Schadstoffbelastung der Luft. Um die Belastung der Luft durch Auto- und Industrieabgase zu verringern, muss der Einbau von Filteranlagen Vorschrift werden, und zwar nach dem Grundsatz: Nicht der billigste, sondern der ökologisch wirksamste Filter ist einzusetzen! Daneben muss eine drastische Senkung der bisher geltenden Emissions- und Imissionsgrenzwerte erfolgen. Für alle Schadstoffe sind Grenzwerte so festzusetzen, dass sich die Luft-, und damit in unmittelbarem Zusammenhang auch die Bodenqualität, verbessert und so die Gefahr von gesundheitlichen Schäden verringert wird.

Die örtliche Gruppe ist von der Gesamtpartei beauftragt und legitimiert worden, ein spezielles Programm für die Stadt zu entwickeln und auch durchzusetzen. Das Werk der *Interpapp* mit seinen neuen Vorhaben könnte ein guter Hebel sein, um die absolute Mehrheit der SFP im Stadtrat bei der nächsten Wahl zu verhindern.

5.3.7 Gruppe 7: Die Querulanten - eine Eigeninitiative e. V.

Nachdem bekannt wurde, dass die *Interpapp* die Produktion auf dem direkt an Wohngebiete angrenzenden Gelände fortführen und sogar erweitern will, beschlossen die betroffenen Anwohner, dies nicht einfach hinzunehmen. Die Neuigkeit wurde im Wohngebiet zum aktuellen Tagesthema und Anlass zu einem Treffen. Hierbei wurde man sich einig, eine Bürgerinitiative zu gründen, um gemeinsam gegen den Plan der *Interpapp* vorzugehen. Bei der darauf folgenden Gründungsversammlung, zu der sich ca. 250 Anwohner des Gebietes einfanden, wählte man den Namen "Die Querulanten" und entschied sich für die Rechtsform des eingetragenen Vereins, um eventuelle rechtliche Schritte wirksamer durchsetzen zu können. Die Gruppe setzt sich aus den gewählten Vorstandsmitgliedern zusammen, welche die Aktivitäten der Initiative planen und durchführen sollen.

Die aktuelle Wohnungssituation stellt sich Folgendermaßen dar: Nach den ersten Bebauungen vor ca. 20 Jahren hat sich inzwischen ein Wohngebiet gebildet, in dem vorwiegend jüngere Familien (20 bis 40 Jahre) mit Kindern leben. Ähnliche Interessen förderten die Gemeinschaft der Anwohner. Im Laufe der letzten Jahre verbesserte sich die Lebensqualität durch die Ansiedlung von Kindergärten, Schulen und anderer sozialer Einrichtungen.

Die Entfernung zum Stadtkern wurde bewusst in Kauf genommen, um den Kindern ein Aufwachsen in einer mehr ländlichen Umgebung zu ermöglichen. Dazu muss angemerkt werden, dass sich viele der Anwohner beim Kauf der Grundstücke auf Gerüchte stützten, die einen Abriss der *Interpapp* in absehbarer Zukunft in Aussicht stellten. Stattdessen soll diese Fabrik nicht nur bestehen bleiben, sondern sogar noch erweitert werden. Dies würde folgende Nachteile für die Bewohner mit sich bringen:

- **Gewässerverschmutzung (Pappel)**
  Schon vor geraumer Zeit ist die Pappel durch die Abwässer der *Interpapp* ökologisch zerstört worden. Abgesehen von den Umweltschäden ergeben sich daraus Geruchsbelästigungen, die sich vermutlich durch eine Erweiterung der *Interpapp* zu einer unerträglichen Belastung der Anwohner steigern wird.

- **Luft- und Bodenbelastung**
  Neben starker Luftverschmutzung durch Emissionen der ansässigen Papierfabrik wurden bei Bodenproben in der Umgebung, nämlich der Pappelwiese, erhöhte Blei- und Quecksilberwerte gefunden. Allerdings steht nicht fest, wer die Werte verschuldet hat. Kontaminierte Erde ist nach Auskunft der Stadt in der Vergangenheit sorglos in der Umgebung abgelagert worden.

- **Verkehr. Erhöhte Unfallgefahr**
  Aufgrund der geplanten Produktionsausdehnung erhöhen sich Lieferverkehr, Pendleraufkommen und die damit verbundene Unfallgefahr. Darin wird eine besondere Gefährdung der Kinder gesehen.

- **Lärm**
  Das steigende Verkehrsaufkommen führt zusätzlich zu einer höheren Frequentierung der schon vorhandenen Autobahn (führt) und zu einer doppelten Lärmbelästigung.

- **Parkplätze**
  Das schon begrenzte Parkplatzangebot würde eine Bereitstellung weiterer Parkflächen erforderlich machen. Es ist anzunehmen, dass dies auf Kosten der von uns als Freizeitflächen genutzten Umgebung gehen würde.

- **Luft**
  Weiteres Manko des höheren Verkehrsaufkommens wären die damit zusammenhängenden gesundheitlichen und ökologischen Risiken, hervorgerufen durch Kohlenmonoxid- und Stickoxidausstoß der Fahrzeuge.

Folgen

Aus den aufgeführten Punkten ergibt sich eine wesentliche Verminderung der Lebensqualität sowie eine Wertminderung des Eigentums. Alternativ wäre mehr Engagement der Stadt zur Förderung der Standortqualität zu wünschen, beispielsweise durch den Erwerb des umstrittenen Gebietes für die Bevölkerung Pappenheims. Damit könnte Erholungsraum in der Stadt geschaffen bzw. erweitert werden. Gerade das idyllische Pappeltal mit seinen Teichen und Wiesen könnte auf diese Weise saniert und für die Freizeitgestaltung erschlossen werden. Außerdem würde auch die Innenstadt attraktiver, wenn eine saubere Pappel sie durchfließt.

5.3.8 Gruppe 8: Die Presse

Als größtes Regionalblatt betrachtet es "Die Presse" als eine ihrer Hauptaufgaben, ein Blatt für alle Bevölkerungsgruppen zu sein. Dieser Zielsetzung ist das Blatt in der letzten Zeit immer wieder dadurch gerecht geworden, dass bei Konfliktthemen beide Seiten ausführlich dargestellt wurden. Auch als Leser-Brief-"Forum" wird das Blatt zunehmend genutzt. Dieser Trend soll auch künftig unterstützt werden. "Die Stimme des Volkes spüren" ist das Motto des Redaktionsteams. Vor allem Entwicklungen lokaler und regionaler Ereignisse will sich "Die Presse" widmen.

Die zunehmende Sorge der Bürger um das Gemeinwohl soll in der Berichterstattung wiedergegeben werden. Insbesondere geht es dabei um die Zukunft der Stadt Pappenheim und ihrer Umgebung. Noch immer gibt es ökologische Altlasten, die beseitigt werden müssen. Wie die jüngste Geschichte zeigt, kann das nur funktionieren, wenn man die Region auch ökonomisch entwickelt. Das große Thema ist, wie man Ökologie und Ökonomie miteinander verbindet, wie man die Region in ihrer Lebensqualität weiterentwickelt.

Das Zusammenwachsen in Europa bedingt in größerem Maße, die Thematik der interkulturellen Probleme in den Vordergrund zu stellen. Gerade in der Region ist der Ausländeranteil sehr groß, teilweise über 10%. Natürlich ist das auch ein wichtiger Themenbereich, den es für "Die Presse" kontinuierlich zu verfolgen gilt.

"Die Presse" möchte diese Generalthemen auf die täglichen Berichte beziehen, zur Auseinandersetzung anregen, ohne einseitig Partei zu ergreifen. Über die verschiedenen Meinungen, und Vorstellungen soll möglichst objektiv berichtet werden.

5.4 Gestaltung der Analysephasen

Ziele der Analysephase

Für die drei Zielbereiche des Verhaltensplanspiels sollen systematisch und zyklisch Optimierungsprozesse gestaltet werden. Auf der Basis transparenter SOLL-Vorstellungen sollen IST-Zustände analysiert, Verbesserungsbereiche bestimmt und Handlungen konzipiert werden, um die Gruppenarbeit schrittweise zu optimieren (Erhöhung der Effektivität = "Tue die richtigen Dinge" und Erhöhung der Effizienz = "Tue die Dinge richtig und schnell").

Analysebereiche

1. Zielsetzungen und Strategie der Gruppe. Zielsetzungen und Konzeption der Gruppe ergeben die Sollkriterien und die Leitlinien für die durchgeführten Aktivitäten. Die Wirkungen der Aktivitäten werden in der Regel nicht 100%ig zielführend sein. Es muss nachgesteuert werden. Durch die Analyse der durchgeführten Aktivitäten hinsichtlich ihres Erfolges soll ein systematisches Managen erfolgen (Kontrolle der Effektivität der Gruppe). Eine Alternative wäre

ein Versuch-Irrtum-Handeln oder ein "try it - do it - fix it", was sicherlich nicht sehr professionell wäre.

2. Prozessgestaltung zwischen den Gruppen. Für das Erreichen der eigenen Ziele ist die Zusammenarbeit mit anderen Gruppen notwendig. Dafür muss die Gruppe ihre Beziehungen aufbauen, entwickeln und pflegen. Die Gruppe muss auch Vorstellungen entwickeln, mit welchen Gruppen sie in welchen Bereichen zusammenarbeiten will, um ihre Interessen durchsetzen zu können (Kontrolle der Beziehungsgestaltung als wichtige Bedingung für effektives Handeln).

3. Kooperation in der Gruppe. Eine Gruppe kann nur dann effektive Maßnahmen entwerfen und durchführen, wenn sie ihre Zusammenarbeit effizient gestaltet. Zusammenarbeit umfasst eine organisatorische Strukturierung der Konzeptions-, der Problemlösungsarbeit und der Handlungen. Aber sie umfasst auch die kommunikativen Prozesse der Gruppe. Störungen oder unbearbeitete Konflikte absorbieren Energie und Zeit.

4. Reflexionsphase. Der wichtigste Teil des Planspiels ist die Reflexion. Nur der kontinuierliche Verbesserungsprozess bringt den erwarteten Erfolg, nicht der "geniale Einfall von Individuen". Deshalb überlegen Sie immer wieder, ob Sie die Analysephase gut genutzt haben und zu einer reflektierten Veränderung ihres Gruppenverhaltens gekommen sind.

Vorgehen

Halten Sie sich bitte genau an den Ablauf. Dies erspart Ihnen eigenes unfruchtbares Experimentieren. Erst wenn Sie den Ablauf Analyse – Planung - Umsetzung prinzipiell in der Gruppe verstanden und eingeübt haben, können Sie das ganze Verfahren selbst auf die konkreten Probleme anpassen, es freier handhaben und einsetzen.

1. Individuelle Vorarbeit

Jedes Gruppenmitglied geht allein die Checklisten durch, füllt sie aus und ergänzt sie. Für jeden Analysebereich (1. bis 3. s. o.) stellt das Gruppenmitglied seine Sichtweisen und Verbesserungsvorschläge für die nächste Spielphase zusammen. Je sorgfältiger diese Arbeit ausgeführt worden ist, umso ergiebiger ist die anschließende Gruppendiskussion.

2. Gruppenarbeit

Jeder Bereich (Aktivitäten, Intergruppenprozesse, Gruppenarbeit) wird nun mit vorgegebenen Moderationsfragen abgearbeitet. Es entsteht so eine konkrete Planung, was genau in der nächsten Spielphase verändert werden soll.

Für die Moderation nehmen Sie das Pinnwandpapier, damit die Ergebnisse der Diskussion festgehalten und für jeden in der Gruppe sichtbar sind. In der nächsten Analysephase können Sie dann in der Gruppe überprüfen, ob die geplanten Maßnahmen im Sinne Ihrer Vorstellungen tatsächlich gegriffen haben.

Checklisten für die individuelle Analyse

Mit der Zielsetzung, Konzeption und den Aktivitäten bin ich ...

sehr zufrieden   ☐
zufrieden   ☐
weder/noch   ☐
eher unzufrieden   ☐
sehr unzufrieden   ☐

1. Zielsetzungen und Strategien der Gruppe

	stimmt genau				stimmt gar nicht
1. Die Gruppe hat ein wirkungsvolles Konzept für die Zukunft erarbeitet.	1	2	3	4	5
2. Die Konzeption stimmt wichtige Bedürfnisse und Interessen der Zielgruppen optimal aufeinander ab.	1	2	3	4	5
3. Ziele sind konkret ausgearbeitet worden und bestimmen das Handeln.	1	2	3	4	5
4. Wichtige Gruppen werden für die Umsetzung berücksichtigt.	1	2	3	4	5
5. Unsere Organisation ist den Aufgaben angepasst.	1	2	3	4	5
6. Jeder weiß genau, was er zu tun hat.	1	2	3	4	5
7. Unsere Planung ermöglicht eine wirkungsvolle Entfaltung der Aktivitäten.	1	2	3	4	5
8. Die Planungsschritte (kurz-, mittel-, langfristig) bauen stringent aufein ander auf.	1	2	3	4	5
9. Unsere Aktivitäten sind bezogen auf die Ziele wirkungsvoll.	1	2	3	4	5
10. Abweichungen werden durch die Analyse korrigiert	1	2	3	4	5

Zusätzliche Bemerkungen:

Was sollte verbessert werden?

Welche Maßnahmen sind zur Verbesserung zu ergreifen?

2. Prozessgestaltung zwischen den Gruppen

Mit der Beziehungsgestaltung zu den anderen Gruppen bin ich ...

sehr zufrieden	☐
zufrieden	☐
weder/noch	☐
eher unzufrieden	☐
sehr unzufrieden	☐

Wie sind unsere Beziehungen zu den anderen Gruppen? Tragen Sie Ihre Ergebnisse mittels der Nummern der Gruppen ein:

	++
1. Geschäftsleitung	
2. Hauptabteilungsleiter	+
3. Betriebsrat	
4. SFP	0
5. CDZ	
6. Die Alternative	-
7. Die Querulanten	
8. Die Presse	--

	stimmt genau				stimmt gar nicht
1. Die Beziehungen entwickeln sich nach unseren Wünschen.	1	2	3	4	5
2. Positive Kontakte bestehen für die wichtigen Gruppen.	1	2	3	4	5
3. Die Kontakte werden systematisch gepflegt und weiter entwickelt.	1	2	3	4	5
4. Die Kontakte führen zu Unterstützungen unserer Zielsetzungen.	1	2	3	4	5
5. Probleme zwischen Gruppen werden offen ausgetauscht und bearbeitet.	1	2	3	4	5
6. Wir haben die Beziehungsentwicklungen unter Kontrolle.	1	2	3	4	5

Zusätzliche Bemerkungen

Was sollte verbessert werden?

Welche Maßnahmen sind zur Verbesserung zu ergreifen?

3. Kooperation in der Gruppe

Mit unserer Gruppenarbeit bin ich ...

sehr zufrieden	☐
zufrieden	☐
weder/noch	☐
eher unzufrieden	☐
sehr unzufrieden	☐

	stimmt genau				stimmt gar nicht
1. Wir gehen systematisch vor, auf das wir uns geeinigt haben.	1	2	3	4	5
2. Ziele wurden vereinbart.	1	2	3	4	5
3. Die Probleme werden bis zur Lösung ausdiskutiert.	1	2	3	4	5
4. Die Zeit wird gut genutzt.	1	2	3	4	5
5. Bedeutungslose Beiträge werden weitgehend vermieden.	1	2	3	4	5
6. Vorhandene Möglichkeiten und Fähigkeiten werden voll genutzt.	1	2	3	4	5
7. In der Gruppe herrscht eine gelöste Atmosphäre.	1	2	3	4	5
8. Abweichende Meinungen wurden berücksichtigt und diskutiert.	1	2	3	4	5
9. Gefühle beeinträchtigen nicht den Diskussionsverlauf.	1	2	3	4	5
10.Es gelingt allen, an der Diskussion und den Entscheidungen mitzuwirken.	1	2	3	4	5

	stimmt genau				stimmt gar nicht
11.Entscheidungen werden von allen getragen.	1	2	3	4	5
12.Meine Beiträge werden von den Gruppen-mitgliedern aufgenommen und diskutiert	1	2	3	4	5
13.Ich trage viel zur Gruppenarbeit bei.	1	2	3	4	5

Zusätzliche Bemerkungen

Was sollte verbessert werden?

Welche Maßnahmen sind zur Verbesserung zu ergreifen?

Checklisten für die Gruppenarbeit

Nachdem jeder in der Gruppe individuell die Tätigkeiten der Gruppe unter verschiedenen Aspekten analysiert und Vorschläge für Veränderungen erarbeitet hat, trifft sich die Gruppe und diskutiert die Analysen. Moderieren Sie die Sitzung in Ihrer Gruppe und halten Sie die Ergebnisse auf der Pinnwand fest.

1. Kooperation in der Gruppe

Welche Stärken hat unsere Gruppe?

Was sollten wir in der Zusammenarbeit verbessern (Prioritäten setzen)? Und wie wollen wir die Veränderungen umsetzen?

-
-
-
-
-

Wie sollen wir die Maßnahmen durchführen und ihre Wirkung kontrollieren?

2. Prozessgestaltung zwischen den Gruppen

Wie sind unsere Beziehungen zu den anderen Gruppen nach unserer Einschätzung? Tragen Sie die Ergebnisse mittels der Nummern der Gruppen ein, nachdem Sie Ihre individuellen Einschätzungen ausdiskutiert haben:

	++
1. Geschäftsleitung	
2. Hauptabteilungsleiter	+
3. Betriebsrat	
4. SFP	0
5.CDZ	
6. Die Alternative	-
7. Die Querulanten	
8. Die Presse	--

Zu welchen Gruppen sollten wir unsere Beziehungen verbessern?	Was sollten wir tun? und Wie sollten wir es tun?

3. Zielsetzungen, Strategien und Aktivitäten der Gruppe

Wie wirksam waren unsere Tätigkeiten?

Welche Probleme traten auf?	Wie sollen sie gelöst werden?

Was müssen wir bei den Zielsetzungen, der Strategie und der Konzeption verändern?

Wie sollen die Veränderungen umgesetzt werden? Was ist zu tun? Von wem? Bis wann?

4. Reflexionsphase

Wie wirkungsvoll waren unsere Analysen?

Führen Sie eine Punktabfrage durch. Jedes Gruppenmitglied gibt nach seinem Empfinden seine Meinung über die Analysephase ab und entscheidet sich für eine Wertung:

sehr intensiv	☐	
gründlich	☐	
weder/noch	☐	
eher oberflächlich	☐	
oberflächlich	☐	

Bemerkungen zur Einstufung

Was müssen wir tun, um die Analysephase effizienter *und* effektiver zu gestalten?

5.5 Ergebnisse einer Durchführung

5.5.1 Die Spielphasen 1 bis 3

Die Zahlen beziehen sich auf die einzelnen Gruppen:

1 = Geschäftsleitung

2 = Hauptabteilungsleiter

3 = Betriebsrat

4 = SFP

5 = CDZ

6 = Die Alternative

7 = Die Querulanten

8 = Presse

9 = Spielleitung in wechselnden Rollen

Bezogen auf die einzelnen Spielphasen werden die inhaltlichen Diskussionen zwischen den Gruppen stichwortartig aufgelistet, um den Spielverlauf zu verdeutlichen. Anschließend werden die quantitativen Kontakte zwischen den Gruppen tabellarisch aufgeführt.

Spielperiode 1

Kontakte der Gruppen

6 + 7: ökologisches Gleichgewicht; Erhaltung Arbeitsplätze; Bildung Umweltausschuss

7 + 3: Sicherung Arbeitsplätze

2 + 5: Modernisierung gesamtes Werk; Verlegung des Werkes; Erhaltung Arbeitsplätze

7 + 4: Verlegung des Werkes

1 + 4: Verlegung des Werkes; Stromabnahme; Modernisierung *beider* Produktbereiche; Beschäftigungssicherung

4 + 2: Wille zur Zusammenarbeit

Ratssitzung: Konzeptionen der Parteien; Bildung Umweltausschuss

Die Spielleitung nahm verschiedene Rollen mit folgenden inhaltlichen Aktivitäten ein:

- Als Spielleitung Glückwunsch an Querulanten zur Erhöhung der Mitgliederzahl (=Genehmigung der Spielaufnahme als Verein)
- Als Spielleitung Information über Ausweisung neuer Gewerbeflächen an Querulanten und SFP
- Als Spielleitung Beantwortung einer Anfrage der SFP (Ausweisung Gewerbegebiet /Technologiepark; EU-Mittel; Notwendigkeit von Gutachten für Investitionen)
- Als IfUR (Institut für Umweltschutz und Risikoabschätzung) Kontakt zur GL, um für ein Umweltgutachten im Auftrag der PAZ (Pappenheimer Allgemeine Zeitung = Die Presse) einen Begehungstermin der Betriebsstätte zu vereinbaren
- Als IfUR Information über Berufskrankheiten bei *Interpapp* an AL
- Als IfUR Bericht über Archivmaterial zur Luft-/Bodensituation Gewerbegebiet Pappenheim an PAZ
- Als Baudezernat Beantwortung einer Anfrage der CDZ (Partei) bezüglich des Genehmigungsverfahrens für Um- und Neubauten
- Als Verwaltungsmitarbeiter Vorschlag von Zeitkonten, Gleitzeitregelung und Teilzeitarbeit an BR (Betriebsrat)
- Als Produktionsmitarbeiter Bericht über Unsicherheit wegen Reorganisation an BR
- Als IG Medien Prognose zu Tarifverhandlungen in Spielperiode 2 für BR
- Als Konzernleitung der *Interpapp* Stellungnahme zur Reorganisation an GL
- Als Konzernleitung allgemeine Pressemitteilung über Investitionsvorhaben
- Als USB (Umweltschutzbeauftragte(r)) Bericht über Störfälle der letzten 20 Jahre des Werks Interpapp an Hauptabteilungsleiter (HAL)

Die Anzahl der Aktivitäten der Gruppen sind unterschiedlich hoch. Die Geschäftsleitung, die Partei CDZ und die Querulanten sind die Aktiven in der ersten Spielperiode.

Übersicht Anzahl der Kontakte der Gruppen untereinander:

	1	2	3	4	5	6	7	8	9	Summe
1		3	3	3	2	2	3	2	2	20
2	1		0	1	1	0	1	0	2	6
3	3	3		0	1	0	2	0	2	11
4	3	1	1		1	1	2	2	2	13
5	4	3	2	2		2	3	3	3	22
6	2	0	1	0	1		0	1	2	7
7	5	2	3	2	2	1		7	3	25
8	1	0	0	0	1	0	1		1	4
9	3	1	3	2	1	1	3	6		20
Summe	22	13	13	10	10	7	15	21	17	128

Spielperiode 2

Kontakte der Gruppen

1 + 5: Volle Unterstützung der GL

4 + 3: Auslagerung des Werkes

1 + 6: Unterstützung des alten, aber auch alternativen Konzeptes

4 + 7: Auslagerung des Werkes

1 + 4: Auslagerung des Werkes

4, 6, UA: Messtation; Neue Konzepte Abfall und Abwasser/Anreize für umweltfreundliche
Aktivitäten

6 + 7: Neuansiedlung umweltfreundlicher Industrien; Verzicht auf Interpapp; Gutachten

1 + 2: Hochregallager; Organigramm

1 + 3: Einigung über Reorganisation; Verschiedene Maßnahmen zur Verringerung der Entlassungen

4 (Ratssitzung): Ausweisung von Gewerbegebieten

4 + 7: Auslagerung des Werkes; Kooperation

7 + 2: Antrag auf Genehmigung; Reorganisation; Schaffung alternativer Arbeitsplätze

Die Spielleitung wirkt in dieser Phase stark auf die Spielgruppen ein, um einfache
Lösungen für die internen Umstrukturierungen des Unternehmens zu unterbinden
und auch den Prozess voranzutreiben. Ebenso sollen schnelle Lösungen der Gruppen
hinsichtlich der Umweltprobleme verhindert werden.

- Als Spielleitung Ablehnung des CDZ-Antrags, die PAZ dürfe sich nicht mehr
  "überparteilich" nennen
- Als Spielleitung Information über Wahl in Spielperiode 3 an alle
- Als Spielleitung Erklärung an alle, die Ratsentscheidung zur Ausweisung neuer
  Gewerbeflächen sei wegen formaler Mängel ungültig
- Als Spielleitung Gutachten zu Planungsalternativen an AL/Querulanten

- Als Spielleitung Information über Personalbedarfsplanung der Werke im Ausland an HAL
- Als Konzernleitung Kontakt mit BR bezüglich Reorganisation der Führung des Werks Pappenheim
- Als Konzernleitung Information über Umfang der Mitarbeiterreduktion Werk Pappenheim an BR
- Als Konzernleitung Beurteilung des Investitionsvorhabens an GL
- Als Konzernleitung Stellungnahme zum Investitionsvorhaben "Hochregallager" an HAL
- Als Konzernleitung Beschwerde über Kommunikationsprobleme von GL und HAL bei GL
- Als Konzernleitung Ablehung eines Gesprächstermins mit SFP (Thema: Investitionsentscheid Pappenheim), Verweis auf GL.
- Als USB Information über neue Klär- und Produktionsanlage(n) an GL/HAL
- Als IfUR Gutachten Betriebsgelände *Interpapp* AG für PAZ
- Als IfUR Gutachten Werk Belgien für GL
- Als IfUR Bitte um Konkretisierung des Gutachten-Auftrags
- Als Rat der Gemeinde Kleinostheim negative Stellungnahme zum Antrag der SFP auf Ausweisung neuer Gewerbeflächen. Der Antrag war ohne einen zwingend notwendigen Ratsbeschluss erfolgt (an SFP).
- Als Landesflächennutzungsamt negative Stellungnahme zum Antrag auf Ausweisung neuer Gewerbeflächen Kleinostheim/Pappenheim an SFP.

	1	2	3	4	5	6	7	8	9	Summe
1		2	0	0	0	2	0	2	7	13
2	1		1	1	1	1	1	1	5	12
3	0	0		0	1	0	0	0	3	4
4	1	1	1		3	3	2	2	4	17
5	1	1	2	2		2	1	1	5	15
6	0	0	0	0	0		0	0	4	4
7	0	0	0	2	0	1		0	7	10
8	3	2	2	1	1	1	1		4	15
9	10	7	6	8	7	6	7	8		59
Summe	16	13	12	14	13	16	12	14	39	149

Spielperiode 3

Kontakte der Gruppen

1 + 7: Genehmigungsverfahren Neubau/Sanierungsmaßnahmen

Ratssitzung:

Einberufung Ausschüsse; Umweltmaßnahmen: Messstation/Flächenausweisung

2 + 3: Konzept Personaleinsparung

1, 2, 3: Konzept Personaleinsparung; Arbeitszeitmodelle

Umweltausschusssitzung: 2x (ergebnislos)

6 + 1: Pipeline-Konzept; Produktionsmodernisierung

1 + 4: Rahmenkonzept: finanzielle Zusagen + Arbeitsplatzsicherung

6 + 7: Standortdebatte; Annäherung Alternative/CDZ

5 + 1: finanzielle Zusage Landesebene; Koalitionsabsicht Alternative/CDZ

3 + 4: Rahmenpaket: finanzielle Zusagen + Arbeitsplatzsicherung

Die Wahl in Pappenheim wird vorbereitet und durchgeführt. Alle Teilnehmer wählen konkret ihre Partei. Schließlich kommt doch nach Klärung letzter Fragen die Investitionsgenehmigung von der Konzernleitung.

- Als Spielleitung Veranstaltung der Stadtratswahlen Pappenheim; Informationen über Möglichkeit der Wahlzulassung zusätzlicher Gruppen
- Als Spielleitung Bitte um Entschuldigung der von ihr verursachten Kommunikationsprobleme (an GL/HAL)
- Als Spielleitung Veröffentlichung der Umfrageergebnisse eines unabhängigen demoskopischen Instituts zur bevorstehenden Stadtratswahl (an alle)
- Als Spielleitung Veröffentlichung der Wahlergebnisse in der PAZ
- Als Konzernleitung Zustimmung zum Reorganisationskonzept für die Administration und Führungsgremien an HAL über GL
- Als Konzernleitung unverbindliche Information über Folgeinvestitionen Hygienepapier an GL
- Als Konzernleitung Information über Verabschiedung des Reorganisationskonzepts für Administration und Führungsgremien an BR
- Als Konzernleitung Information über die Erfüllung aller gesetzlichen Auflagen zur Sicherung der Gesundheit am Arbeitsplatz durch die *Interpapp* an AL
- Als Konzernleitung Information über Notwendigkeit der Restrukturierung der Geschäftsleitung an GL
- Als Konzernleitung Information über den Auftrag an eine Beratungsfirma, für die Führungsspitze ein neues Gehaltssystem zu entwickeln (an HAL)
- Als Konzernleitung allgemeine Information über Investitionsentscheid an Querulanten mit Verweis auf GL für nähere Informationen
- Als Konzernleitung Bewilligung einer Investition (für neue Anlage) in Höhe von 300 Mio. DM an GL

- Als USB Information über Wassermengen (Kläranlage/Pappel) an GL
- Als DB AG Informationen über Gütertransport-Rabatte für Großkunden an AL
- Als Landwirtschaftsministerium Information über Regionalförderungswürdigkeit Pappenheims an AL
- Als Rechtsabteilung der Konzernleitung Information über geplanten Antrag eines Genehmigungsverfahrens (für Reorganisation?) an GL
- Als Arbeitsamt Information über Stellenbesetzungen an HAL

	1	2	3	4	5	6	7	8	9	Summe
1		4	1	0	0	0	1	0	7	13
2	1		0	0	0	0	0	0	6	7
3	0	0		0	0	0	0	1	3	4
4	1	2	2		2	2	1	1	3	14
5	3	3	2	2		2	4	2	3	21
6	2	2	2	1	2		0	1	3	13
7	4	5	4	4	4	3		3	8	35
8	0	0	0	0	0	0	0		1	1
9	11	8	5	4	4	7	5	6		50
Summe	22	24	16	11	12	14	11	14	34	158

5.5.2 Die Entwicklung der Beziehungen zwischen den Gruppen

Jede Gruppe gab nach jeder Spielphase an, wie sie die Beziehungen zu den anderen Gruppen sieht. Daraus lässt sich auch der Status der einzelnen Gruppe errechnen: Anzahl der positiven Wahlen minus der negativen Wahlen.

Soziometrische Analyse 1

	1	2	3	4	5	6	7	8	Summe
1		0	+	+	+	-	--	-	
2	--		0	0+	+	0	0+	0	
3	+	+		+	0	0	+	0	
4	+	+	++		--	0	++	+	
5	+	+	0	--		+	--	0	
6	--	0	0	-	+		++	+	
7	--	0	0	+	-	++		++	
8	-	--	--	+	+	0	++		
+	3	3	2	5	4	2	5	3	27
0	-	3	4	-	1	4	-	3	15
-	4	1	1	2	2	1	2	1	14
(Status)	-1	+2	+1	+3	+2	+1	+3	+2	

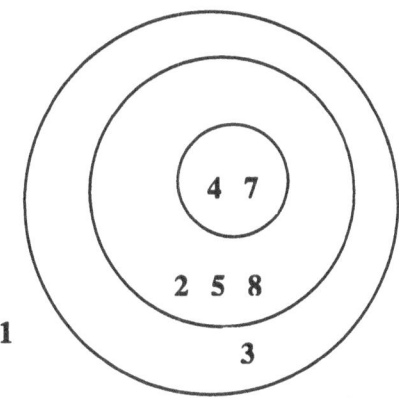

Soziometrische Analyse 2

	1	2	3	4	5	6	7	8	Summe
1		--	+	-	++	0	-	0	
2	0		+	0	0	0	0	0	
3	+	++		+	+	0	0	0	
4	0	0	+		--	--	++	0	
5	++	+	+	--		++	--	--	
6	+	0	-	--	+		+	+	
7	0	-	-	++	-	+		++	
8	0	-	0	-	-	--	++		
+	3	2	4	2	3	2	3	2	21
0	4	2	1	1	1	3	2	4	18
-	-	3	2	4	3	2	2	1	17
(Status)	+3	-1	+2	-2	0	0	+1	+1	

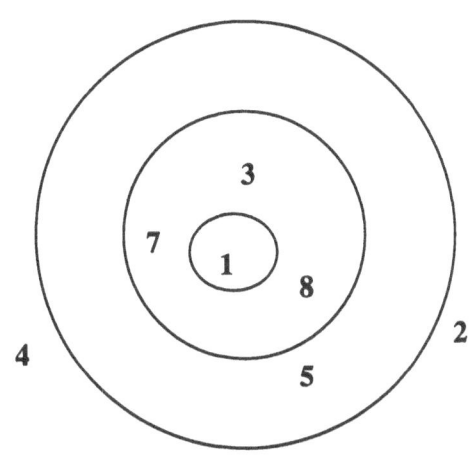

Soziometrische Analyse 3

	1	2	3	4	5	6	7	8	Summe
1		--	+	--	++	0	--	0	
2	-		++	0	0	0	+	0	
3	++	++		+	0	0	0	0	
4	--	-	++		--	--	++	0	
5	++	-	-	--		++	--	0	
6	+	-	-	-	++		0	+	
7	+	+	0	++	0	--		++	
8	+	--	-	0	0	0	+		
+	5	2	3	2	3	1	3	2	21
0			1	2	3	4	2	5	17
-	2	5	3	3	1	2	2		18
(Status)	+3	-3	0	-1	+2	-1	+1	+2	

Es wird deutlich, dass gegen Ende des Spiels die GL an Einfluss auf das Gesamtge-
schehen gewinnt. Vom schlechtesten Startergebnis (-1) landet sie am Ende des
Spiels im Zentrum des Soziogramms. Weiter fällt auf, dass die gut gestartete SFP
und die HAL an Einfluss verlieren und am Ende des Spiels weitgehend isoliert sind.
Bei den nächsten Wahlen wäre ein Machtverlust der SFP zu erwarten.

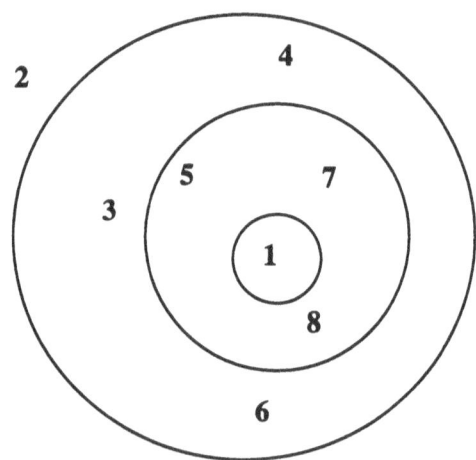

5.5.3 Die Analysephasen aus der Sicht der Gruppen

Nach dem Planspiel haben die Teilnehmer ihre Erfahrungen mit den Reflexions- bzw. Analysephasen beschrieben. Die Analysen bilden den eigentlichen Lernteil eines Verhaltensplanspiels. In diesem Teil sollen sich die Teilnehmer ihre Spielerfahrungen kognitiv zugänglich machen, um bewusst den Spielprozess gestalten zu können. Analytisch ist der Gesamtprozess von drei Aspekten her betrachtet worden:

- Analyse der Aktivitäten auf Wirksamkeit hinsichtlich der Ziele
- Analyse der Intergruppenprozesse hinsichtlich der Optimierung der Beziehungen
- Analyse der Gruppenprozesse zur Optimierung der Zusammenarbeit

Dies fiel den Gruppen unterschiedlich schwer. Manche Gruppe hatte bis zum Ende noch nicht voll die Funktion der Analysephase erfasst, während andere Gruppen die Phase voll nutzten und dadurch die Funktion zur Verbesserung der Arbeit voll erleben konnten. Die Erlebnisse in der Spielphase stören natürlich das erlebnisarme Analysieren. Deshalb sind die Erfahrungsbeschreibungen ein wichtiges Instrument, um die Teilnehmer noch einmal mit den Lernerfahrungen zu konfrontieren. Auch das Bewusstmachen von Mängeln bei der Nutzung der Analysephase führt zu wichtigen Erkenntniseinsichten, manchmal sogar erst nach dem Spiel durch die geforderte Auseinandersetzung.

Die folgenden Beschreibungen sind Zusammenfassungen aus den individuellen Berichten. Sie sind hier zum Teil nur kurz charakterisiert. Die Berichte der einzelnen Gruppenmitglieder stimmen in den wesentlichen Aussagen überein.

Geschäftsleitung

Individualismus und mangelnde Gesprächskultur. Intensive Nutzung der Analysephase zur Entwicklung der Gruppe und ihrer Aktivitäten.

Die Mitglieder der Geschäftsleitung vertreten in ihren Einzelauswertungen geschlossen die Ansicht, dass die Analysephasen, besonders die nach der ersten Spielperiode, das Verhalten der Gruppe im Spiel entscheidend beeinflusst haben. So wurde durch die erste Analyse deutlich, dass die Gruppe als Handlungseinheit aufgrund der Vielfalt und Komplexität der Aufgaben weitgehend handlungsunfähig und eine Aufgabenteilung unumgänglich war. Außerdem schätzte man sich als eine Gruppe von Individualisten ein und erklärte so zu einem zweiten Ziel die Herausbildung eines Teambewusstseins. Die Entscheidung zur Arbeitsteilung brachte hinsichtlich des "Spielerfolges" die entscheidende Wende: Man konnte den Aufgaben gerecht werden und entsprechende Erfolge verzeichnen. Trotzdem musste man in der zweiten Analysephase herausfinden, dass es nicht gelungen war, zu einem Team zusammenzuwachsen. Außerdem kam man zu der Einsicht, dass es keineswegs selbstverständlich ist, immer ausreden zu können und angehört zu werden und versuchte in den letzten Analysephasen erfolgreich, die Gesprächskultur innerhalb der Gruppe zu verbessern.

Hauptabteilungsleiter

Harmonische Geschlossenheit. Die Analysephase wurde zu spät in ihrer Funktion erkannt und genutzt. Die Bewertung der gruppeninternen Beziehungen während der Analysephasen fiel nach übereinstimmendem Urteil der Gruppenmitglieder zu recht sehr positiv aus. Man schätzte sich als sehr homogene Gruppe ein, die durch ihren Zusammenhalt und ihre Fähigkeit zu emotionslosem Argumentieren und Handeln in besonderer Weise in der Lage war, die Anliegen der Hauptabteilungsleiter nach außen hin effektiv zu vertreten. Die Beziehungen zu anderen Gruppen wurde ebenfalls problematisiert: So widmete man der Beziehung zur Geschäftsleitung eine intensive Analyse, ohne letztlich eine Verbesserung herbeiführen zu können. Schon auf der einleitenden Pressekonferenz hatte man geahnt, dass inhaltliche Differenzen im Verhältnis mit dieser Gruppe auftreten würden. Man konnte zwar seine Ziele gegenüber der Geschäftsleitung durchsetzen, empfand es aber als problematisch, dass man zu diesem Zweck die Schwäche der anderen ausnutzen musste. In der letzen Analysephase erkannte man dann, dass es tatsächlich nicht zu einer gütlichen Einigung kommen *konnte*, weil man es versäumt hatte, die sozialen Beziehungen zu den Mitgliedern der Geschäftsleitung zu verbessern. Durch eine "Meta-Analyse" konnten die Hauptabteilungsleiter die Analysephasen selbst optimieren:

Den anfangs häufigen Abschweifungen in Themenbereiche des Spielgeschehens konnte erfolgreich begegnet werden, indem man sie zum Gegenstand der Analyse machte.

Betriebsrat

Harmonie und geringe Effizienz. Teilweise die Analysephase zur Verbesserung genutzt, obwohl man sich stark durch Inhalte der Spielphase ablenken ließ.

Das harmonische Klima in der Gruppe machte es nach Ansicht der Betriebsratsmitglieder unnötig, in der Analysephase über die Intergruppenprozesse zu reflektieren und erlaubte eine Konzentration auf die Überprüfung der Effizienz und der Beziehungen zu den anderen Gruppen. Nachdem die Gruppe sich mit Hilfe der sehr positiv bewerteten Analyse-Checklisten über den Analysevorgang Klarheit verschafft hatte, merkte man in der ersten Analysephase, dass die Arbeit der Gruppe nicht sehr effektiv war und entschloss sich, eine Arbeitsteilung vorzunehmen. Hinsichtlich der Zielvorstellungen gelang eine weitgehende Einigung, sodass die Effizienz zunächst gesteigert werden konnte. In den folgenden Analysephasen gelangte man allerdings zu der Einsicht, dass zu wenig selbständige Aktionen von der Gruppe ausgingen, da man zu viel Zeit darauf verwendete, auf Aktionen anderer Gruppen zu reagieren. Als ein generelles Problem der Analysephasen erkannte man, wie schwer es ist, sich nach Beendigung der Spielphase von den Spielinhalten zu der Gruppenmitglieder zu häufig ab, geriet in inhaltliche Diskussionen und musste sich zwingen, wieder zur Analyse zurückzukehren.

SFP:

Merkmale erfolgreicher Beziehungsgestaltung. Die Analysephasen wurden trotz Ablenkungen durch inhaltliche Diskussionen zur Verbesserung der internen und externen Beziehungen genutzt.

Auch die Mitglieder der SFP hatten in ihren täglichen Analysesitzungen mit ständigen Abschweifungen in thematische Bereiche der Spielperioden zu kämpfen. Ein Teilnehmer führt dies auf den zu geringen zeitlichen Abstand zwischen Spiel- und Anlaysephasen (1 h) zurück: Die im Spiel gewonnenen Eindrücke müssten sich erst einmal "setzen", um eine effiziente Analyse zu ermöglichen. Trotzdem konnte man einige Analyseergebnisse erzielen: Obwohl man eine Arbeitsteilung eigentlich vermeiden wollte, zeigte sich schnell deren Notwendigkeit. Der so entstandene Kommunikationsbedarf innerhalb der Gruppe (über erreichte Ziele etc.) konnte aus Zeitmangel nicht befriedigt werden, obwohl die Analyse ergeben hatte, dass die interne Kommunikation eigentlich hohe Priorität haben müsse. Die Beziehungen zu den anderen Gruppen konnten durch die Zu- bzw. Nichtzuweisung der beiden Merkmale *Kontaktaufnahme* und *Kontaktpflege* individuell charakterisiert werden, nachdem Fehleinschätzungen durch Vergleich der je persönlichen Bewertungen eliminiert wurden. Man habe, so die SFP-Mitglieder, deutlich erkannt, welche Faktoren für den erfolgreichen Aufbau einer Beziehung ausschlaggebend seien: (Interessen)konflikte schaffen einen Kommunikationsbedarf - Probleme lassen sich nicht durch Aussitzen lösen. Emotionen und oberflächliche Eindrücke/Vorurteile sollten als Negativfaktoren ausgeschaltet werden. Kompromissbereitschaft ist unumgänglich.

CDZ:

Inhaltlich gebunden, aber gruppenintern erfolgreich. Auch diese Gruppe konnte die Analysen trotz Störungen bis zu erfolgreichen, teilweisen Umsetzungen gestalten.

Obwohl die Analysephasen dieser Gruppe eine positive Auswirkung auf deren Handlungsweise hatte, beurteilt ein Gruppenmitglied die Analysen im Nachhinein recht negativ. Man habe sich nicht vollständig von der Fixierung auf die Rolle der Vertreter einer konservativen Partei lösen können. Obwohl in der zweiten Analyse-phase beschlossen wurde, Kontakt zu der ungeliebten Gruppierung der Querulanten aufzunehmen und dieser Entschluss später als richtig bewertet werden konnte, ertappte man sich dabei, dass die gleich bleibend negative Bewertung der Querulan-ten in der dritten Analysephase in keinster Weise von der hergestellten positiven Beziehung, sondern ausschließlich von inhaltlich-politischen Gegensätzen beein-flusst wurde. Die Analyse der gruppeninternen Prozesse führte dagegen zum Erfolg: So gelang es nach zwei Anläufen, ein "perfekt funktionierendes" Organisations-schema für die Informationsweitergabe innerhalb der Gruppe zu implementieren.

Die Alternative: Analyse fehlgeschlagen

Dem Bericht eines Gruppenmitglieds zufolge war die interne und externe Arbeit dieser Gruppe mit zahlreichen Problemen behaftet, die hier nicht wiederholt werden sollen, da es sich nicht um Probleme mit der Analyse, sondern Schwierigkeiten der Spielgestaltung handelt. Die Analyse dieser Probleme konnte, so der Berichterstatter lapidar, "nicht zu einer Verbesserung beitragen, da die Motivation doch wohl sehr gering war".

Erst nach dem Spiel entwickelten sich bei wenigen Gruppenmitgliedern Einsichten, wie wichtig eine gründliche Durchführung der Analysen gewesen wäre. Die angebotene Lernmöglichkeit wurde von der Gruppe nicht aufgegriffen.

Die Querulanten: Aktiv, passiv

Die Gruppenmitglieder nutzten die Analysephase zu Verbesserungen. Allerdings gelang es nicht, alles Geplante auch umzusetzen.

In der ersten Analysephase erkannten die Querulanten, dass sie in zwei Lager aufgeteilt waren: die aktiven und die passiven Gruppenmitglieder. Um eine gerechte Verteilung der Entscheidungsgewalt zu gewährleisten, beschloss man, dass die aktiven Mitglieder sich bewusst zurückhalten sollten. So gelang es tatsächlich, den passiven Mitgliedern mehr Spielbeteiligung zu verschaffen und so einen Missstimmungsfaktor aus der Gruppe zu entfernen. Die anderen analysierten Bereiche betrafen hauptsächlich die Steigerung der Effizienz durch Einführung von Kurzbesprechungen, Protokollen, exakter Terminplanung etc. Dieses Ziel konnte nur teilweise erreicht werden.

Die Presse: Intensive Analyse - mangelnde Umsetzung

Nach anfänglichen, dem Bericht eines Gruppenmitglieds zufolge durch die Sonderstellung der Pressegruppe bedingten Schwierigkeiten mit den Analyse-Checklisten, konnte die Analyse als wirksames Mittel zur Optimierung der internen Abläufe genutzt werden. Die externen Ziele (unabhängige Berichterstattung, Aktualität) wurden nicht voll erreicht, was der Berichterstatter einerseits mit dem Spielverlauf, andererseits mit zu großer Passivität der Gruppe in Verbindung bringt. Der Aufbau von Beziehungen zu anderen Gruppen war zwar ständig Gegenstand der Analyse: Trotzdem konnten die gewonnen Erkenntnisse nicht in die Tat umgesetzt werden.

5.6 Evaluation des Verhaltensplanspiels

Fragebogen: Beurteilung des Planspiels Pappenheim

Ihre Meinung und Ihre Vorschläge zu diesem Planspiel sind für uns sehr wichtig, um das Seminar systematisch weiter entwickeln zu können.

1. Ihr persönlicher Eindruck vom Seminar

klar, übersichtlich	1 2 3 4 5	verwirrend
gründlich	1 2 3 4 5	oberflächlich
nützlich	1 2 3 4 5	nutzlos
wichtig	1 2 3 4 5	unwichtig
interessant	1 2 3 4 5	uninteressant
aussagestark	1 2 3 4 5	uninformativ

Was war für Sie besonders wichtig?

Was hat Sie gestört?

2. Die vorgegebenen Behauptungen sollen Ihnen helfen, Ihre Meinung über das Seminar auszudrücken.

	stimmt genau				stimmt überhaupt nicht
2.1. Insgesamt regt das Seminar zur intensiven Auseinandersetzung an, wie man komplexe Situationen gestalten kann.	1	2	3	4	5
2.2. Ich verstehe besser, wie Beeinflussungen gestaltet werden.	1	2	3	4	5
2.3. Ich kann meine theoretischen Kenntnisse besser mit Praxisproblemen verbinden.	1	2	3	4	5
2.4. Die Art der Zusammenarbeit ist entscheidend für die Güte der Aktivitäten der Gruppe.	1	2	3	4	5
2.5. Ich weiß jetzt, wie man die Zusammenarbeit systematisch fördern kann.	1	2	3	4	5
2.6. Ich weiß, wie man Prozesse zwischen Gruppen gestalten kann.	1	2	3	4	5
2.7. Ich weiß, wie man ein positives Gruppenklima entwickeln kann.	1	2	3	4	5

	stimmt genau			stimmt überhaupt nicht	

2.8. Ich habe wichtige Erfahrungen gewonnen, wie
Kommunikations- und Interaktionsprozesse
ablaufen.   1   2   3   4   5

2.9. Die Veranstaltung ist für meine spätere Berufs-
tätigkeit sehr wichtig.   1   2   3   4   5

Bemerkungen:

3. Bitte machen Sie uns nun Vorschläge, wie man das Seminar verbessern kann.

3.1 Einführungsphase:

Kennenlernen und Einführung in das Seminar (Vorbesprechung)

Wie gut war sie?

1	2	3	4	5
sehr				sehr
gut				schlecht

Was sollte geändert werden?

3.2. Durchführungsphase: Spielphasen

Wie gut waren sie?

1	2	3	4	5
sehr				sehr
gut				schlecht

Was sollte geändert werden?

3.3 Analyse der Gruppenaktivitäten

Wie gut war sie?

1	2	3	4	5
sehr				sehr
gut				schlecht

Was sollte geändert werden?

3.4 Analyse der Gruppenprozesse
Wie gut war sie?

1	2	3	4	5
sehr				sehr
gut			schlecht	

Was sollte geändert werden?

3.5 Analyse der Prozesse zwischen den Gruppen
Wie gut war sie?

1	2	3	4	5
sehr				sehr
gut			schlecht	

Was sollte geändert werden?

4. Schlussauswertung
Wie gut war sie?

1	2	3	4	5
sehr				sehr
gut			schlecht	

Was sollte geändert werden?

5. Skript

Bitte ankreuzen:

gelesen: ja   nein

wenn ja:

sehr nützlich   nützlich   weniger nützlich

Was sollte geändert werden?

Was fehlte Ihnen?

6. Skript - Entwicklung von Organisationen

6.1 Wandel und Veränderungen - Organisationsdynamik

Aufgrund von Änderungen interner und/oder externer Faktoren sehen sich Unternehmungen gezwungen, Veränderungsmaßnahmen durchzuführen. Extern haben sich z.B. die Technologien, die Kundenbedürfnisse, die Wettbewerbssituation, die ökonomischen Rahmenbedingungen, die gesellschaftlichen Werte oder die Gesetze verändert. Die größten Herausforderungen sind und werden die ökologischen Probleme für unsere Gesellschaft und die Unternehmen sein.

Auch die neuen Technologien und die sich radikal verändernden Märkte fordern Wandel und Wandlungsfähigkeit von unseren Organisationen. Nur das Beispiel der relativen Kurzlebigkeit von Produkten soll dies veranschaulichen. Weitere dynamische Veränderungen sind die Tendenz zu weltweiter Präsenz, Tendenz zur Durchlässigkeit von Organisationen (Verbindung mit anderen Organisationen, enge Verbindung mit Kunden, Tendenz zur temporären Relevanz und Tendenz zu steigender Turbulenz (*Perich*, 1992, 33 ff.).

Durchschnittliche Lebensspanne von Produkten auf dem US-Markt

Branche	Lebensspanne in Jahren	
	1934	1984
Gebrauchsgüter	23	11
Industriegüter	21	9
Medikamente	24	8
Nahrungsmittel	20	5
Werkzeuge	16	4
Kleingeräte	14	3
Kosmetika	11	3
Spielzeuge, Spiele	14	3

Tab.: Durchschnittliche Lebensspanne von Produkten auf US-Markt (*Schnedlitz* 1985,146).

Einige Unternehmen haben sich zu "superfast Innovators" und "superfast Producers" entwickelt. Intern behindern mangelnde Produktivität, schwerfällige Organisationen, die Unzufriedenheit der Mitarbeiter, mangelndes Engagement, die Fluktuation und die Fehlzeiten. Die bürokratisch organisierten Unternehmen kommen immer häufiger in Krisen, die sie zuerst systemimmanent zu lösen suchen.

Großunternehmen haben verschiedene Möglichkeiten Erfolgspotentiale zu erschließen, ohne ihre Struktur aufgeben zu müssen. Dabei lassen sich mindestens vier Formen unterscheiden:

- **Akquisition**. Eine Organisation verändert sich, in dem sie andere Unternehmen übernimmt (Diversifizierung, Entwicklung zu einer Finanzholding).

- **Regionale Veränderung**. Das Unternehmen erhält seine Produkte und wechselt in andere Märkte oder verlegt die Produktionsstätten. Die Produkte können auf diese Weise wieder zum Erfolg beitragen.

Kooperationen als Strategie externer Unternehmensentwicklung

Gründe:

Kürzere Vermarktungszeiten bei gleichzeitig signifikant steigenden Entwicklungskosten und Forschungsrisiken sind einer der wesentlichen Gründe für strategische Partnerschaften. Darüber hinaus führen auch economies of scale im Produktionsbereich und - mindestens regional - konvergierende Kundenwünsche zu einem Vorteil großer Produktionsvolumina. Einzelne Anbieter schließen sich deshalb zu Kooperationen zusammen. Unter betriebswirtschaftlichen Aspekten lassen sich Ressourcen-, Zeit-, Kosten- und Marktallianzen unterscheiden (*Bronder/Pritzl*, 1992).

Formen:

Bei einer strategischen Allianz, oder allgemeiner einer strategischen Partnerschaft, handelt es sich um die Zusammenarbeit zweier rechtlich unabhängiger Firmen. Die entstehende Kooperationsinstanz verfügt i.d.R. über eigene finanzielle Mittel und einen von den Kooperationspartnern festgelegten Entscheidungsspielraum. Bei der Bildung der Kooperationsinstanz sowie zur Reintegration erzielter Ergebnisse sind nur wenige Mitglieder der zwei kooperierenden Organisationen beteiligt.

Die Bandbreite der möglichen Strukturierung umfasst dabei alle Formen zwischen "Markt" (also Kaufvertrag) und "Hierarchie" (bspw. Tochterfirma im Ausland). Nennenswerte Formen sind vor allem langfristige Lieferverträge im Beschaffungsbereich, Lizenz- und Consultingverträge in Geber- oder Nehmerrollen, Know-how-Kooperationen für Forschungsaufgaben und schließlich verschiedenen Kapitalbeteiligungsgraden, die zudem an Managementaustausch gebunden sein können (vgl. *Müller-Stewens*, 1993). Auch Kartelle sind prinzipiell als strategische Kooperationen zu betrachten; sie sollen hier aber wegen ihrer marktverzerrenden Wirkungen nicht weiter analysiert werden.

Kooperationen stellen in Bezug auf Effizienz- (Kosten) oder Effektivitätsziele (Neuproduktentwicklung) der Organisationen strategische "Instrumente" der externen Unternehmensentwicklung dar. Erfolgspotentiale von Hochtechnologie-märkten sollen so, durch Aufbau relativer Wettbewerbsvorteile der Kooperation gegenüber anderen Wettbewerbern, erschlossen werden. Strategische Kooperationen werden typischerweise nicht nur mit einem anderen Unternehmen, sondern in einem ganzen Netzwerk abgeschlossen. In Märkten wie der forschungsintensiven Pharma-industrie oder kapitalintensiven Branchen wie der Halbleiterindustrie sind deshalb strategische Netzwerke, in denen fast alle wichtigen Konkurrenten partiell miteinan-der kooperieren, eher Regel als Ausnahme externen Unternehmensentwicklung.

Dauer:

Im Gegensatz zu Strukturierungen die oben als "hierarchisch" bezeichnet worden sind, werden Kooperationen nicht auf Dauer abgeschlossen, sondern sind auf Zielerreichung ausgerichtet. Wenn nicht gemeinsame Interessen und Aufgaben nach Erreichung des z.B. Entwicklungszieles formuliert werden, löst sich die formale Kooperation wieder auf. Ein informelles Fortbestehen von individuellen Kontakten ist allerdings wahrscheinlich.

Phasen:

Zur Bildung einer strategischen Allianz können Phasenmodelle analog herangezo-gen werden, wie sie für Akquisitionsprozesse Verwendung finden. Kooperationswil-lige Unternehmen werden zunächst eine differenzierte Diversifikationsstrategie für ihre Geschäftsfelder formulieren und auf der Basis von Zielvorstellungen Kriterien für potentielle Partnerfirmen festlegen. Nach der Kriterienfestlegung werden potentielle Partnerfirmen identifiziert, analysiert und dann angesprochen. Häufig werden die Aktivitäten der Firmenidentifikation und -analyse durch Unternehmens-beratungen unterstützt.

Zur Unterstützung des Such- und Beurteilungsprozesses werden drei "Fit"-Kriterien vorgeschlagen (*Bronder/Pritzl*, 1991):

1. fundamentaler Fit: Aktivitäten ergänzen sich, Risiken sind überschaubar, Erfolgspotentiale sind quantifizierbar und Managementsysteme ähneln sich;

2. strategischer Fit: harmonisierbare Zielsetzungen, gemeinsame Gestaltungsmaß-nahmen und gemeinsame Festlegung der Konfiguration der Partnerschaft;

3. kultureller Fit: Offenheit gegenüber Neuerung, Wille zur gegenseitigen Zusam-menarbeit und pluralistische Meinungsvielfalt.

Die technische Abwicklung der Kooperation selbst beginnt nach der gegenseitigen Zustimmung zur Bildung einer Partnerschaft. Verhandlungen regeln dabei typischer Weise die Entscheidungsmacht der Kooperationsinstanz, die Budgetbereitstellung durch die Kooperationspartner und die Inhalte des Kooperationsvertrages. In einer abschließenden Phase, die für den Erfolg der Partnerschaft maßgeblich ist, erfolgt die strategische und operative Integration der Kooperationsinstanz einerseits sowie der Ergebnisse der Kooperation andererseits.

Herausforderungen an Systemlieferanten

(in Anlehnung an *Deiß* u.a., 1990, 91ff)

Systempartnerschaften lassen die Erwartungen der Anwender der Systemlösungen in Bezug auf Qualität und Innovationsrate schnell wachsen. Die eigene Innovation muss zeitgerecht und in sachlich unproblematischer Form ins Gesamtprodukt integrierbar sein. Der vorher in Zulieferer unterschiedlicher Fertigungstiefe und Technologie sowie Endmonteure bzw. Vertreiber untergliederte Fertigungsprozess wird neu geordnet; es gibt jetzt Zulieferer für Systemlieferanten, Direktzulieferer an Endmonteure (in stetig abnehmender Zahl), Systemlieferanten sowie Endmonteure bzw. Vertreiber. Ob ein erfolgreicher Zulieferer auch Systemlieferant werden kann, ist damit unsicher. Klar ist lediglich, dass der Wandel vielgestaltige Veränderungen auslöst und einen längeren Zeitraum in Anspruch nehmen dürfte (*Kohoska*, 1985).

Es muss mit einem erhöhten Projektierungsaufwand für das einzelne zu liefern-de System in Form von Vorfinanzierungskosten und Verlusten aus Drittzulieferer-verhältnissen gerechnet werden. Das Liquiditätsmanagement des Systemlieferanten wird eine anspruchsvolle Aufgabe. Allerdings besteht auch die Möglichkeit, einen Teil des Projektierungsaufwandes als erbrachte Entwicklungs- und Koordinations-leistung an den Anwender der Systemlösung als Preisposition zu verrechnen. Nur ein Zulieferer, der bereit ist, auf diesem Weg einen Teil des finanziellen Risikos eines neuen Endproduktes zu tragen, wird überhaupt die Möglichkeit erhalten, als Systemlieferant agieren zu können.

Der Systemlieferant muss einen Teil der Technologiebeobachtung für den An-wender seiner Systemlösung übernehmen. Er wird sich ferner im Zuge von target-costing-Vorgaben nicht länger am technologisch Machbaren, sondern am diagnosti-zierten Kundenwunsch zu orientieren haben. Einzelne Bauteile müssen folglich in ihren Spezifikationen redimensioniert werden. Schließlich wird ein wesentlicher Teil des Produktes im Service zu finden sein. Nicht nur gegenüber dem Anwender der Systemlösung sondern sogar gegenüber dem Endbenutzer des Gesamtproduktes werden Serviceleistungen des Systemlieferanten zum Wettbewerbsfaktor.

Zum Know-how- Aufbau sind gezielt Schulungen einzusetzen. Die Systempart-nerschaft setzt also eine Weiterentwicklung der Fähigkeiten und Fertigkeiten sowie des technologischen Standes beim Systemlieferanten als Selbstinteresse voraus. Die so entstehenden Arbeitsplätze werden interessanter, weil sie ein höher entwickeltes Know-how mit größerer Verantwortung für das Systemprodukt und sogar das Endprodukt verbinden. Das aufzubauende Know-how wird zu einem großen Teil beim Anwender der Systemlösung gewonnen werden müssen, denn er hat in der Regel den Kontakt zum Endkunden.

Systempartnerschaft bedingt andere Formen der zwischenbetrieblichen Zusammenarbeit. Selbst wenn der Systemlieferant nicht sogar Teile der Montagetätigkeit mit übernehmen muss (z.B. bei VW), ist mit einem erheblich erhöhten Koordinationsbedarf an den organisatorischen Schnittstellen zu rechnen. Projektmanagement dient dabei gleichzeitig der terminlichen wie sachlichen Abstimmung zwischen Lieferant und Anwender der Systemlösung. Neben dem erhöhten Bedarf an außenwirksamer Koordination wächst auch der Abstimmungsbedarf zwischen Einzelprojekten beim Systemlieferanten selbst.

Obwohl also Strategien zur Anpassung existieren, kommen heute sogar Großunternehmen in Krisen, die neue Bewältigungsformen notwendig machen. Ein Wandel ist nicht mehr vermeidbar, wie z.B. in der Automobilindustrie "Lean Production" (*Womack, Hones und Ross* 1991) zum gängigen Organisationskonzept wird.

Statische und bürokratische Organisationen müssen zu flexiblen und lernfähigen Organisationen werden. In manchen Branchen sind die Ausweichstrategien offenbar erschöpft.

Auf Probleme und Krisen können Unternehmen in verschiedener Weise reagieren. Meistens wird reaktiv geantwortet. Typisch dabei ist, ohne Situationsanalyse und Planungen nach dem Motto "try it, do it, fix it" zu agieren. Das Controlling wird häufig vernachlässigt. Geplante Veränderungen beginnen hingegen schon mit der Vorwegnahme der zukünftigen Entwicklungen mit ihren Schwierigkeiten, Bedrohungen und Chancen für das Unternehmen. Methoden dafür sind (vgl. von *Reibnitz* 1992):

- Konventionelle Prognosen,
- Portfolio-Analyse,
- Simulation,
- Szenariotechnik.

Bei Veränderungen entsteht ein grundsätzlicher Zielkonflikt (BÖHNISCH 1979):

- die vorhandene Stabilität und Kontinuität des Systems zu wahren,
- die Anpassungsfähigkeit gegenüber Umweltveränderungen zu gewährleisten,

6.2 Veränderungsformen: Intensität und Umfang

Im Verständnis von *Lewin* (vgl. *Comelli* 1985, 97) ist eine Organisation ein soziales System, das sich in einem Gleichgewichtszustand befindet. Diese statische Gleichgewichtsvorstellung kann dynamischer betrachtet werden, wenn man Identitätsbildungsprozesse der Unternehmen in die Analyse einbezieht (*Heideloff* 1996). Im statischen Modell stabilisieren die bestehenden Kräfte Strukturen, in denen die Prozesse einer Organisation routinisiert ablaufen. Verändern bedeutet, das Kräftegleichgewicht und die Abläufe von Prozessen zu stören. Dabei können die Veränderungen mehr oder weniger einschneidend sein. Man unterscheidet:

Veränderungen erster Ordnung

Die Lösungen zielen nur auf isolierte Teile des Gesamtsystems Organisation oder ein neu eingeführtes System berücksichtigt die wesentlichen Elemente des Systems (*Watzlawick* u.a. 1988, 51 ff.). In einem bürokratischen System könnten solche Veränderungen höhere Formalisierung und Standardisierung beinhalten oder es werden alternativ neue Systeme eingeführt. Ein z.B. neues Beurteilungssystem wird in das bürokratische System als Machtinstrument eingeführt, um zu belohnen oder zu bestrafen. Probleme wie mangelnde Motivation werden "systemimmanent" gelöst, z.B. durch ein differenziertes Belohnungssystem. Solche "Veränderungen" können Probleme verschärfen, wenn die eigentlichen Ursachen nicht erfasst werden. Die mangelnde Motivierung und das fehlende Engagement der Mitarbeiter nehmen trotz ausgeklügeltem Anreizsystem noch zu.

Argyris und *Schön* (1978) bezeichnen die mit den Veränderungen erster Ordnung verbundenen Lernprozesse als "single-loop learning". Veränderte Prozesse bewegen sich innerhalb der Zielsetzungen und der Unternehmenspolitik der Unternehmung.

Geplante Veränderungen erster Ordnung sind:

- Restrukturierung
  Teile der Organisationsstruktur und Organisationsabläufe werden verändert.
- Repositionierung
  Ziele und Verbindungen zur Umwelt werden verändert, Aktivitätsfelder oder Produkte werden gewechselt.

Erst bei einer grundlegenden Systemveränderung, die auch die normative Grundlage der Organisation betrifft, ist ein "double-loop learning" notwendig. Veränderungen 2. Ordnung betreffen alle Bestandteile einer Organisation.

Veränderungen zweiter Ordnung

Sie müssen dann durchgeführt werden, wenn die Probleme mit Korrekturen 1. Ordnung nicht gelöst werden und sich weiter verschärfen (s. *Watzlawick* u.a. (1988 99 ff.). Das gesamte System mit allen Teilen wird verändert: die Organisationsstruktur, Organisationsabläufe und damit auch die Informations-, Kommunikations- und Interaktionsprozesse. Die Veränderungen der Strukturen und Prozesse sind vor allem Resultat eines Wertwandels innerhalb des Unternehmens und eines Interpretationswandels in Bezug auf den Problemrahmen der Unternehmung.

Auch die Einführung bestimmter Systeme bedingt grundlegende Wandlungsprozesse. Sie funktionieren nur dann einwandfrei, wenn die normativen Grundlagen einer Organisation verändert werden. Ein Total-Quality-Konzept in einer bürokratischen Organisation kann nicht funktionieren. Das gesamte System muss verändert werden.

Veränderungen zweiter Ordnung sind:

- Revitalisierung
  Verändert wird insbesondere der normative Bereich in Verbindung mit Organisationsänderungen, z.B. Vergrößerung des Handlungs-, Entscheidungs- und Interaktionsspielraums mit einer Enthierarchiesierung (z.B. teilautonome Gruppen). Damit ändern sich die Führungsstile und Interaktionsformen.

- Rekreation
  Das Gefüge der Organisation wird grundlegend geändert. Wertvorstellungen, Weltbilder, Interpretationsformen erhalten eine andere Ausrichtung. Dies wäre der Fall, wenn von einer operativen zu einer innovativen Organisationsform gewechselt würde.

Bei diesen Veränderungen ist zu erwarten, dass die Widerstände am größten sind. Bei der Realisierung von Innovationsvorhaben wird das bisher Praktizierte in Frage gestellt. Keiner weiß genau wie das Ganze ausgehen wird. Befürchtungen bis hin zu Existenzängsten entstehen. Deshalb muss von vornherein mit Widerständen gerechnet werden. Implementierungen müssen diese Widerstandpotentiale berücksichtigen.

6.3 Veränderungsabläufe: Entwicklungsphasen und Krisen von Organisationen

Wachstumsmodelle

Jedes Unternehmen ist ein einmaliges soziales System mit einer spezifischen Umwelt, in der es agiert. Trotz dieser Einmaligkeit gibt es Modelle idealtypischer Unternehmensentwicklung und Krisenverlaufes. *Glasl* teilt die Entwicklung in 4 Phasen auf (nach *Goerke* 1981, 79 ff.):

- Gründerphase
- Differenzierungsphase
- Spannungsphase
- Integrationsphase

Greiner (1974) beschreibt in seinem Modell die Verbindung von Entwicklungsstadien in Form von Wachstumsstufen und durch Wachstum ausgelösten Krisen:

Phase 1: Wachstum durch Kreativität und Führungskrise

Phase 2: Wachstum durch Anleitung und Selbständigkeitskrise

Phase 3: Wachstum durch Delegation und Steuerungskrise

Phase 4: Wachstum durch Koordination und Bürokratiekrise

Phase 5: Wachstum durch Zusammenarbeit und ?-Krise

Krisen können recht unterschiedliche Ausgänge haben. *Rieckmann* (1983) schildert 4 mögliche Ausgänge: (1) Reifung, (2) Gesundschrumpfen, (3) Dahinvegetieren und (4) Konkurs. Aus den aufgeführten Modellen sollen drei Phasen mit ihren Krisen kurz skizziert werden (vgl. *Goerke* 1981), um für besondere Stadien und mögliche Krisen von Organisationen zu sensibilisieren:

1. Gründerphase

Ideen und Persönlichkeit des Pioniers gestalten und prägen die Organisation: Ziele, Sinn und Zweck der Organisation werden direkt im persönlichen Kontakt zum Pionier und zu den Kunden erlebt.

Persönliche Beziehungen und direkte Kommunikation dominieren. Die Führung ist meist autokratisch, charismatisch und vollauf akzeptiert. Die Organisation ist durch große Beweglichkeit gekennzeichnet; Improvisation und die Befriedigung von Sonderwünschen sind möglich.

Krisenerscheinungen

Mit dem organischen Wachsen des Unternehmens verliert man immer mehr die Übersicht. Die direkte Führung ist nicht mehr wirksam. Vieles ist so komplex, dass es nicht mehr von einem Einzelnen über den Daumen gepeilt oder aus direkter Erfahrung beurteilt werden kann. Die Entscheidungsfähigkeit und Wendigkeit der Organisation nimmt ab. Die Kommunikation ist zunehmend gestört.

Interventionen

Rieckmann (1983) bezeichnet diese Krise als Typ 2. Bei einer solchen Krise sind meist ganzheitliche Systemgestaltungs- und Entwicklungsmöglichkeiten anwendbar. Verfahren mit hoher Extensität und Interventionstiefe können in diesem Fall angewendet werden.

2. Differenzierungsphase

Die Organisation wird als ein geschlossenes System *verstanden*, das als solches steuerbar, beherrschbar und kontrollierbar ist. Es entsteht dann häufig eine bürokratische Organisation mit hoher Mechanisierung, Standardisierung und Spezialisierung. Eine entsprechende Koordinierung ist notwendig, damit sich die Abteilungen nicht verselbständigen. Der gesamte soziale Bereich ist ebenfalls durchorganisiert: Funktionsbeschreibungen, Leistungsnorm, standardisierte Prozeduren für Entscheidungen und Kommunikation, Beurteilungssysteme, Belohnungssysteme, Führungsleitlinien etc.

Krisenerscheinungen

Das System erstarrt. Beweglichkeit und Schlagkraft der Organisation nehmen ab. Abteilungsdenken herrscht vor. Sinn, Ziel und Zusammenhang des Ganzen sieht man in den Abteilungen nicht mehr. Man denkt positions- und statuszentriert, was Konkurrenzdenken zur Folge hat. Innerhalb und zwischen den Abteilungen verschärfen sich die Spannungen durch konkurrierende Verhaltensweisen. Die Arbeitsstelle fordert den Mitarbeiter nicht mehr. Er fühlt sich als Nummer und verhält sich entsprechend. Prämiensysteme sind in ihren Wirkungen begrenzt, um noch Motivation zu erzeugen.

Intervention

Rieckmann (1983) bezeichnet diese Krise als Typ 1. Er schlägt ein langsames und punktuelles Vorgehen auf Abteilungsebene vor. Auf der operativen Ebene können die Strukturen durch Lernstätten und Quality-Circles verändert werden. Hat das Management positive Erfahrungen gemacht, können die Interventionen ausgedehnt werden.

3. Integrationsphase

Hat ein Unternehmen diese Phase erreicht, so ist sie Zurzeit "optimal" an die Umwelt angepasst. Es handelt sich hier also um ein Ideal-Modell, das bei weiteren Umweltveränderungen in die Krise kommt. Wie diese aussehen wird, ist zu jedem konkreten Zeitpunkt unbekannt.

Die Organisation wird als "Durchlauf-System" verstanden: Güterströme, Bearbeitungsvorgänge, Abstimmungs- und Entscheidungsprozesse, Informationsketten etc. Prozessorientiertes Denken löst das funktionsorientierte Denken ab. Arbeitsprozesse und Beziehungen zwischen Menschen bzw. Abteilungen haben zentrale Bedeutung.

Dazu müssen Mitarbeiter über weite zeitliche und sachliche Horizonte verfügen. Die Mitarbeiter sind dann keine Ausführungsorgane mehr, sondern gestalten, planen und organisieren den Ablauf mit. Durch die Mitbeeinflussung entsteht Mitverantwortung. Beziehungen zwischen den Mitarbeitern müssen positiv und konstruktiv sein. Deshalb ist die Entwicklung der Kooperation die Kernaufgabe: Vertrauensbeziehungen müssen geschaffen, entwickelt und gepflegt werden. Sie bilden die Grundlage zur Entwicklung und Nutzung des vorhandenen geistigen Kapitals in der Organisation.

Die Gesamtorganisation weist einen hohen Dezentralisierungsgrad auf. Autonome Einheiten agieren als Profitcenter. Die Abteilungen innerhalb einer autonomen Einheit sind untereinander verbunden, sodass ein wirkungsvolles Kommunikationsnetz entsteht. Die Abteilungen selbst sind zum großen Teil als teilautonome Gruppen mit erweiterten Handlungs-, Entscheidungs- und Interaktionsspielräumen organisiert.

Leitmotiv: Wie kann man Situationen schaffen, in denen Menschen und Gruppen selbständig und intelligent im Sinne des größeren Ganzen handeln können ?

Intelligent handeln bedeutet, dass die Grundsätze und Prinzipien des eigenen Handelns bewusst sind. Die eigene Arbeit kann selbst geregelt, geplant, organisiert, ausgeführt und kontrolliert werden. Dies führt zu höherem Grad von Selbstorganisation und Selbständigkeit.

Ziele der Leistung und eigene Funktion müssen bekannt sein. Zusammenhänge mit anderen Funktionen bis zum Ganzen der Leistung müssen hergestellt werden können. Das Unternehmen muss ein dynamisches Gleichgewicht herstellen, z.B. zwischen Zielsetzung von oben und Selbstkontrolle im Vollzug der Arbeit, zwischen Planungszyklen und Elementen der Selbstorganisation.

Bedingungen für die erfolgreiche Gestaltung der Integrationsphase

- Bildung einer Konzeption, Zielsetzung und Policy an der Spitze: Führungsspitze entwickelt Konzeption und Gesamtziele der Organisation. Dazu ist das Denken in Entwicklungen, Qualitäten und Prozessen notwendig.
- Prozessgestaltung und Prozesssteuerung: Nach der Besinnung auf Ziele sollten die Prozesse neu durchdacht und ggf. umgestaltet werden. Die Mitarbeiter sollten dabei mitbeteiligt werden.
- Verflechtung von Teams: Abteilungen müssen miteinander verbunden sein, sodass ein wirkungsvolles Kommunikationsnetz entsteht.
- Gliederung in autonome Einheiten: Systemeinheiten sind deutlicher in Teileinheiten mit eigenem Aufgabenzusammenhang gegliedert und können dadurch größere Selbständigkeit erhalten.

Kriterien für die Bildung autonomer Einheiten müssen dabei beachtet werden:
1. abgrenzbarer Aufgabenzusammenhang
   a) ein eigenes Produkt / eine eigene Produktgruppe oder
   b) ein eigener Markt, auch wenn er mir verschiedenen Produkten und Dienstleistungen versorgt wird oder
   c) eine eigenständige Technologie, die bestimmtes Wissen, Können und eigene Prozesse bedingt
2. eigene Zielbildung für den Aufgabenbereich
3. Handlungs- und Entscheidungsfreiheit im operativen Bereich
4. Feedback durch koordinierende Leistungseinheit im System bzw. Feedback durch internen oder externen Kunden

Lebenszyklusmodelle
Ähnlich wie die Wachstumsmodelle nimmt man bei den Lebenszyklustheorien an, dass eine endogene Entwicklungslogik die Zyklen bestimmt. Wie bei einem Individuum werden dann die Grobphasen Geburt, Wachstum, Reife und Degeneration bis zum Tod zwingend durchlaufen. Allerdings sollte man auch, analog zum Individuum, exogene Faktoren annehmen, die das Leben verlängern oder verkürzen. Je nach Phase verändern sich in typischer Weise:

Politisch-strategische Handlungsorientierung (*Gray* und *Ariss* 1985),

Effizienzorientierung (*Quinn* und *Cameron* 1983),

Machtkonfigurationen (*Mintzberg* 1984),

Strukturen und Rollenverhaltensweisen (*Adizes* 1979).

Lebenszyklusphasen (nach *Quinn* und *Cameron* 1983).

1. Unternehmerische Phase = Pionierphase (Kindheit).

2. Kollektivitätsphase (Jugendphase). Starke Expansion der Organisation führt zu einem Orientierungsbedarf hinsichtlich Leitvorstellungen. Ideologisierung und Mitarbeiterorientierung kennzeichnen die Vorgänge in der Unternehmung.

3. Formalisierungsphase (Reife). Stabilisierung des Systems erfolgt durch Ausbau der Planungs-, Informations- und Kontrollsysteme.

4. Anbau- und Umbauphase (Erwachsenenalter). Das System verfestigt sich immer mehr zu einer bürokratischen Form. Verschleißerscheinungen treten auf, denen durch weiteres Durchorganisieren und Schaffung von Anreizsystemen begegnet wird. Formale Regeln und standardisierte Verfahren kennzeichnen die Abläufe.

5. Degenerationsphase (Alter). Beharren auf Kontinuität und Einsicht in Veränderungsnotwendigkeiten kommen in Konflikt. Je nach Ausgang des grundlegenden Widerspruchs kommt es zur Regeneration oder zum Konkurs.

Selektionsmodelle

Organisationsform und Umwelt stehen in einen unmittelbaren Zusammenhang. Diejenige Organisation überlebt, die am besten auf die Umweltverhältnisse eingestellt ist. Mangelnde Flexibilität einiger und Anpassungsfähigkeit anderer Organisationen sind die Voraussetzungen bei diesen Modellen. Die Organisationen werden durch die Umwelt selektiert.

Adaptionsmodelle

Auch in diesen Modellen ist das Umwelt-Organisationsverhältnis von entscheidender Bedeutung. Allerdings ist die Rolle der Organisation mehr oder weniger passiv.

Bei aktiver Sichtweise ist die Organisation prinzipiell in der Lage, eigenständig Gleichgewichtsverhältnisse herzustellen. Die Organisation wird als offenes System gesehen, das durch einen kybernetischen Prozess mit der Umwelt in Verbindung steht: Input-Throughput-Output. Die Organisation muss allerdings über transformative Kapazitäten verfügen, um Veränderungen in der Umwelt durch Veränderungen in der Organisation aufzufangen ("fitness-Problematik"). Effektives Gleichgewicht mit der Umwelt (externer Fit) ist zu verbinden mit effizienter Angleichung innerhalb der Organisation (interner Fit). Die strategischen Wahlmöglichkeiten des Managements sind die Einflussgrößen auf die Organisation, die die Umweltbedingungen interpretieren und Handlungs- wie Veränderungsalternativen eröffnen.

Aktive Veränderungen können nur erfolgen, wenn strategische und problemlösende Denk- bzw. Lernstrategien vom Management eingesetzt und gefördert werden und alle Mitglieder die Veränderungen mitgestalten und vollziehen. In diesem Fall kann man von einem kognitiven Organisationslernen sprechen. Das Lernen soll dann zu einem Wandel 2. Ordnung führen. Üblicherweise wird den Mitgliedern einer Organisation solches Lernen zeitlich abrupt abverlangt oder aufgezwungen. Beides verstärkt Widerstände. Deshalb beinhalten neue Ansätze ein stetiges von den

Mitarbeitern gestaltetes Lernen. Wandel wird dann zu einem selbstverständlichen Bestandteil der Organisation; man spricht von lernenden Organisationen (*Perich* 1992; *Sattelberger* 1991).

Teambildung als zentrales Moment von allen Entwicklungs- oder Lebenszyklusphasen

Grundsatzfragen müssen in den Arbeitsgruppen diskutiert werden können. Führung muss mit Gegensätzen und Differenzen konstruktiv umgehen können. Emotionale Prozesse müssen ebenfalls reflektiert werden.

Arbeitsplatzveränderung

Eine Veränderung der Aufgabenverteilung in einer Gruppe mit Funktionsanreicherung und mehr Verantwortung sollte mit steigender Integration realisiert werden. Eine Erweiterung sollte bezüglich des Handlungs-, Verantwortungs- und Interaktionsspielraums angestrebt werden. Planung, Selbstkontrolle, Auffangen von Störungen, Korrigieren von Prozessen, Regeln der Informationen, gegenseitige Instruktion und Verbessern der Arbeitsleistung werden ziel- und aufgabenbezogen selbst geleistet. Höhere Führungsstellen werden dadurch entlastet und für umfassendere Aufgaben frei.

Entflechtung von Lohn und Leistung. Motivation durch Leistungslöhne ist fragwürdig. Geld trennt Menschen voneinander. Der Weg vom Akkord über Prämienentlohnung zu fester Wochen-/Monatsentlohnung sollte beschritten werden. Auch die Entlohnung von Angestellten und Arbeitern ist zu integrieren.

6.4 Veränderungsbereiche einer Organisation

Wenn man von Wandel spricht, ist es ebenso wichtig zu wissen, was alles verändert werden kann. Daraus ergeben sich auch die Orientierungen für Analysen und Interventionen bei einer Organisation. Gegenstand von Veränderungen können verschiedene Einheiten einer Organisation sein. Ebenso können unterschiedliche Aspekte einer Organisation Gegenstand von Beeinflussungen sein, z.B. der normative Aspekt genauer die Unternehmenskultur oder die Organisationsstruktur.

Mikroorganisationale Einheiten

Gegenstand für eine Analyse wie Intervention sind Mitglieder und Abteilungen in einer Organisation. Auf Individuen bezogen lassen sich Veränderungen für die Organisation durch Weiterbildung, Versetzungen, Einstellungen und Entlassungen erzielen. Systematisch wird dies in der Personalentwicklung betrieben. Es sind schließlich Menschen, die die Prozesse in einer Organisation gestalten.

Aber auch organisatorische Veränderungen, die sich auf die Arbeit und Verantwortlichkeit beziehen, können Spielräume für vorhandene Fähigkeiten und Fertigkeiten schaffen. Die geistigen und motivationalen individuellen Möglichkeiten werden besser ausgeschöpft. Organisationsstrukturen beeinflussen menschliches Verhalten. Interaktionen in einer Abteilung können ebenfalls Veränderungsgegenstand sein. Das Klima in einer Abteilung wirkt sich ebenfalls auf Leistungen aus.

Makroorganisationale Einheit

Die gesamte Organisation wird als Einheit betrachtet. Dies kann unter verschiedenen Aspekten geschehen, die durch unterschiedliche Modelle mehr oder weniger differenziert dargestellt werden.

7S-Modell der Beratungsfirma *Mc Kinsey* (*Peters* und *Waterman* 1986, 32)

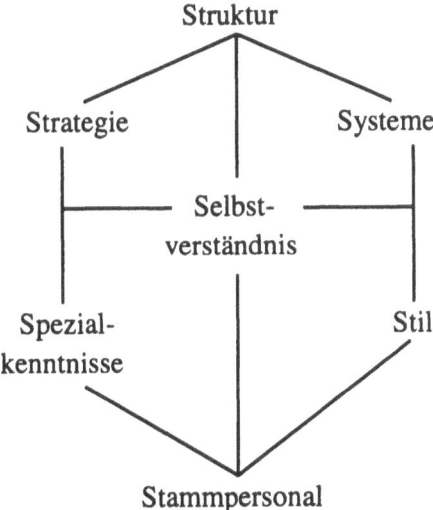

Kritik

Das McKinsey-Modell enthält neben Struktur- und Systemvariablen auch so genannte "weiche Faktoren", die sich auf die Verhaltensweisen der Mitarbeiter beziehen. Selbstverständnis und Strategie erfassen die Beziehung einer Organisation zu ihrer Umwelt. Im Modell werden zwei Zielebenen berücksichtigt:
- Effektivität: die wirkungsvolle Ausrichtung des Unternehmens auf Märkte und Kunden,
- Effizienz: eine möglichst ökonomische Form der Leistungserbringung.
Allerdings können aus dem 7S-Modell keine Bezüge zwischen Zielbereich und Ebene der Intervention oder Zusammenhänge zwischen der Intensität von Intervention und Zielerreichungsgraden abgeleitet werden. Das Modell arbeitet überwiegend mit Plausibilitäten.

Interventionsvariablen nach *Leavitt* (1965)

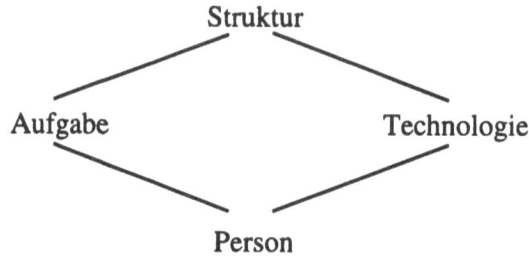

Kritik

Das Modell ist begrenzt auf vier Variablen, die für die Veränderungen 1. Ordnung gelten. Zentrale Variablen, die das System Organisation fundieren, fehlen hier. Wandel 2. Ordnung ist nicht erklärbar.

Organisation im St. Galler Managementkonzept (*Gomez* und *Zimmerma*NN 1992)

Im folgenden Modell wird die normative Grundlage einer Organisation betont. Dieser Kern wird insbesondere dann berührt, wenn Veränderungen 2. Ordnung anstehen. Der normative Kernbereich einer Organisation wird auf der nächsten Ebene systematisch entfaltet und auf die anderen Aspekte einer Organisation ganzheitlich bezogen.

Normative Dimension:
Unternehmensverfassung   Unternehmenspolitik Unternehmenskultur

Strategische Dimension:
Organisationsstrukturen   Programme   Problemverhalten   Managementsysteme

Operative Dimension:
Organisatorische Prozesse Aufträge   Führungsverhalten   Dispositions-
systeme

Normative Dimension

Entwicklungs- und Lebensfähigkeit einer Organisation werden durch grundlegende Ziele, Prinzipien, Normen und Spielregeln beeinflusst, die sich zwischen Opportunität (Erhalt) und Verpflichtung (Entwicklung) bewegen können.

Die normative Dimension lässt sich näher bestimmen durch:

- die Unternehmensverfassung, die sich auf den formalen Rahmen der Organisation bezieht,

- die Unternehmenskultur, die Werte, Normen und soziale Traditionen umfasst,
- die Unternehmenspolitik, die den Kurs des Unternehmens bestimmt.

Strategische Dimension

Das Aufbauen, Pflegen und Nutzen von Erfolgspotentialen definiert diese Dimension. Auch hier kann die Ausprägung zwischen Stabilisierung und Veränderung liegen. Näher bestimmt wird diese Dimension durch:

- die strategischen Programme, die die normative Dimension konkretisieren und das Entwickeln von Erfolgspotentialen ermöglichen sollen.
- die Organisationsstrukturen, die den strukturellen Rahmen für die strategischen Programme und das Mitarbeiterverhalten festlegen.
- die Managementsysteme, die die Struktur mit Systemen zur Diagnose, Planung und Kontrolle ergänzen und den internen und externen Informationsfluss steuern. Sie sollen das Umsetzen von Konzepten ermöglichen und den operativen Vollzug unterstützen.
- das Problemlösungsverhalten, das die Fähigkeit der Organisation konzeptionelle und problemlösende Prozesse durchzuführen beschreibt.

Operative Dimension

In Prozessen werden die gelebten Normen und die "wirklichen" Strukturen und Programme sichtbar. Absichten und Vorgaben müssen nicht unbedingt mit den Handlungen übereinstimmen.

Kritik:

Das Modell erfasst differenzierter die verschiedenen Dimensionen, die bei einer umfassenden Veränderung berührt werden. Insbesondere berücksichtigt das Modell die normative Dimension, wenn auch nur in einer abstrakten Weise. Jeder Bereich in nur einer Dimension ist bereits ein komplexes Gebilde. Dies soll am Beispiel strategische Dimension: Organisationsstruktur skizziert werden. Das St. Galler Managementkonzept betrachtet idealtypische Ausformungen der Dimensionen, die in Organisationsprofil 1 und 2 näher dargestellt werden können. Mit Hilfe dieser Profile kann der Ist-Zustand einer bestehenden Struktur gekennzeichnet werden. Es ist aber ebenso möglich eine Sollstruktur mit Hilfe der Profile zu entwerfen.

Organisationsprofil 1

Das Profil kennzeichnet operative Unternehmen, die insbesondere auf die Stabilität von Abwicklungen ausgerichtet sind. Eine hohe Effizienz wird angestrebt. An innovativen Projekten ist das Linienmanagement nicht sonderlich interessiert. Innovationen würden die bestehenden Abläufe und Denkweisen erheblich stören. Widerstände gegen Veränderungen sind deshalb in solchen Organisationen hoch. Kennzeichnend sind (vgl. *Riekhof* 1987, 15):

- geplante Kommunikationswege und geregelter Zugang zu Informationen,
- hoher Grad an Arbeitsteilung und Routine,

- Stabilität und Standardisierung der Arbeitsabläufe,
- Leistungsmessung und Kontrolle,
- Kostenmanagement und strenge Budgetierung,
- Fehlerlokalisierung mit dem Ziel, den Verantwortlichen zur Rechenschaft zu ziehen,
- Widersprüche und Konflikte werden als Problem aufgefasst,
- Konkurrenzverhalten am Arbeitsplatz.

Gomez und *Zimmermann* ordnen diese Merkmale vier idealtypischen Ausprägungen zu:

Technostruktur mit den Dimensionen Sachorientierung und Formalisierung,
Paläste mit den Dimensionen Effizienz und Dauer,
Hierarchien mit den Dimensionen monolithische Organisation und steile Konfiguration,
Fremdorganisation mit den Dimensionen Fremdgestaltung und exogene Orientierung.

Organisationsprofil 2

Das Profil kennzeichnet innovative Organisationen. Die strukturellen Regelungen sind so ausgelegt, dass kreative Prozesse möglichst ungestört und produktiv ablaufen können. Veränderungen sind normal und stetig, folglich ergeben sich kaum Widerstände. Konflikte und Widersprüche sind die Basis von Veränderungen und werden konstruktiv genutzt. Kennzeichnend sind (vgl. *Riekhof* 1987, 15):

- freier Zugang zu allen Informationen,
- Teamstrukturen und Zusammenarbeit,
- Originalität und Denken in Zusammenhängen,
- Transparenz, Autonomie und Risikofreude,
- Flexibilität, viele Alternativen und Vorurteilslosigkeit,
- Engagement und Identifikation,
- materielle Freiräume, großzügige Budgets,
- Fehlerlokalisierung dient der Erkenntnisgewinnung,
- Wechselhaftigkeit der Beziehungen.

Das Organisationsprofil wird von *Gomez* und *Zimmermann* (1992) idealtypisch wie folgt beschrieben:

Soziostruktur mit den Dimensionen Personen- und Symbolorientierung,
Zelte mit den Dimensionen Effektivität und Zeit,
Netze mit den Dimensionen polyzentrische Organisation und flache Konfiguration,

Selbstorganisation mit den Dimensionen Eigengestaltung und endogene Orientierung.

Supraorganisationale Einheit

Die Betrachtungsweise geht über die einzelne Organisation hinaus und betrachtet Umweltausschnitte, in die die Organisation eingebunden ist. Interorganisationale Netzwerke (*Sydow* 1992) umfassen Organisationen, die kooperativ, konkurrierend oder regional aufeinander bezogen sind. Wandel bezieht sich bei dieser Sichtweise auf die Gestaltung der Austauschbeziehungen, z.B. durch Aufbau von strategischen Allianzen.

Betrachtet man Populationen von Organisationen, so vergleicht man Organisationsprofile und diskutiert ihre Überlebenschancen. Das Entstehen und Vergehen von Organisationspopulationen erfasst die Ebene der Gemeinschaften. Dies lässt sich z.B. auf bestimmte Branchen beziehen, die auch einem Lebenszyklus von Entstehen, Wachsen und Vergehen zu folgen scheinen (Kohle-, Stahl-, Textilindustrie).

Für eine aktive Gestaltung von Wandlungsprozessen ergeben sich folgende Bereiche:

a) verschiedene Systemausschnitte als Interventionsebene (Individuum, Gruppe oder Abteilung, Organisation, andere Organisationen, Umweltsysteme)

b) verschiedene Zielebenen als Interventionsgegenstand (normative, strategische, operative Dimension).

6.5 Widerstände gegen Veränderungen

Als Ursachen allgemeiner Art und in Bezug auf die beteiligten Personen (einschließlich externer Berater) beim Scheitern von Projekten wurden in einer Befragung angeben:

Allgemeine Ursachen für Widerstände

– erklärter Widerstand der Betroffenen	45%
– mangelndes Anpassungsvermögen der Betroffenen	43%
– Beeinträchtigung bestehender Positionen	34%
– mangelnde Anpassungsmöglichkeiten in den Funktionsbereichen	34%
– ungenau formulierte Ziele	30%
– unzureichende neue Konzeption	30%
– "ungeprüfte " Übernahme von Konzeptionen durchgeführter Reorganisationen in anderen Unternehmen	19%
– "ungeprüfte" Übernahme von Konzeptionen bereits durchgeführter Teilreorganisationen im eigenen Unternehmen	12%

Ursachen für Widerstände in Bezug auf beteiligte Personen

– zu starke Beteiligung externer Berater	18%
– zu geringe Beteiligung externer Berater	18%
– zu geringe Beteiligung interner Spezialisten	31%
– zu starke Beteiligung interner Spezialisten	7%
– unzureichende Ausbildung bzw. Kenntnisse der für die Reorganisation	28%
– Einsatz ungeeigneter Methoden, Verfahren	26%
– Unzureichende Macht der Aktoren bzw. mangelndes Durchsetzungsvermögen der eingesetzten Personen	43%
– Falsch gewählter Zeitpunkt	33%
– Unzureichende Informationsversorgung	15%
– strukturelle, organisatorische Gründe	28%
– Zu knapp vorgegebene Zeit	24%
– Untragbare finanzielle Belastungen	22%

Übersicht: Gründe für den Abbruch von Reorganisationsprozessen (in Anlehnung an *Knopf*, *Esser* und *Kirsch* 1976, 78)

Hauptsächlich die Betroffenen bringen Projekte zum Scheitern. An zweiter Stelle stehen die Projektmitglieder selbst durch konzeptionelle Fehler und falschen Einsatz von internen und externen Beratern und Spezialisten bei der Projektbearbeitung. An dritter Stelle sind es organisatorische Mängel. Die Gründe für das Scheitern von Projekten weisen auf verschiedene Ursachenbereiche hin: Mitarbeiter, organisationelle Einbindung der Projektgruppe in die Machtstruktur, Besetzung der Projektgruppe mit Fachleuten und Beherrschung von relevanten Methoden.

Formen des Widerstandes

Nur selten werden Bedenken und Meinungen offen und direkt zu Veränderungen geäußert, deshalb einige Beispiele für indirekte Formen der "Bewältigung" aus der Praxis:

Kündigungen

Fünf Schreibkräfte kündigten kurz hintereinander und gaben auf Befragung an, dass sie mit der Vorgesetzten Schwierigkeiten hätten. Das Ereignis "Kündigungen" stand jedoch im unmittelbaren Zusammenhang mit der Anschaffung neuer Schreibgeräte. Gezielt darauf befragt, gaben alle Mitarbeiterinnen an, gegen die Anschaffung dieser Geräte gewesen zu sein.

Krankheit

Nach einer umfangreichen Reorganisation ohne Beteiligung der Mitarbeiter wurden sehr viele Positionen im Management verändert. Es kam zu Rückstufungen, Versetzungen und Kündigungen. Kündigungen wurden mit Outplacementberatungen begleitet. Ein Manager mit veränderter Position berichtete, dass er eine schwere Nierenerkrankung bekam, die sich somatisch nicht erklären ließ.

Demotivation

In einem Unternehmen finden zwei Organisationsberatungen statt. Die Ergebnisse werden den Hauptabteilungsleitern jeweils nur mitgeteilt. Die Hauptabteilungsleiter äußern in privaten Gesprächen, dass sie nur noch wenig Interesse haben, sich für die Belange der Firma einzusetzen und bei Veränderungen der Organisation mitzuarbeiten.

Mangelnde Mitarbeit

An einem neu eingeführten DV-System mit entsprechender Software wird ständig herumgemäkelt und diskutiert, was es alles nicht kann. Die Arbeit mit dem Standardsystem verzögert sich immer mehr.

Indirekte Sabotage

Ein altes Beurteilungssystem wird von der Personalabteilung verändert, weil es oft Kritik daran gab. Die Handhabung des veränderten Systems ist ausführlich schriftlich erläutert worden. Die ausgefüllten Bögen laufen nur zögernd und auch nur nach Mahnungen zurück. Viele Beurteilungen sind offensichtlich nicht korrekt bearbeitet worden.

Sachbezogene Widerstände

Bei sachbezogenen Widerständen sind die Störungen für das Management nicht sichtbar oder werden als gering angesehen. Manager haben nur bereichsspezifische Erfahrungen und überblicken nicht den gesamten Prozess. Komplexe Probleme können nicht erfasst und gelöst werden. Zuständigkeiten für die Lösung von Störungen sind nicht klar geregelt. Man beschäftigt sich mit Schuldverschiebungen.

Persönliche Widerstände

Das Management erkennt die Notwendigkeit einer Veränderung, sträubt sich aber sie anzugehen. Unzulänglichkeiten werden eher ertragen als abgestellt. Manager beschäftigen sich nur mit ihrem eigenen Bereich, und dort ist bekanntlich "alles in Ordnung". Deshalb ist es auch nicht üblich, den Ist-Zustand der Organisationen ständig zu beurteilen oder die Einführungen von neuen Systemen zu kontrollieren.

Man beschäftigt sich eher mit dem Machterhalt und der Ausdehnung von Macht. Störungen sucht man im Nachbarbereich. Veränderungen können Status, Prestige, manchmal sogar den Arbeitsplatz gefährden. Eigene Kompetenz könnte in Frage gestellt werden. Rivalitäten und Machtkämpfe verhindern problemorientierte Auseinandersetzungen. Es besteht eine latente Angst vor Veränderungen. Allerdings sind die Befürchtungen bei den Beteiligten unterschiedlich ausgeprägt.

Widerstand bezogen auf die Träger des Veränderungsprozesses

Die Unterteilung in Gruppen erfolgt nach funktionalen Gesichtspunkten. Dies erscheint sinnvoll, da die einzelnen Gruppen aufgrund ihrer Position in der Unternehmung sehr unterschiedliche Ziele verfolgen und in verschiedener Weise von den Veränderungen berührt werden. Die Gruppen die betrachtet werden sind: (1) Top Management, (2) Mittleres Management (3) Unteres Management, (4) Mitarbeiter, (5) Betriebsrat und Gewerkschaften.

Widerstände im Top Management:

Die Führungskräfte des Top Managements sind als aktiv Innovierende dafür verantwortlich, dass die organisatorischen Innovationen in Gang gesetzt werden. Sie treffen in der Regel die Entscheidung, ob eine strukturelle Veränderung in der Organisation vorgenommen werden soll und wie diese Veränderung auszusehen hat. Sie tragen die Verantwortung für Erfolg oder Misserfolg der gesamten Unternehmung. Sie sind aber auch diejenigen, die die Notwendigkeit der Veränderung als Erste erkennen müssten, denn ohne Sie wird die organisatorische Innovation erst gar nicht in Gang gesetzt. Daher sind die Widerstände in dieser Gruppe auch anders zu bewerten als die der übrigen Gruppen, die häufig nur passiv in den Innovationsprozess involviert sind. Der Widerstand des Top Managements besteht darin, dass die organisatorische Innovation nicht oder nur halbherzig durchgeführt wird. Die Widerstände des Top Managements sind als solche kaum erkennbar, denn fehlt bei Ihnen die Bereitschaft zur Veränderung, so wird diese einfach nicht vollzogen. Erst wenn die Unternehmung sich in der Krise befindet oder wenn es zu personellen Veränderungen in der Führungsspitze kommt wird der Widerstand als Fehler der Unternehmensführung erkennbar.

Widerstände im mittleren Management:

Bei der Durchführung von Reorganisationsprozessen (z.B. Dezentralisierung von Entscheidungen durch Einführung von Gruppenarbeit) in den unteren Hierarchieebenen ist man besonders auf die Mitarbeit des mittleren Management angewiesen. Es bildet die Schnittstelle zwischen den Initiatoren der Reorganisation und den Bereichen die neu organisiert werden sollen. Außerdem besitzt nur das mittlere Management das technische und organisatorische Know-how, das zur Durchführung der Reorganisation notwendig ist (*Brünnecke* 1992, 16).

Die Widerstände, die von dieser Gruppe ausgehen, können sowohl passiver als auch aktiver Art sein. Aktiver Widerstand, d.h. direkte Aktionen gegen die geplanten Schritte der Initiatoren, entsteht meist dann, wenn es innerhalb des mittleren Management zu Koalitionsbildungen gegen die Neuerungen kommt oder wenn schon Koalitionen bestehen, die einer Änderung des Status quo negativ gegenüber stehen. Diese Form des Widerstandes ist für die Beteiligten sofort erkennbar. Anders ist dies bei passivem Widerstand: eine solche Form des Widerstandes zielt darauf ab, das Projekt zum Scheitern zu bringen, ohne sich aber direkt gegen dieses stellen zu müssen. Der passive Widerstand kann daher in seinen Ausprägungen wesentlich vielschichtiger sein als der aktive. So haben die Abteilungen des mittleren Management aufgrund ihrer Stellung in den klassischen Hierarchien die Möglichkeit, den Kommunikationsfluss von "oben nach unten" und von "unten nach oben" gemäß ihrer eigenen Zielsetzungen zu manipulieren. Praktisch äußert sich dies z.B. derart, dass Instruktionen der Geschäftsleitung an die betreffenden Stellen nicht oder aber mit zeitlicher Verzögerung weitergeleitet werden. Ebenso werden Anfragen der Geschäftsleitung nur sehr schleppend bearbeitet. Notwendige Informationen, die vorhanden sind, werden nicht herausgegeben. Die von der Reorganisation direkt betroffenen Bereiche werden bewusst nur mit unzureichenden Informationen versorgt, die auftretenden Probleme werden nicht bearbeitet oder sogar als lächerlich dargestellt. Während des organisatorischen Umstrukturierungsprozesses wird versucht, die betroffenen Mitarbeiter durch zusätzliche Arbeit zu überfordern. Gegenüber der Geschäftsleitung wird deren Qualifikation in Frage gestellt (*Fricke* 1981, 115 ff.). Die Stabsstellen stellen das von ihnen benötigte Fachwissen nicht zur Verfügung, z.B. kann die EDV-Abteilung ihr Expertenwissen, das zur Einführung einer neuen Computertechnik notwendig ist, zurückhalten.

Widerstände im unteren Management:

Im unteren Management kommt dem Industriemeister besondere Bedeutung zu. Er nimmt die Vermittlerposition zwischen Verwaltungsbereich und Produktionsbereich ein und steht damit an einer sehr wichtigen aber auch empfindlichen Stelle innerhalb der Organisation. Bei der Einführung von Gruppenarbeitsplätzen im Produktionsbereich ist man besonders auf die Mitarbeit der Meister angewiesen, von denen oft Widerstände ausgehen, die zu erheblichen Problemen bei der Implementierung der neuen Verfahren führen. Ihr Widerstand äußert sich überwiegend passiv. So ist zu beobachten, dass die "(...)Entscheidungen des höheren und mittleren Management meist kritiklos hingenommen, dann aber unterlaufen" werden. (*Bargmann* 1984, 46) Passive Widerstände äußerten sich z.B. derart, dass Entscheidungen der übergeordneten Hierarchiestufen nur zögernd oder aber nach eigenen Wünschen modifiziert umgesetzt werden, Stellungnahmen zu Problemen hinausgezögert oder ganz vermieden werden. Aktiver verhalten sich die Meister, wenn es darum geht, neu entstehende Arbeitsformen, wie Gruppenarbeit und die damit intendierten Effekte, wie höhere Autonomie und Verantwortung der Arbeiter, zu neutralisieren. So werden bei Gruppenarbeit die Produktionsarbeiter nicht für die Gruppensitzungen freigestellt, weil Sie angeblich gerade besonders benötigt werden. Weiterhin werden teilweise Arbeiter aus den Gruppen herausgerissen und an andere Stellen ausgeliehen (*Fricke* 1981, 112 ff.). Ein weiterer Versuch die Arbeitsgruppen zu zerstören liegt darin, die Arbeit der in den Gruppen beschäftigten Arbeiter lächerlich zu machen. Vielfach werden sogar Sanktionen gegen die Mitarbeiter ausgesprochen, die sich zu stark in der Gruppenarbeit engagieren. Solche Formen "illegaler Machtausübung" (*Bargmann* 1984, 51) führen bei den Arbeitern zu Resignation und Ablehnung der Gruppenarbeit.

Widerstände bei Mitarbeitern:

Die Mitarbeiter befinden sich in der Hierarchie einer Unternehmung auf der untersten Ebene. Da die organisatorischen Innovationen in den meisten Fällen voll auf der untersten Hierarchiestufe umgesetzt werden, ist die Gruppe der Mitarbeiter als Erste betroffen, aber leider selten aktiv inhaltlich beteiligt. Obwohl die diese

Gruppe betreffenden Veränderungen im Ergebnis oft positiv beurteilt werden können, ergeben sich auch hier Widerstände verschiedenster Art. Aktiver Widerstand äußert sich in Streiks, in Kündigungen oder einem Antrag auf Wechsel der Arbeitsstelle. In Extremfällen kann der aktive Widerstand sogar in Sabotageakten gegen die Unternehmung liegen. Der passive Widerstand wird dadurch ausgedrückt, dass man zwar seine Arbeit erledigt aber keinen positiven Beitrag zur Verwirklichung eines Veränderungsprojektes leistet. In seiner schwächsten Ausprägung führt der Widerstand zu einer Art resignativer Anpassung, wobei aber die eigenen Qualifikationen nicht in vollem Maße eingebracht werden. Eine weitere Form ist das häufige Fernbleiben vom Arbeitsplatz wegen Krankheit.

Auch innerhalb einzelner Gruppen kann es zu Widerständen kommen, wenn z.B. die Gruppenmitglieder nicht bereit oder in der Lage sind miteinander zu arbeiten. Dies zeigt sich dann in einer von Konflikten geprägten Atmosphäre innerhalb der Gruppen.

Widerstände bei Betriebsrat und Gewerkschaften:

Der Betriebsrat als Interessenvertretung der Arbeitnehmer innerhalb der Unternehmung steht häufig allen Veränderungen, die in irgendeiner Weise die Belange der Arbeitnehmer berühren, skeptisch gegenüber. Bei der Durchführung von Reorganisationen wird er sein Augenmerk besonders auf Veränderungen der Arbeitsbedingungen und Arbeitsanforderungen für die Beschäftigten, zu erwartende Personalfreisetzungen, Veränderung der Entlohnungsformen bzw. Veränderungen der Leistungsabgeltung und Änderungen der Arbeitszeitgestaltung richten. Dabei ist zu beachten, dass der Betriebsrat in Deutschland nach § 90 BetrVG das Recht besitzt, über solche Veränderungen unterrichtet zu werden. In diesen Bereichen besitzt der Betriebsrat weiterhin zahlreiche Mitbestimmungsrechte (z.B. § 87, § 88, § 95 BetrVG), die es ihm ermöglichen, sich gegen die geplanten Veränderungen zu stellen. Der Widerstand äußert sich dann darin, dass keine Einigung mit den Arbeitgebern zustande kommt, was letztlich bis zum Scheitern der Reorganisation führen kann. Neben den rechtlichen Möglichkeiten kann der Betriebsrat durch eine offensichtlich ablehnende Haltung das Betriebsklima entsprechend negativ beeinflussen.

Die Gewerkschaften sind gemäß ihrer Stellung nicht in der Lage, in einzelbetriebliche Bereiche direkt einzugreifen. Der Trend zu einzelbetrieblichen Tarifverträgen verstärkt diese relative Ohnmacht der Gewerkschaften noch. Allerdings bestimmen Gewerkschaften durch ihre Einstellung zu gesellschaftlichen Veränderungen und ihre Empfehlungen an Betriebsräte in starkem Maße deren Politik und wirken damit indirekt auch auf einzelbetriebliche Veränderungen (*Birke* 1988, 536). Über die Teilnahme an Tarifverhandlungen im Rahmen der Tarifautonomie setzen Gewerkschaften die Gehaltsentwicklung und damit eine der wesentlichen Rahmenbedingungen für Unternehmen mit fest.

7. Skript - Gruppenprozesse gestalten

7.1 Führungssituationen und Soll-Qualifikationen

(vgl. *Berthel/Langosch* 1989)

Man unterscheidet vier typische Führungssituationen:

(1) Die optimale Erfüllung der Aufgaben in der Abteilung sichern.

(2) Probleme in der Abteilung lösen, Verbesserungen in der Abteilung erzielen.

(3) Innovative Konzepte erarbeiten und realisieren.

(4) Die Abteilung, das Unternehmen nach außen darstellen.

Zur Bewältigung von Führungsaufgaben werden Generalisten-Qualifikationen benötigt. Erkennbar repräsentieren alle vier Situationen "echte" Führungsaufgaben, sie haben nichts mit der Erledigung fachlicher Routinearbeit zu tun. Ihre Bewältigung erfordert also keine fachlichen Spezialfähigkeiten, sondern sog. Generalisten-Qualifikationen. Auf diesen Umstand sind die unten näher beschriebenen Sollqualifikationen zugeschnitten.

Im Folgenden werden die einzelnen Führungssituationen kurz mit den erforderlichen Sollqualifikationen, den wichtigsten diesen zugehörigen Verhaltensweisen und den für diese Situationen jeweils spezifischen Kommunikationsformen beschrieben.

Situationsunabhängige Generalissime-Qualifikationen

Es gibt zwei "Generalissime"-Qualifikationen, die für erfolgreiche Führung - unabhängig von bestimmten Situationen - stets erforderlich sind. Sie sind deshalb vorweg gesondert aufzuführen: Ambiguitätstoleranz sowie Lernfähigkeit und -bereitschaft. Ihre Notwendigkeit ist unbestritten.

Beobachtbare Verhaltensweisen sind für

Ambiguitätstoleranz

- erkennt, akzeptiert Unklarheiten und Unsicherheiten von Zielen und Problemen,
- versucht Informationsstand zu verbessern,
- diskutiert, verändert eigene Lösungen.

Lernfähigkeit und -bereitschaft

- erkennt Defizite,
- korrigiert falsche Annahmen, Wahrnehmungen,
- nützt Wissen anderer, setzt es um,
- überführt analysierte Sachverhalte in Handlungen.

7.1.1 Die optimale Erfüllung der Aufgaben in der Abteilung sichern

Die Anforderung bezieht sich auf die täglich anfallende Arbeit. Effektive und effiziente Bearbeitung der Aufgaben ist auf einem festgelegten Niveau zu sichern. Die Einhaltung qualitativer und quantitativer Standards ist zu gewährleisten. Es ist dabei gleichgültig, ob externe oder interne Kunden mit Produkten, Planungen oder Dienstleistungen "beliefert" werden. Die Zufriedenheit der "Kunden" ist ausschlaggebend, auch wenn ein solches Kriterium manchmal schwer konkret zu beschreiben und in Daten zu fassen ist. Ein Maßstab kann sich zudem in der Zeit verändern.

Die Kontrolle der erbrachten Abteilungsergebnisse und Anpassung an geforderte Normen ist für diese Führungssituation wichtig. Die Aufgabenerfüllung ist zu sichern, Störungen bei der Lieferung von Materialien und Daten sind zu beseitigen. Gesteuert wird das Ganze durch organisatorische Vorgaben und die konkretisierten, abgeleiteten Standards für die Abteilung. Die Führungskraft verfolgt die Ergebnisse des Verarbeitungsprozesses durch die Mitarbeiter. Sie greift ein, wenn sich Abweichungen ergeben. Dieser Regelungskreis soll in einem kybernetischen Modell dargestellt werden:

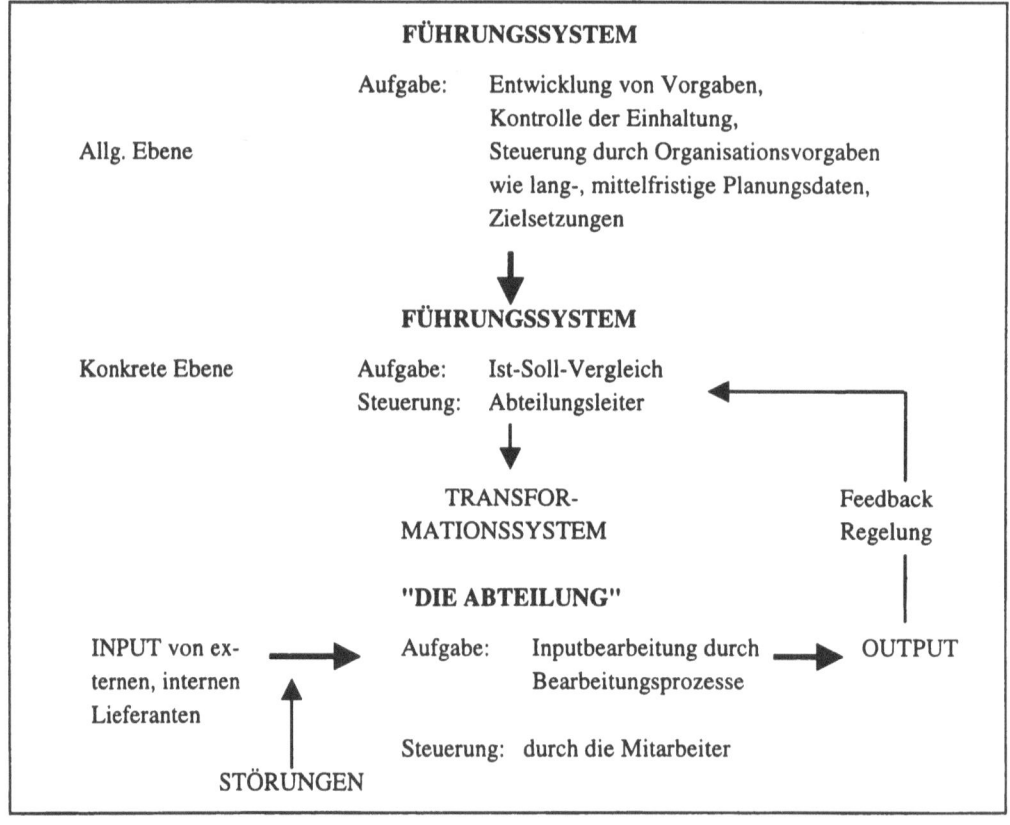

Die neben Ambiguitätstoleranz und Lernfähigkeit wichtigsten Sollqualifikationen der Führungskraft für den Situationstyp "Aufgabenerfüllung" werden mit den jeweils zugehörigen Verhaltensweisen im Folgenden genannt.

Wertebewusstheit
- vertritt und verbreitet die Unternehmensphilosophie,
- kontrolliert die Verhaltensweisen der Mitarbeiter auf Kompatibilität mit der Unternehmensphilosophie.

Verhaltenssteuerung
- vereinbart Regeln,
- setzt Ziele,
- veranlasst Aktivitäten,
- stimmt Aktivitäten auf die einzelnen Mitarbeiter ab,
- kontrolliert und korrigiert Aktivitäten.

Kommunikationsfähigkeit
- stellt Sachverhalte verständlich dar,
- kommuniziert adressatengerecht,
- stellt gemeinsames Verständnis sicher.

Eine kooperative und authentische Ausprägung der Sollverhaltensweisen steuern die Gespräche des Vorgesetzten mit den Mitarbeitern positiv. Die Gesprächsführung gestaltet sich nach den Regeln des Sachgesprächs.

7.1.2 Probleme in der Abteilung lösen, Verbesserungen erzielen

Während es bei dem vorhergehenden Situationstyp um die Einhaltung und Sicherung praktizierter Verfahren und Regelungen geht, werden nun Veränderungen angestrebt. Die Aufgabenstellungen selbst bleiben erhalten. Der Output soll verbessert oder mit weniger Aufwand erreicht werden. Gegenstand der Umgestaltung können auch die Rahmenbedingungen sein, in denen die Arbeitsleistungen erbracht werden. So können sich für die Führungskraft z.B. folgende Probleme ergeben:

- Es müssen neue Verfahren gefunden werden, um die Effizienz der Abteilung zu erhöhen. Gründe dafür können die gestiegenen Personalkosten sein, die die Konkurrenzfähigkeit der Firma beeinträchtigen.
- Das Klima in der Abteilung ist schlecht, der Informationsfluss ist beeinträchtigt.

- Die bisherige Aufgabenverteilung ist nicht länger sinnvoll, weil einige neue, unerfahrene Mitarbeiter hinzugekommen sind.

Die Lösungen sind darin zu suchen, dass bisher benutzte Verfahren, Verabredungen sowie die organisatorische Aufgliederung der anfallenden Arbeit verändert werden müssen.

Sollqualifikationen der Führungskraft mit zugehörigen Verhaltensweisen für die Situation "Probleme lösen" sind:

Fähigkeit zur Lösung schlecht strukturierter Probleme

- sammelt aktiv Informationen und wertet sie aus,
- nimmt Probleme und Verbesserungsmöglichkeiten wahr,
- versucht eine vollständige Problembeschreibung, bzw. eine Präzisierung des Problems,
- bereitet Entscheidungssysteme vor,
- strebt nicht unbedingt nach Optimallösungen,
- handelt auch bei unvollständigem Informationsstand,
- wählt bei Überforderung den richtigen Berater aus,
- organisiert einen gemeinsamen Verstehensprozess und Handlungsprozess mit dem Berater.

Konfliktfähigkeit

- legt latente Konflikte offen,
- trennt sachliche von persönlichen Konflikten,
- leitet Lösungsversuche ein,
- setzt erarbeitete Konfliktlösungen in Handlungen um,
- achtet auf Einhaltung neu erarbeiteter Regeln.

Kooperations- und Teamfähigkeit

- entwickelt und beachtet Spielregeln für die Zusammenarbeit in der Gruppe,
- ermuntert andere zur Mitarbeit,
- nützt das Wissen, die Fähigkeiten anderer und setzt diese um,
- setzt sich mit anderen Meinungen auseinander,
- geht auf individuelle Eigenarten anderer ein,
- hält den Einfluss von Statusmacht aus der Lösungssuche heraus,
- ist kompromissfähig,
- akzeptiert Lösungen von anderen Gruppenmitgliedern und trägt diese auch.

Die Führungskraft kann nicht immer das Problem selbst lösen, manchmal fehlen ihr die dazu nötigen Kenntnisse. Dies zu erkennen und Experten heranzuziehen, ist dann die richtige Verhaltensweise.

Expertenschaft im Einsatz von Experten

- erkennt, dass sie selbst und die Mitarbeiter in ihrer Abteilung durch das Problem überfordert sind,
- wählt den oder die richtigen Experten aus,
- organisiert einen gemeinsamen Verstehens- und Handlungsprozess mit dem Experten.

Die Umsetzung der Verhaltensweisen erfolgt vorwiegend in Gesprächen mit verschiedenen Ansprechpartnern. Probleme und Verbesserungen stehen im Mittelpunkt. Daraufhin organisiert sich die inhaltliche Gestaltung des Gesprächs. Die Mitwirkung aller Beteiligten ist nun gefragt.

7.1.3 Innovative Konzepte erarbeiten und realisieren

In diesem Situationstyp geht es um grundlegende Veränderungen, die eine Abteilung, aber auch ganze Bereiche der Organisation erfassen können. Für das betroffene System verändern sich die Aufgabenstellungen und/oder die Verarbeitungsprozesse: Neue Produkte sind zu entwickeln, Computer einer neuen Generation werden eingeführt etc. In den meisten Fällen wird man hierfür eine Projektgruppe bilden. Für die erfolgreiche Durchführung von Projekten sind viele Faktoren zu berücksichtigen, auf die hier nicht eingegangen werden kann.

Sollqualifikationen der Führungskraft mit zugehörigen Verhaltensweisen für die Situation "Innovation initiieren" sind:

Sensibilität für schwache Signale

- nimmt geschäftsrelevante Informationen auf und nutzt sie,
- trennt und wertet die Informationen nach ihrer Bedeutung für das Tages- und Zukunftsgeschäft.

Zukunftsoffenheit

- sucht Informationen, die Chancen oder Risiken für das eigene Geschäft darstellen,
- hält die Mitarbeiter zur Entwicklung von Konzepten und Szenarien an,
- hält die Mitarbeiter zur Beobachtung des Marktes an,
- zeigt Risikobereitschaft.

Kreativität für "de novo designs"

- bringt Impulse ein, die zu veränderten Sichtweisen des Geschäftes führen,
- macht Vorschläge, die den vorgegebenen Handlungs- und Strukturrahmen verlassen,

Konzeptionelle Gesamtsicht

- berücksichtigt die Konsequenzen eigener Konzeptionen, Aktivitäten für andere Abteilungen bzw. für das Gesamtunternehmen,
- bindet andere Abteilungen bei der Planung und Realisierung von Entscheidungen ein,
- sucht Informationen in anderen Abteilungen,
- erhält und verstärkt Kontakte zu anderen Abteilungen/Geschäftsleitung.

Das Vorgehen in diesem Situationstyp ist durch verschiedene Kommunikationsmittel bestimmt, die eine systematische Erstellung einer Konzeption ermöglichen sollen. Für die Führungsaufgabe "Innovative Konzepte erarbeiten und realisieren" wird nicht nur Intuition verlangt. Grundlage für Innovationen ist eine stetige Informationsaufnahme über die Vorgänge in der Umwelt der Organisation. Verarbeitung und Selektion sind die weiteren Stadien. Dies muss nicht isoliert von Kollegen und Mitarbeitern geschehen, sondern in einem stetigen Gedankenaustausch, der umso besser funktioniert, je positiver die Beziehungen zu den Gesprächspartnern gestaltet sind. So gelten auch für diesen Bereich die Sollverhaltensweisen, die bei der Führungssituation (2) aufgeführt wurden (Kooperations- und Teamfähigkeit, Expertenschaft im Einsatz von Experten).

Für einen ungehinderten Informationsfluss ist eine symmetrische Beziehung unerlässlich. Der Einsatz von kreativen Techniken kann bei ausformulierten Aufgabenstellungen hilfreich sein. Man sollte sich bei solchen Diskussionen wenigstens an die einfachen Regeln erinnern und die sonst so beliebten Killerphrasen unterdrücken.

7.1.4 Abteilung, das Unternehmen nach außen darstellen

Ein weiteres wichtiges Betätigungsfeld der Führungskraft ist die Aufrechterhaltung und Gestaltung der Außenkontakte. Dazu gehören verschiedenartige Aktivitäten wie die Kontaktpflege zu Ausbildungsorten, zur Presse bis zur Gestaltung der Corporate Identity und gezielten PR-Maßnahmen. Insbesondere sollten die emotionalen Entwicklungen und Veränderungen in den Kontakten aufmerksam registriert werden. Die gefühlsmäßigen Beziehungen bestimmen mit, ob sich Gespräche fruchtbar entwickeln und Informationen frei fließen.

Sollqualifikationen der Führungskraft und zugehörige Verhaltensweisen für die Situation "Außendarstellung" sind:

Verhaltensbeeinflussung

- pflegt und entwickelt interne Kontakte zu anderen Abteilungen und zur Geschäftsleitung,
- pflegt und entwickelt externen Kontakt zu Kunden, wichtigen Organisationen,
- entwickelt PR-Maßnahmen.

Kommunikationsfähigkeit

- stellt Sachverhalte sprachlich verständlich dar,
- beherrscht Präsentationstechniken,
- kommuniziert adressatengerecht,
- stellt angenehmes Kommunikationsklima her,
- stellt gemeinsames Verständnis sicher.

Weiter gehört auch **Wertebewusstheit** (vgl. Führungssituation 1) zu den Qualifikationen in Führungssituation (4).

"Verhalten beeinflussen", "Probleme lösen" oder "Konzepte erstellen" kann von einer Führungskraft nur dann optimal als Aufgabe bewältigt werden, wenn die Mitarbeiter die Zusammenarbeit in der Abteilung oder in der Projektgruppe positiv erleben. Dazu gehört auch, dass das Betriebsklima gut ist. Wenn sich die Zusammenarbeit verschlechtert, darf es keine Hilflosigkeit geben. Die Kommunikations- und Interaktionsprozesse müssen dann aktiv werden. Führungskräfte müssen Konfliktfelder bestimmen, eingrenzen und bewältigen. Im nächsten Kapitel werden dazu Grundlagen vermittelt.

7.2 Gruppe

7.2.1 Gruppenarbeit in Organisationen

Moderne Produktions- und Verwaltungsmethoden stellen Anforderungen und Aufgaben, denen der einzelne Mensch nicht gewachsen ist: Sie sind zu umfangreich, die anfallenden Probleme zu komplex und unübersichtlich. Die Arbeit wird auf verschiedene Mitarbeiter aufgeteilt, die oft auf ganz bestimmte Aspekte oder Anteile der Aufgabe spezialisiert sind.

Zusammengefasst werden die individuellen Aufgaben in einer Abteilung. Diese Gruppe hat einen typischen Aufbau: Ein Vorgesetzter mit seinen Mitarbeitern. Der Vorgesetzte ist Mitglied einer hierarchisch höheren Gruppe. In Organisationen bilden diese Gruppen die Linien mit bestimmten Funktionsaufgaben:

Produktion, Administration, Verkauf und Marketing. Der hierarchische Aufbau soll für einen zügigen, reibungslosen Ablauf von Prozessen sorgen.

Teilautonome Gruppen bearbeiten weitgehend selbständig übertragene Aufgaben. Ihr Handlungs-, Entscheidungs- und Interaktionsspielraum ist wesentlich gegenüber den üblichen Abteilungen erweitert.

Eine **Lernstatt** ist eine Einrichtung, um Lernen am Arbeitsplatz zu ermöglichen. Praxiserfahrungen werden reflektiert und erweitert. Gruppen organisieren ihr Lernen mit geschulten Kollegen.

In **Qualitätszirkeln** erarbeiten Gruppen systematisch Verbesserungen, die sich auf Produkte, Verfahren etc. beziehen. Kontinuierliches Verbessern führt zu hoher Wettbewerbsfähigkeit.

Workshops werden in den Abteilungen eingesetzt, um Probleme mit oder ohne einen Berater systematisch zu lösen oder Konzeptionen auszuarbeiten.

Stabsgruppen haben beratende Funktionen. Sie unterstützen die Liniengruppen bei der Bewältigung ihrer Aufgaben oder bieten Serviceleistungen an, damit Aufgaben besser erfüllt werden können. Typische Stabsgruppen sind: Organisationsabteilung, Weiterbildungsabteilung, Rechtsabteilung etc.

Projektgruppen werden zeitlich begrenzt eingesetzt, um z.B. ein neues EDV-System, ein Qualitätssystem einzuführen. Linienmanager und Fachleute arbeiten zusammen bis das neue System in der Linie implementiert ist. Auch andere besondere Aufgaben können auf solche Projektgruppen delegiert werden. Ein Sonderfall ist die **funktionale Gruppe**, die aus gleichen Fachleuten besteht, z.B. Personalleuten. Die Gruppe trifft sich in regelmäßigen Abständen, um sich fachlich auszutauschen, Maßnahmen zu harmonisieren, Absprachen bei Veränderungen von Gesetzen (BetrVG) zu treffen etc.

Menschen, die gemeinsam eine Aufgabe erledigen, bilden eine Gruppe. Die Aufgabe der Gruppe erschöpft sich aber nicht in der Arbeitsteilung. Die Einzelleistungen müssen innerhalb der Gruppe koordiniert werden und zur Gesamtleistung zusammenfließen. Die Gesamtleistung kommt dadurch zustande, dass vorhandenes Fachwissen ausgetauscht, Probleme miteinander diskutiert werden. Wenn dies optimal erfolgt, kommt eine höhere Leistung zustande als auf rein individueller Basis (Synergieeffekt). Außerdem werden individuelle Sichtweisen zusammengeführt und bilden die Grundlage für ein gemeinsames Handeln.

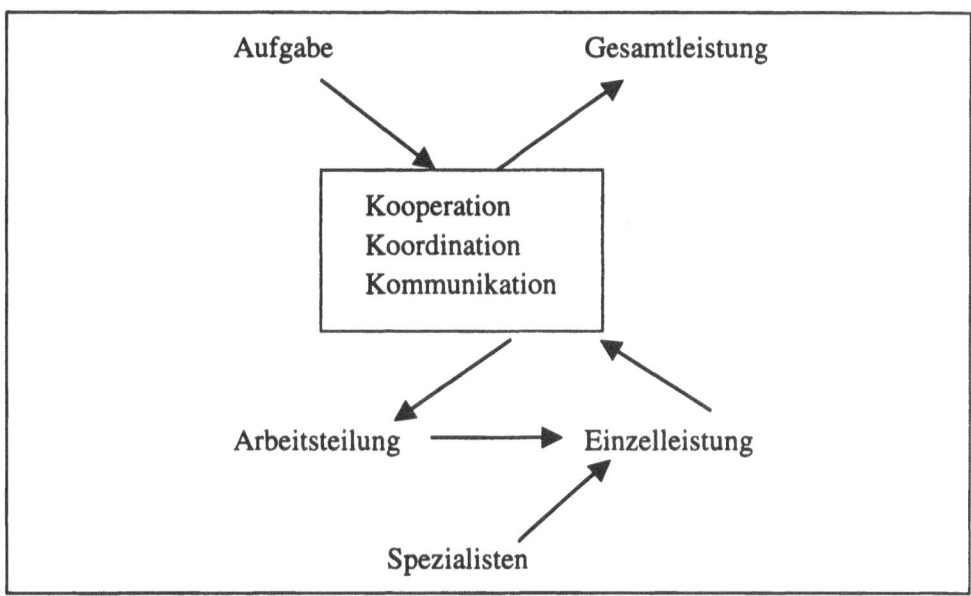

Nun zeigt sich aber immer wieder, dass die Gruppen nicht gleich gut und gleich produktiv sind. Manche Gruppen arbeiten aufgabenbezogen in einer sachlichen, aufgeschlossenen Atmosphäre. Andere sind so sehr mit ihren eigenen Problemen und dem Zusammenhalt ihrer Gruppe beschäftigt, dass sie kaum etwas Sachliches leisten können. Man versucht dem zu begegnen, indem man die Gruppen gezielt zusammensetzt: aufgabenbezogen, nach der Fähigkeit der einzelnen Mitglieder oder nach der Übereinstimmung psychischer Charakteristika. Aber auch dann ist es noch unmöglich, vorauszusagen, wie eine Gruppe sich entwickeln wird.

Die Gruppen zeigen vielmehr ein Eigenleben, bilden im Verlauf ihres Bestehens einen Gruppencharakter aus. Von der Art dieser Entwicklung hängt es ab, wie gut oder wie schlecht eine Gruppe mit ihrer Aufgabe fertig wird. Wem es gelingt, diese Entwicklung zu gestalten, der lenkt damit, allerdings indirekt, die Leistungsfähigkeit der Gruppe. Kenntnis der Gesetzmäßigkeiten der Gruppenentwicklung ist dabei Voraussetzung.

7.2.2 Gruppenmerkmale

Gruppenmerkmale sind, je nach Sichtweise des Betrachters, anders definiert: Vom **Standpunkt des Übergeordneten**, von größeren Zusammenhängen aus, in die die Gruppe eingebettet ist, wie zum Beispiel Organisationen, erscheint die Gruppe als ein Subsystem in einem umfassenderen Interaktionssystem. Sie ist die kleinste, formelle, arbeitsteilige Einheit in diesem System. Sie hat eine umschriebene Aufgabe, bringt eine bestimmte Leistung, besitzt einen eigenen Charakter und tritt nach außen hin relativ geschlossen auf.

Relative Geschlossenheit und einen eigenen Charakter zeigen auch die Cliquen als informelle Gruppen oder Interaktionssysteme. Bei ihnen lässt sich über Aufgabenverteilung und Leistung nur schwer etwas aussagen. Cliquen können den Gruppenzusammenhang stören und sind deshalb unerwünscht; sie funktionieren offensichtlich auf einer anderen Basis als die formellen Gruppen.

Vom **Standpunkt des Individuums** als Gruppenmitglied aus, erscheint die Gruppe als Zusammenschluss von Individuen, die gemeinsam eine bestimmte Sache tun. Gruppenmitglieder sind die Leute, mit denen man zusammenarbeiten, reden und umgehen muss, Leute, die eine bestimmte Leistung von einem erwarten. Der Umgang mit diesen Leuten unterliegt gewissen Normen und Regeln, die mit der Aufgabe zusammenhängen und von "oben" kommen oder von der Gruppe gemacht werden.

In der Gruppe gibt es aber auch Mitglieder, mit denen man immer wieder gern spricht, die einem helfen, die man auch nach Feierabend trifft, mit denen man befreundet ist, mit denen man auch über Privates reden kann. Diese Bekannten sind gleichsam die nächste Umgebung; man fühlt sich sicherer in ihrem Beisein und stärker, wenn die Clique zugegen ist.

Ganz allgemein gesprochen sind Gruppen die Orte in einem größeren Interaktionssystem, an denen diese Interaktionen besonders häufig und auf kurzen Wegen erfolgen und ein deutlich unterscheidbares Subsystem bilden. Die Interaktionen in der Gruppe erfolgen zu einem definierten Zweck, werden durch formelle oder informelle Normen und Prinzipien koordiniert, gesteuert und reguliert.

Das Problem beim Umgang und beim Arbeiten mit Gruppen besteht darin, dass formelle Normen die Interaktionen nie vollständig regulieren können, dass darüber hinaus informelle Normen entstehen und die formellen ergänzen oder zu ersetzen suchen, dass endlich die informellen Normen, solange die Gruppe existiert, einer ständigen Wandlung unterliegen.

Gruppen sind kleinste Systeme sinnvoller und regulierter Interaktionen zwischen Individuen.

7.2.3 Determinanten der Interaktion

Der Charakter der Gruppe, ihre Struktur, ihre Leistung und Produktivität hängen ab von einer Vielzahl determinierender Faktoren. Die jeweilige Struktur des Interaktionssystems ist das Produkt dieser Faktoren; diese Beziehung ist aber durchaus reziprok, denn die Faktoren selbst erfahren durch den Zusammenhang, in dem sie stehen, eine spezifische Veränderung und Färbung.

7.2.3.1 Periphere Determinanten

Größe der Gruppe

Die Größe der Gruppe beeinflusst insofern die Interaktionen, als im Zusammenhang mit der Größe bestimmte Probleme auftauchen, wie zum Beispiel das der Führung (in größeren Gruppen bildet sich eher eine Führerrolle heraus als in kleineren), der Heterogenität (kleinere Gruppen sind meist homogener), des Zusammenhangs und das der Bekanntschaft (je größer die Gruppe ist, umso weniger Mitglieder kann der Einzelne gut kennen).

In der Dimension der Bekanntschaft gibt es eine Grenze, von der ab eine Gruppe keine Gruppe mehr ist, wenn sich die Interaktionspartner gegenseitig nicht mehr persönlich kennen. An dem anderen Pol ist eine natürliche Grenze gesetzt. Das Paar (Dyade) gilt als die kleinste Gruppe, obwohl die Charakteristika der Gruppe dort nur äußerst schwach ausgeprägt sind.

Über die Größe einer idealen Gruppe können keine verbindlichen Prinzipien oder Regeln angegeben werden. Es kommt auf die Aufgabenstellung an. Eine Problemlösungsgruppe sollte allerdings nicht mehr als 5 Mitglieder haben.

Gruppenmitglieder

Die Fähigkeit und Tüchtigkeit der einzelnen Gruppenmitglieder spielt sicherlich eine Rolle; besonders aber ihre Heterogenität hinsichtlich bestimmter Charakterzüge, Haltungen oder Einstellungen. Hier können Einstellungen zur Autorität und zur Gruppenarbeit, Vorlieben und Abneigungen zu Störungen und Hemmungen der Gruppenarbeit führen; introvertierte Mitarbeiter schließen sich aus der Gruppenarbeit eher aus, isolieren sich und sind damit für die Gruppe unproduktiv; Mitarbeiter mit einem Machtanspruch versuchen sich zum Zentrum der Gruppenarbeit zu machen und spalten die Gruppe in feindliche Lager: für sie - gegen sie; anderen fließt aufgrund ihres Prestiges oder ihres Statusses Macht und Autorität zu, die sie vielleicht nicht einmal wollen, die aber auf jeden Fall die freie Ideenproduktion behindert, indem sie Kommunikationswege festlegt oder bevorzugen lässt.

Art der Arbeit

Eine Arbeit kann leicht oder schwer sein, interessant oder uninteressant, abwechslungsreich oder eintönig, kann mitreißen, begeistern, herausfordern oder anöden, ermüden. Neben diesem ihrem Aufforderungscharakter besitzt die Aufgabe eine natürliche Struktur, erzwingt eine angemessene Vorgehensweise und beschränkt damit die Freiheit der Gruppe, sich nach Belieben die Arbeit zu teilen. Die Struktur der Aufgabe verändert unter Umständen sogar offizielle Normen und Vorschriften. So wird die Interaktionskette der Fließbandarbeiter durch die sukzessive Fertigungsweise erzwungen, die ihrerseits wieder durch den Charakter des "Zusammenbauens" bedingt wird. 30 Arbeiter können nicht gleichzeitig an einem Fotoapparat bauen, aber sehr gut nacheinander.

Offizielle Normen

Die offiziellen Normen sind ein weiterer Faktor bei der Strukturierung des Interaktionssystems. Sie legen fest, wann, wo und zwischen wem welche Interaktion stattzufinden hat.

Einbettung in die umfassendere Organisation

Der offensichtlichste Einfluss auf die Gruppenstruktur stammt aus der Einbettung der Gruppe in die umfassendere Organisation, die Abhängigkeit des Subsystems vom Gesamtsystem. Die Gruppenstruktur ist die Wiederholung der Organisationsstruktur auf einer anderen Kooperationsebene, ihre Fortsetzung und Ergänzung. So werden Autoritätsstruktur, Führungsprinzipien, Normen und Regeln der Gruppe von der Organisation vorgegeben.

Eine Beeinflussung der Organisationsstruktur durch die Gruppenstruktur ist allerdings ebenso gut denkbar; undenkbar ist, dass zwischen den beiden Strukturen auf die Dauer ein Widerspruch bestehen kann.

Für demokratisch interagierende Gruppen in einer autoritär geführten Organisation gibt es nur drei Möglichkeiten:

- Sie wird selbst autoritär - gibt nach.
- Sie löst sich auf - gibt auf.
- Die Organisation wird demokratisch - die Gruppe setzt sich durch.

> Die Gruppenstruktur wird beeinflusst durch die Größe der Gruppe, die Auswahl der Mitarbeiter, die Art der Arbeit, offizielle Normen und die Struktur des umfassenden Systems.

7.2.3.2 Zentrale Determinanten

Bisher war die Rede von Interaktionen bezogen auf die Gruppenstruktur, ihre Abhängigkeit und Wandelbarkeit, die einzelne Interaktion wurde als Resultat aufgefasst. Interaktion ist jedoch motiviertes Verhalten. Das Verhalten des Individuums in der Gruppe muss daraufhin betrachtet werden, welche Kraft es antreibt und ausrichtet und wodurch es gelenkt und reguliert wird.

Verhaltensregulation

Die Gruppe als Ganzes beeinflusst das Verhalten jedes einzelnen Gruppenmitgliedes. Jedes Gruppenmitglied beeinflusst das Verhalten aller anderen Mitglieder und das Gesamtverhalten der Gruppe (Ganzheit-Glied-Gesetzmäßigkeit).

Die Gruppe wirkt als ein zumindest gleichberechtigter Regelmechanismus bei der Verhaltenssteuerung des Gruppenmitgliedes. In besonders gelagerten Fällen, modifiziert die Gruppennorm individuelles Verhalten. So kann die Leistung eines Gruppenmitglieds maßgeblich durch eine informelle Gruppennorm beeinflusst werden. Die Leistung sinkt z.B. auf einen bestimmten Wert ab. Gerade bei hoher Gruppenkohäsion können sich auch negative Effekte einstellen.

Motivation

Die Bedürfnishierarchie von *Maslow* und die Einteilung von *Herzberg* in Motivatoren und Satisfaktoren sind auch auf das Verhalten in der Gruppe anwendbar. Erst wenn existentielle, emotionale und soziale Bedürfnisse adäquat befriedigt sind, können die Bedürfnisse der Selbstentwicklung und damit die Leistungsmotivation wirksam werden. Eine aufgabenbezogene und sachlich-rational agierende Gruppe kann entstehen.

Wird die Leistungsmotivation frustriert, kommt es zur Regression auf die Stufe emotionaler, sozialer Bedürfnisse, die dann überbetont werden. So kann in einer Gruppe, die unproduktiv nur mit sich selbst und ihrem Zusammenhalt beschäftigt ist, zweierlei geschehen sein: Entweder werden emotionale bzw. soziale Bedürfnisse nicht befriedigt oder die Leistungsmotivation frustriert.

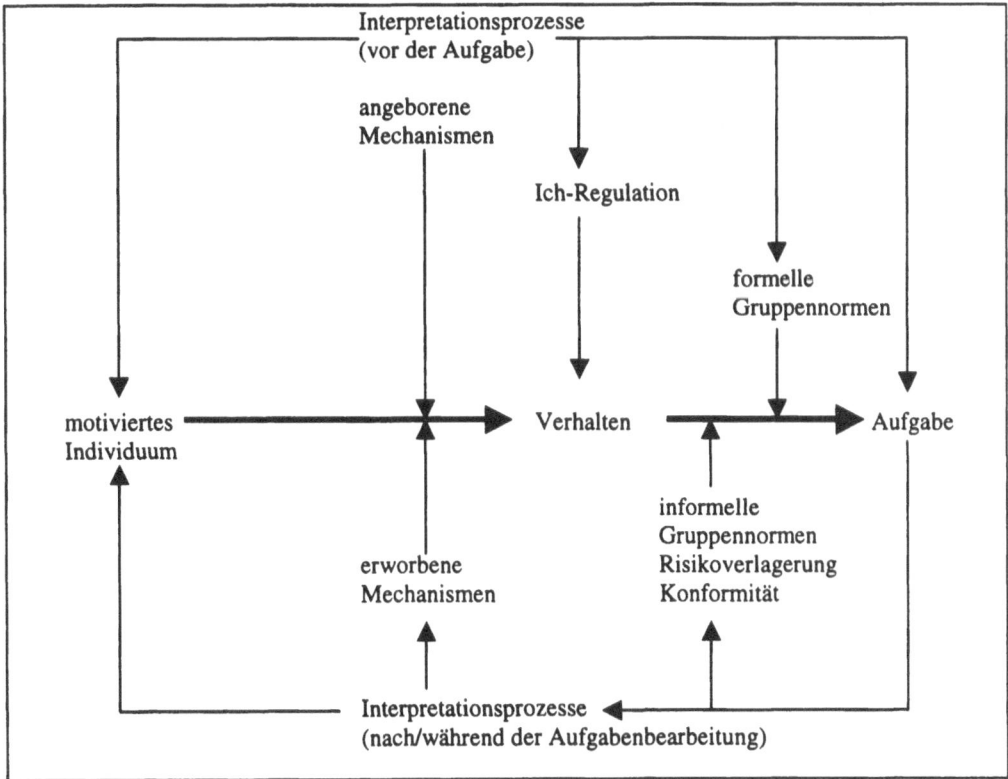

Interpretationsprozesse

Neben den Verhaltensabhängigkeiten zwischen einzelnem und Gruppe sowie Aspekten der Motivation wird die Dynamik von Gruppen auch durch Interpretationsprozesse beeinflusst. Nachdem in der Interaktion informelle Normen ausgebildet worden sind, wird die Gruppe auf deren Basis Interpretationen, z.B. bezüglich der Qualität ihrer Leistung, ihrer Gruppenidentität, der Zugehörigkeit von Personen zur Gruppe etc., ausbilden. Da diese Interpretationen zu späteren Zeitpunkten handlungsleitend sind, müssen sie als zentrale gruppenspezifische Determinante betrachtet werden; Gruppen bestimmen durch Reflexion auf einer Metaebene selbst über ihre Interaktionsmuster.

> Das Verhalten des Individuums in der Gruppe ist überwiegend motiviertes Verhalten. Es wird in unterschiedlichem Ausmaß durch informelle Gruppennormen gesteuert, durch den jeweiligen Zustand der Bedürfnisbefriedigung in der Gruppenarbeit beeinflusst und durch parallel ablaufende Interpretationsprozesse wieder in einen Zusammenhang mit anderen Handlungen gestellt.

Produkt peripherer und zentraler Determinanten ist die jeweilige Gruppenstruktur. Diese Struktur verändert sich dauernd und muss sich dauernd verändern: Wird zum Beispiel die gemeinsame Aufgabe durch die Bearbeitung der Lösung ein kleines Stück näher gebracht, dann verändert sich sofort ihre Struktur und damit - aufgrund des Ganzheit-Glied-Zusammenhangs zwischen Determinanten und Struktur - notwendig die Struktur der Gruppe. Dasselbe gilt für alle anderen Determinanten. Eine isolierte Veränderung von Gesamtstruktur oder Determinanten findet nicht statt. Die Einführung teilautonomer Gruppenarbeit verändert nicht nur die Aufgabenanforderungen sondern auch die gesamte Struktur der Gruppe.

7.2.4 Interaktionsmessung

Es sollen hier zwei Methoden zur Interaktionsmessung vorgestellt werden, die sehr bekannt sind und häufig angewendet werden: Soziometrie und Interaktionsanalyse. Beiden Verfahren liegt die Annahme zugrunde, dass man Interaktionen erfassen kann, nämlich durch Beobachtung von Interaktionen (Wer interagiert mit wem?) oder durch Erfragung subjektiver Interaktionspräferenzen (Wer möchte mit wem wie interagieren?). Die beiden Verfahren unterscheiden sich darin, dass die Soziometrie von der Befragung und die Interaktionsanalyse von der Beobachtung ausgeht.

Die Soziometrie wurde von *Moreno* (1967) entwickelt. Die Soziometrie gewinnt ihr Ausgangsmaterial durch Befragung der Individuen, deren Interaktionen untersucht werden sollen. Die Fragen können sehr allgemein sein (Wen aus der Gruppe mögen Sie am liebsten?) oder sehr speziell (Mit wem aus der Gruppe würden Sie am liebsten das Projekt XY durchführen). Je genauer und spezieller die Fragen sind, umso eingeengter und spezifischer ist der Bereich, auf dem die Interaktion untersucht wird. Natürlich können auch Ablehnungen erfragt werden.

Die Interaktionen einer Gruppe in den einzelnen Bereichen sind oft unterschiedlich. Es ist nicht gesagt, dass man mit einer Person, mit der man gern zusammenarbeitet, auch privat verkehren möchte. Zwei zentrale soziometrische Fragen sind: Wem vertraue ich? Wer hat Einfluss in der Gruppe?

Das Ergebnis der Befragung kann in einem Soziogramm dargestellt werden. Es gibt eine Vielzahl möglicher Kriterien und auch Auswertungsformen (*Dollase* 1973, 157ff).

Symbole: (A)⟶(B)   (A)⟷(B)

            A wählt B   sie wählen sich gegenseitig

    (A) - - - - - - - ->(B)   (A)<- - - - - - - - ->(B)

      A lehnt B ab   sie lehnen sich gegenseitig ab

Mit den erhobenen soziometrischen Daten können verschiedene Kennwerte ermittelt werden:

Individueller Statuswert:

$$\text{Individueller Statuswert:} \quad \frac{\text{Anzahl der erhaltenen Wahlen}}{\text{Gesamtanzahl der Wahlen}}$$

$$\text{Gruppenkohäsion:} \quad \frac{\text{Summe der gegenseitigen Wahlen}}{\text{Wahrscheinlichkeit gegenseitiger Wahlen}= N \times (N\text{-}1) : 2}$$

Interaktionsanalyse

Die Technik der Interaktionsanalyse, so wie sie von *Bales* (nach *König* 1968) entwickelt wurde, beschränkt sich von vornherein auf die Erfassung dessen, was in Gruppendiskussionen zu beobachten ist. *Bales* unterscheidet 12 mögliche Typen oder Kategorien von Interaktionen. Bei der Auswertung wird festgestellt, mit welcher Häufigkeit die einzelnen Interaktionsarten von der Gruppe insgesamt und von jedem Gruppenmitglied einzeln gebracht werden und in welcher Weise sich die Verteilung der Interaktionsarten bei einem längeren Bestehen der Gruppe verändert. In der Analyse wird die Verteilung der Interaktionsarten als Charakteristikum der Gesamtgruppe begriffen und im Hinblick auf Zusammenhang der Gruppe, Homogenität, Atmosphäre etc. interpretiert. Die Bevorzugung einer bestimmten Interaktionsart durch die einzelnen Gruppenmitglieder wird als Ausdruck ihres typischen Gruppenverhaltens verstanden. Die Mitglieder können im Anschluss daran hinsichtlich ihrer Brauchbarkeit für die Gruppe oder definierte Arten von Interaktionen beurteilt werden. Wer ausschließlich emotionale Interaktionen zeigt, ist, von der Aufgabenbewältigung her, für die Gruppe eigentlich überflüssig, für den Zusammenhalt der Gruppe aber möglicherweise unentbehrlich. Auch das ist zu beachten.

Die von *Bales* entwickelten Kategorien:

positive soziale, emotionale Interaktion	1.	zeigt Solidarität
	2.	entspannt die Atmosphäre
	3.	stimmt zu
aufgabenorientierte Interaktion	4.	macht Vorschläge
	5.	äußert Meinung
	6.	orientiert, informiert
	7.	erbittet Information
	8.	fragt nach Meinungen
	9.	erbittet Vorschläge
negative soziale, emotionale Interaktion	10.	stimmt nicht zu
	11.	zeigt Spannung
	12.	zeigt Antagonismus

Als diagnostische Instrumente geben Soziometrie und Interaktionsanalyse eine Basis für gezielte Maßnahmen im Bereich der Gruppe: Gruppen können gezielter zusammengesetzt werden, unbrauchbare Mitglieder erkannt und ausgetauscht, die Gruppenstruktur verändert, die Aufgabe der Gruppe angepasst, die formellen Normen neu formuliert werden. Daneben aber wird es möglich, durch wiederholte Untersuchungen in einer Längsschnittstudie die Gesetzmäßigkeiten und Abhängigkeiten der Gruppenentwicklung zu erforschen und aufzudecken und von dort aus Tendenzen, Phasen und Krisen einer Gruppe vorherzusagen und vorbeugend wirksame Aktionen gegen den Zusammenbruch der Gruppenarbeit zu unternehmen.

7.3 Gruppenentwicklung

Die Gruppenentwicklung wird bedingt durch die Veränderung der die Interaktionen beeinflussenden Determinanten und die Interpretationsprozesse der Gruppe selbst. Die Veränderung wird unausweichlich aufgrund des zwischen Gruppenstruktur und Determinanten bestehenden Ganzheit-Glied-Zusammenhangs: Jeder Faktor beeinflusst das Ganze und jeden anderen Faktor individuell. So verändert sich z. B. die Familienstruktur, wenn die Kinder erwachsen werden, ein neues Kind hinzukommt, die Mutter erkrankt oder der Vater mehr Geld verdient.

Die jeweils beobachtete Entwicklung einer Gruppe kann auf keinen Fall aus dem Wirken eines einzelnen Faktors erklärt werden, noch aus der summierten Wirkung aller beteiligten Faktoren, sondern ausschließlich aus dem Zusammenwirken dieser Faktoren. Das hindert aber nicht, aus der Komplexität der Entwicklung eine Entwicklungslinie besonders herauszustellen und an ihr die Gruppenentwicklung exemplarisch aufzuweisen. Diese Vorgehensweise wird durch die Unübersichtlichkeit des Untersuchungsgegenstandes geradezu erzwungen.

Die Gruppenentwicklung wird oft dargestellt an (*Hofstätter* 1967):

- einer Zunahme von Kontakt und Sympathie innerhalb der Gruppe,
- der Entwicklung eines Selbstbildes (Autostereotyp) und eines Fremdbildes (Heterostereotyp), einer Beziehung von Wir : die Anderen,
- einer Zunahme des Wir-Gefühls und der Entwicklung einer Gruppenmoral, eines Gruppencharakters,
- einer Verringerung der sozialen Binnendistanzen (Nähe) und Vergrößerung der Außendistanzen,
- der spontanen Differenzierung von Rollen, besonders der des Führers, als dem Koordinator der Kooperation, und einer Verteilung von Funktionen auf Spezialisten,
- der Entwicklung einer informellen Norm, einer Konvention, eines Gruppenbrauches.

Zwei Entwicklungslinien werden wegen ihrer praktischen Relevanz eingehender dargestellt: Das Johari-Fenster und das Modell der Gruppenentwicklung von *Bennis/Sheppard*.

7.3.1 Johari-Fenster

Luft (1971) geht von folgenden Überlegungen aus: Wenn zwei oder mehr Menschen miteinander interagieren, dann bestehen hinsichtlich ihrer Aktionen, Wünsche und Bedürfnisse systematische Unterschiede im Bekanntheitsgrad. Es gibt einen Bereich, in dem die Aktionen und Motive offen gezeigt und von den anderen erkannt werden, einen Bereich, in dem die Motive und Wünsche von einem selbst zwar gewusst, aber verheimlicht werden. Daneben aber besteht ein mindestens ebenso großer Bereich, in dem das Individuum von seinen geheimen Bedürfnissen und Wünschen nichts weiß und unbewusst handelt. Diese Aktionen und Motive können von den anderen erkannt werden oder auch nicht. Aus diesen vier Bereichen setzt sich das so genannte Johari-Fenster zusammen.

	Dem Selbst bekannt	Dem Selbst nicht bekannt
Anderen bekannt	I Bereich der freien Aktivität	II Bereich des blinden Flecks
Anderen nicht bekannt	III Bereich des Vermeidens und Verbergens	IV Bereich der unbekannten Aktivität

Das Besondere an diesem Modell liegt darin, dass die Bereiche der vier Kategorien verschieden umfangreich sind. In jeder interpersonalen Beziehung ergibt sich für jedes Individuum ein anderes "Fenster". Tritt eine Gruppe neu zusammen, dann ist der Bereich I sehr klein; die Interaktion ist wenig spontan, wenig frei. Wenn die Gruppe reift, vergrößert sich der Bereich I und der Bereich III schrumpft. Das Individuum hält es nicht mehr für allzu notwendig, Aktionen und Motive zu verbergen. Der Bereich II schrumpft weniger. Das Individuum hat oft gute Gründe, gegenüber manchen Dingen blind zu sein. Der Bereich IV nimmt am geringsten ab.

neue Gruppe 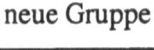   nach einiger Zeit (reife Gruppe)

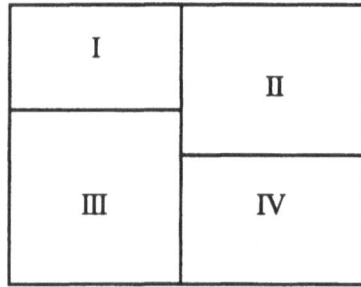   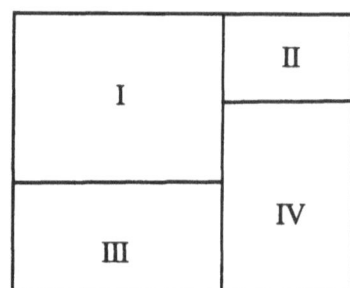

Eine reife und produktive Gruppe ist durch die große Ausdehnung des Bereiches der freien Aktivität gekennzeichnet, denn die freie Aktivität erleichtert die Zusammenarbeit und die Kommunikation in der Gruppe und macht das allzu starre, energetisch kostspielige, unökonomische Vermeiden und Verbergen von Aktionen und Motiven weniger dringlich. Das heißt aber nicht, dass die Vergrößerung des Bereiches I gewaltsam erfolgen soll, z.B. durch Bloßstellen. Das würde nur zu Störungen führen, weil die Bereiche II, III, IV gleichsam die Privatsphäre darstellen, wo unerwünschtes Eindringen des anderen als Bedrohung erlebt wird.

> Die reife Gruppe: Im Verlauf der Gruppenentwicklung kann und soll es zu einer Ausdehnung des Bereiches der freien Aktivität kommen, denn nur das garantiert eine gute Zusammenarbeit und Kooperation in der Gruppe.

7.3.2 Modell der Gruppenentwicklung

(nach *Bennis/Sheppard*)

Krisen und Phasen auf dem Weg zur reifen Gruppe: Zu den Determinanten der Gruppenentwicklung gehören auch die Persönlichkeitsmerkmale der Gruppenmitglieder, und zwar insofern, als sie bestimmte Bedürfnisse eher aufkommen lassen als andere und bestimmten Regulationsweisen des Verhaltens den Vorzug geben und damit das, was als Verhalten möglich ist, festlegen. Zu den Persönlichkeitsmerkmalen, Einstellungen in diesem Fall, die für die Gruppenentwicklung wichtig werden, zählen:

Abhängigkeit (dependent): Sich gegen Unabhängigkeit stellen. Sich unter der Leitung eines Führers sicher und wohl fühlen. Feste Regeln bevorzugen.

Unabhängigkeit (counterdependent): Sich gegen feste Regeln und Geführtwerden sträuben. Durch autoritäre Strukturen entmutigt werden.

Persönlich (over-personal): Wunsch nach Vertrautheit und persönlichen Beziehungen.

Unpersönlich (counter-personal): Wunsch nach Vermeiden von Intimität, Angst vor der Selbstaufgabe.

Das Zusammenarbeiten in der Gruppe und die Gruppenaufgabe verbieten den Gruppenmitgliedern die extreme Verwirklichung eine dieser Rollen. Sie geraten dabei notwendig in einen Konflikt. Ihnen gegenüber stehen die konfliktfreien Gruppenmitglieder. Da sie von den Problemen der Konfliktbehafteten nicht berührt werden, können sie allein bei verhärteten Fronten und in ausweglosen Situationen die Gruppenentwicklung weiterbringen. Eine Gruppe, die keine konfliktfreien Persönlichkeiten hat, wird kaum jemals reifen (*Shaffer, Galinsky* 1977).

Zu den Hauptproblemen der Gruppenarbeit gehört die innere Unsicherheit, die die Gruppenmitglieder hemmt, aktiv zu werden (vgl. Johari-Fenster). Ursachen dieser Unsicherheit sind die Verteilung und Handhabung der Macht und das Problem der Vertraulichkeit zwischen den einzelnen Gruppenmitgliedern. Am Problem der Macht kommt es zu einer Konfrontation zwischen Abhängigen und Unabhängigen, am Problem der Vertraulichkeit zu einer Konfrontation zwischen Persönlichen und Unpersönlichen. Beide Probleme aber tauchen in der Gruppenentwicklung mit Sicherheit auf. In der Regel wird jedoch zunächst die "Macht"-Frage und dann das "Vertraulichkeits"-Problem gelöst.

Die reife Gruppe hat beide Probleme gelöst. Die Lösung jedes einzelnen Problems geschieht in drei Etappen oder Phasen, die an den Interaktionen festzustellen sind und die man so beschreiben könnte:

- 1 - Beginnende Unsicherheit
- 2 - Auflösung, Chaos, Krise
- 3 - Neubildung, Verfestigung

Jede dieser Etappen wird notwendig durchlaufen. Insgesamt ergeben sich also zwei Hauptphasen mit je drei Subphasen auf dem Weg zur reifen Gruppe.

I. Hauptphase - Das Problem der Machtverteilung

1. Der Gruppeninitiator wird als Zentrum der Gruppe betrachtet. Durch sein Prestige, seine Autorität werden die Abhängigen dazu gebracht, sich als Gefolgschaft des Initiators zu benehmen, die Unabhängigen entwickeln ihre alten Aversionen gegen jede Autorität. Unabhängige und Abhängige bilden antagonistische Gruppen, die sich aber noch nicht zu Cliquen zusammenschließen, da sie einander zu wenig kennen. Diese Cliquenbildung erfolgt allerdings mit Sicherheit, wenn der Initiator nicht durch sein Verhalten die Positionsmacht der Führung relativiert.

Hält der Initiator seinen Führungsanspruch aufrecht, verhärten sich die Fronten und die Gruppe bleibt unproduktiv: Die Abhängigen zeigen keine Eigeninitiative, sie stimmen bestenfalls den Vorschlägen des Initiators zu. Die Unabhängigen widersprechen diesen Vorschlägen auf jeden Fall. Die Konfliktfreien können nichts unternehmen, weil die Konfliktbehafteten nicht auf sie hören. Zieht sich der Initiator zurück, werden die Handlungsweisen der Abhängigen in dieser Form sinnlos.

2. In ihrer Ratlosigkeit suchen die Abhängigen nach einer neuen Autorität. Sie finden sie entweder in der Person eines Gruppenmitgliedes oder im Zusammenschluss zu einer Clique. Sobald aber eine Person oder eine Clique mit einem Machtanspruch auftritt, ruft das den Widerspruch der Unabhängigen wach, die sich vielleicht ihrerseits zusammenschließen und um einen "Führer des Widerstands" scharen. Auf diese Weise entstehen zwei oder mehr rivalisierende Gruppen, die einander feindselig gegenüberstehen. Der Initiator hat in diesem beginnenden Chaos keinen Platz mehr, dennoch wird insgeheim von ihm eine Lösung des Konflikts erwartet.

3. Die Gegensätze vertiefen sich. Doch dieser Zustand hat auch sein Gutes, denn der Einzelne verliert in den Cliquen seine Isolation und seine Hilflosigkeit. Da der Initiator sich immer noch zurückhält, wird er - oft unbewusst und symbolisch - aufgefordert, entweder die Gruppe zu verlassen oder auf jede besondere Verantwortung, jedes besondere Prestige zu verzichten. Jetzt ist es an der Zeit, der Gruppe bewusst zu machen, dass ihre Schwierigkeiten mit der Machtverteilung zusammenhängen und mit unterschiedlichen Einstellungen zur Autorität. Das Bewusstwerden des Problems darf erst dann erfolgen, wenn alle Gruppenmitglieder an der Auseinandersetzung beteiligt sind. Dann kann sich niemand von der Mitverantwortung dafür freisprechen. Es entsteht dadurch ein Gefühl von Gruppensolidarität und Autonomie.

II. Hauptphase - Das Problem der Vertraulichkeit

1. Atmosphäre und Stimmung sind harmonisch. Das Gefühl der Solidarität überdeckt Kontroversen. Die einzelnen Gruppenmitglieder engagieren sich für die Gruppenarbeit, gehen immer mehr in der Gruppenaktivität auf. Der Umgang wird immer intimer und vertraulicher. Dieser Prozess wird nur von den Persönlichen begrüßt, während die Unpersönlichen sich allmählich mehr zurückziehen und isolieren. Die Gruppe beginnt erneut sich aufzusplittern.

2. Die Aufsplitterung schreitet fort. Man kann jetzt deutlich sehen, wie sich die Persönlichen enger zusammenschließen und zu erkennen geben, dass sie von allen Gruppenmitgliedern akzeptiert werden wollen, aber auch, wie die Unpersönlichen sich isolieren und aus Furcht, von der Gruppe abgelehnt zu werden, ihrerseits Bindungen zur Gruppe ablehnen. Die Intimität nimmt nicht weiter zu, die Gruppenkohäsion wird schwächer.

3. Gruppenaufgabe und Zeitdruck zwingen zu einer Lösung des Intimitätsproblems. Die Cliquen wehren sich gegen die Einmischung nicht Zugehörender. Hier ist es die Aufgabe der Konfliktfreien, durch ihr Beispiel, ihr Vorangehen zu einer sachbezogenen und sachlichen Diskussion überzuleiten. Macht die Gruppe mit, dann ist das Konzept einer reifen Gruppe weitgehend erfüllt, wenn nicht, gerät die Gruppe wiederum in die Gefahr der Auflösung.

Auf dem Weg zur reifen Gruppe sind die Probleme der Machtverteilung und der Vertraulichkeit zu lösen. Werden die Probleme nicht gelöst, stagniert die Gruppenentwicklung. Ungelöste Konflikte führen dazu, dass sie weniger produktiv ist.

7.3.3 Die reife Gruppe

Effektiv und produktiv kann nur die Gruppe sein, welche die Beziehungen zwischen den Gruppenmitgliedern nicht mehr in den Mittelpunkt ihrer Diskussionen stellt. Die Interaktionen sind zum Instrument der Aufgabenbewältigung geworden. Unstimmigkeiten werden sachlich behandelt und emotionale Reaktionen rufen keine Krisen mehr hervor, sondern führen zu Problemlösungsprozessen.

Zu den Charakteristika einer reifen Gruppe zählen (*Krech* u. a. 1962):

Atmosphäre:	Formlos, entspannt.
Diskussion:	Aufgabenzentriert. Ein großer Teil der Gruppenmitglieder ist beteiligt.
Aufgabe:	Von allen gut verstanden und akzeptiert.
Verhalten:	Die Gruppenmitglieder hören einander zu und haben keine Angst, sich lächerlich zu machen, auch bei noch so extremen Ideen.

Unstimmigkeiten:	Werden weder unterdrückt noch überspielt. Die Gründe werden sorgfältig geprüft.
Entscheidungen:	Werden so getroffen, dass jeder einverstanden ist. Abstimmung ist selten. Majorität als Basis für weiteres Handeln wird nicht akzeptiert.
Kritik:	Häufig und offen, kaum persönliche Attacken.
Initiator:	Dominiert nicht, noch wird es von ihm verlangt; denn die Gruppe handelt selbstbewusst.

Man kann aber selbst von einer reifen Gruppe keine Effektivität erwarten,

- wenn von ihr unter Zeitdruck eine originelle Lösung verlangt wird. Gruppen neigen zu "vernünftigen" Lösungen, die sich dem Mittelwert annähern; dafür sorgen Risikoverlagerung und Konformität.

- wenn kein gemeinsames Gruppenziel besteht bzw. wenn ein Ziel nicht eindeutig definiert wurde.

- wenn ihr zu geringe Informationen und Hilfsmittel zur Verfügung stehen, wenn die Aufgabe ihre Fähigkeiten überfordert oder wenn ein wichtiger Spezialist fehlt.

Bei der Entwicklung zur reifen und effektiven Gruppe werden die Beziehungen zwischen den Gruppenmitgliedern zunehmend rationaler und von störenden Emotionen entlastet. Die Aktionen der Gruppe beschränken sich nicht länger auf ihren Zusammenhalt, sondern werden immer mehr in den Dienst der gemeinsamen Aufgabe gestellt. Diese Entwicklung verläuft nicht geradlinig und ungestört. Bei der Konfrontation mit den Problemen der Macht und der Vertraulichkeit gerät die Gruppe regelmäßig in Krisen, die ihren Bestand gefährden können. Diese Krisen sind normal und keineswegs "pathologisch", also nicht als Symptome einer kranken Gruppe anzusehen, sondern als unvermeidliche Entwicklungserscheinungen.

Alle Maßnahmen, die man trifft, um die Arbeit mit Gruppen ökonomischer, produktiver, effektiver und sicherer zu machen, setzen voraus, dass man über die Gruppe und ihre Mitglieder genügend Informationen besitzt. Man muss unterscheiden können zwischen normalen, gesunden Gruppen und kranken Gruppen und auch zwischen für die Gruppenarbeit brauchbaren Mitarbeitern und Leuten, die besser allein arbeiten. Es schälen sich zwei grundlegende Möglichkeiten für Maßnahmen zur Verbesserung der Effektivität heraus, die idealerweise kombiniert werden: Man setzt die Gruppe so zusammen, dass sie (1) zum größten Teil aus bewährten Gruppenarbeitern besteht und/oder (2) man lässt die Gruppe in einem speziellen Training reifen, bevor man ihr die eigentliche Aufgabe übergibt.

7.3.4 Dysfunktionale Rollen

Das Auftreten dysfunktionaler Rollen ist ein Symptom dafür, dass die Gruppe unfähig ist, individuelle Bedürfnisse durch gruppenzentrierte Arbeiten zu befriedigen. Auf der anderen Seite, wenn ein Gruppenmitglied ständig eine dysfunktionale, die Gruppenarbeit störende Rolle spielt, dann ist es entweder für diese Gruppe - vielleicht aufgrund deren spezifischer Struktur - oder für die Gruppenarbeit überhaupt ungeeignet. Dysfunktionale Rollen (nach BROCHER 1967) sind:

Aggressives Verhalten

- Es wird für den eigenen Status gearbeitet, indem man andere kritisiert oder blamiert
- Feindseligkeiten gegen die Gruppe oder einzelne Mitglieder
- Versuch, ständig zu dominieren

Blockieren der Gruppenarbeit

- Ausweichen auf Randprobleme
- Anbieten nicht adäquater persönlicher Erfahrung
- Hartnäckige Argumentation zu einem einzigen Punkt
- Abweisen von Problemen, Ausweichen

Selbstgeständnisse

Die Gruppe wird zum Resonanzboden für rein persönliche Gefühle, die nicht die Erreichung der Gruppenziele fördern.

Rivalisieren

- sich mit anderen um die Urheberrechte der guten Ideen streiten
- am meisten reden
- die Führung an sich reißen

Suche nach Sympathie

Versuche, andere Gruppenmitglieder zur Sympathie mit den eigenen Problemen und Missgeschicken zu verleiten.

Spezialplädoyers

Vorschläge, die mit der eigenen Philosophie verbunden sind.

Clownerie

Witze, Nachahmung, um die Gruppe aufzuhalten.

Beachtung suchen

- lautes, ausgiebiges Reden
- extreme Ideen, ungewöhnliches Verhalten

Sich zurückziehen

- indifferentes, passives Verhalten, auf äußerste Formalität beschränkt
- weit vom Thema abweichen

Nur die Bewältigung von Gruppenkonflikten bringt die Gruppe in ihrer Entwicklung weiter. Allerdings birgt ein Konflikt auch ein hohes destruktives Potential, das zu einer Zerstörung der Gruppe führen kann. Bevor es dazu kommt sollte man sich von destruktiven Gruppenmitgliedern trennen. Es kommt darauf an, dass man fähig und willens ist konstruktiv Konflikte auszutragen.

7.3.5 Prozessanalyse

1. Wenn Menschen zusammenkommen, um zu arbeiten, dann sollen Leistungen erzielt werden. Auf diese Leistungen kommt es an: Kunden sollen optimal bedient, Routinearbeiten nach geforderten Standards erledigt, Probleme gelöst, Konzeptionen erarbeitet werden. Die Leistungen werden entlohnt, beurteilt, sind die Grundlage für Beförderungen.

2. Wenn sich Menschen zusammenfinden, um zu arbeiten, vollziehen sich viele Leistungen mittels zwischenmenschlicher Prozesse. Kundenprobleme werden mit Kollegen diskutiert, in Teams werden gemeinsam Konzeptionen erarbeitet oder Maßnahmen entschieden. Ebenso vollziehen sich manche Leistungen gegenüber den Kunden mittels Interaktionsprozessen. Es wird beraten, Maßnahmen werden diskutiert etc. Diese Prozesse haben nicht immer den Leistungsaspekt im Mittelpunkt. Macht und Meinungen können Interaktionsprozesse dominanter bestimmen als die sachlichen Inhalte. Zusätzlich haben die Sympathiebeziehungen Einfluss auf die Zusammenarbeit. Manche sprechen miteinander, manche nicht. Bestimmte Ansichten und Meinungen werden abgelehnt. Es kommt zu heftigen emotionalen Diskussionen, manchmal zu persönlichen Beleidigungen. Man benutzt verschiedene Techniken, um seine "guten Ideen" durchzubringen. Man gibt ungefragt "gute Ratschläge". Es gibt viele konkrete Informations-, Kommunikations- und Interaktionsformen, die nicht im Dienste von Leistungen für Kunden und Aufgaben stehen. Sie sind, in Bezug auf die Aufgabe, dysfunktional, führen zu Störungen und beeinträchtigen die Leistungen (vgl. dysfunktionale Rollen).

3. Wenn sich Menschen zur Arbeit zusammenfinden, so arbeiten sie unter Bedingungen, die sie zum Teil selbst gestaltet haben. Auf dysfunktionale Interaktionsformen reagiert der Kollege meist mit ähnlichen Formen. Ebenso bilden sich Reaktionsformen auf die Art und Weise, wie Vorgesetzte mit ihren Mitarbeitern umgehen. Dies führt zu bestimmten Umgangsformen, die überdauernd als Strukturen funktionieren. Die Prozesse laufen immer wieder nach den gleichen Regeln ab. Es entsteht ein "schlechtes Klima", unter dem man leidet und dem man sich hilflos ausgesetzt fühlt. Natürlich schlägt sich ein schlechtes Klima auf die Leistungen nieder. Deshalb darf es im Interesse der Kunden, der Mitarbeiter aber auch im eigenen Interesse nicht dem Zufall überlassen bleiben, wie man miteinander zusammenarbeitet. Jeder entscheidet mit, unter welchen Bedingungen er mit anderen zusammenarbeiten will. Da es alle Zusammenarbeitenden betrifft,

müssen sie auch die Art und Weise der Zusammenarbeit so gut wie möglich regeln.

Bei der Prozessanalyse geht es um die Analyse der Interaktionsprozesse, damit diese so verbessert werden können, dass Leistung und Klima "stimmen". Über Interaktionsprozesse nachzudenken ist weitgehend ungewohnt. Deshalb werden in den nächsten Abschnitten Hilfestellungen angeboten:

1. Prozessanalyse
2. Systematik für ein Konfliktgespräch
4. Feedback

Nicht Konflikte leugnen, sondern sich den Konflikten stellen

Der unten abgebildete Fragebogen zur Problemidentifikation soll Anregungen über Bereiche der Zusammenarbeit geben, die verbessert werden können. Lassen Sie sich aber nicht täuschen. Wenn keiner in der Gruppe ein Problem oder einen Verbesserungsbereich sieht, so bedeutet das nicht, das alles in Ordnung ist. Es kann sein, dass keiner sich traut, über seine Sicht zu sprechen. Erst wenn sich eine Vertrauensbasis in der Gruppe entwickelt hat, redet man offener miteinander. Dies kann man nicht erzwingen. Erst das wiederholte Reden über die Art der Zusammenarbeit fördert diesen Vertrauensprozess. !!Haben Sie Geduld, solche Prozesse brauchen Zeit!!

Individuelle Vorarbeit

1. Beschreiben Sie mit Hilfe des Checkbogens, wie Sie die Gruppe gesehen haben. Ergänzen Sie, verändern Sie den Bogen, damit er möglichst genau Ihre Gruppensicht widerspiegelt.
2. Machen Sie Vorschläge, wie man erkannte Probleme lösen könnte.

Gruppenarbeit

1. Tauschen Sie die individuellen Sichtweisen aus.
2. Stellen Sie Verbesserungsbereiche zusammen. Setzen Sie Prioritäten.
3. Diskutieren Sie Maßnahmen so lange, bis Sie Konsens in der Gruppe erreicht haben.
4. Praktizieren Sie die Verabredungen in der Gruppe und reden Sie nach den gemachten Erfahrungen darüber, ob sich die Maßnahmen bewährt haben.

Anmeldung der Störungen

Ein Gruppenmitglied teilt mit, was in der Gruppe stört. Eine andere Möglichkeit besteht darin, dass alle zusammen die vergangene Gruppenarbeit mit Hilfe von Vorgaben analysieren. Für eine grobe Analyse möglicher Störquellen kann folgender Fragebogen herangezogen werden (1= keine, 3= einige, 5= starke Hinweise).

1.	Verlust an Produktivität/Leistungsabfall der Gruppe	1	2	3	4	5
2.	Klagen oder Beschwerden in der Gruppe	1	2	3	4	5
3.	Konflikte oder Feindschaft zwischen Gruppenmitgliedern	1	2	3	4	5
4.	Unklare Kompetenzen oder Beziehungen zwischen den Gruppenmitgliedern	1	2	3	4	5
5.	Mangel an klaren Zielen oder geringe Identifikation mit diesen	1	2	3	4	5
6.	Apathie, allgemeine Interesselosigkeit oder Mangel an Engagement	1	2	3	4	5
7.	Mangel an Innovation/Risikobereitschaft Kreativität/Initiative	1	2	3	4	5
8.	Ineffektive Meetings	1	2	3	4	5
9.	Probleme im systematischen Vorgehen	1	2	3	4	5
10.	Unzureichende Kommunikation: Man wagt nicht zu widersprechen, man hört einander nicht zu, man spricht nicht miteinander	1	2	3	4	5
11.	Mangel an Vertrauen zwischen den Mitgliedern der Gruppe	1	2	3	4	5
12.	Es werden Entscheidungen getroffen, die nicht vollkommen geklärt wurden, bei denen noch kein Konsens besteht	1	2	3	4	5
13.	Gute Arbeit wird nicht anerkannt, belohnt	1	2	3	4	5
14.	Es wird nicht zur Zusammenarbeit, zu gemeinsamen Anstrengungen ermutigt	1	2	3	4	5

Zusammenstellung der verschiedenen Meinungen

Es werden nacheinander die Meinungen zur Gruppenarbeit abgefragt und ohne Bewertungen zusammengestellt. Anschließend bildet die Gruppe Prioritäten, welcher Bereich bearbeitet werden soll, z.B. durch Punkten der Probleme je nach ihrer Bedeutung für die Gruppe:

1= sehr wichtig, 2= wichtig, 3=weniger wichtig

Jeder gibt seine Meinung ab, die Reihenfolge ergibt sich aus den Punktsummen.

Herausarbeiten der Hintergrundbedürfnisse

Jeder in der Gruppe hat nun die Gelegenheit, seine Bedürfnisse weiter zu klären und alle seine Gefühle, Ansichten zu dem Punkt mitzuteilen. Es geht um die Erfassung der verschiedenen Interessen und Bedürfnisse, ohne dass Lösungen gefunden werden.

Formulierung der Wünsche

Alle Gruppenmitglieder formulieren ihre Gefühle und ihre Ärgernisse in Wünsche um. Die Wünsche müssen konkret sein, damit die anderen Gruppenmitglieder Stellung beziehen können.

Brainstorming über mögliche Lösungen

Jeder macht Vorschläge zur Lösung des Problems, ohne auf die Praktizierbarkeit zu achten. Kein Vorschlag darf kritisiert werden, keine Killerphrasen wie "Das geht nicht, das haben wir schon ausprobiert, das wird nicht genehmigt" etc. Die Vorschläge können ruhig lustig, sogar unsinnig sein; dadurch wird die Phantasie angeregt.

Eine Lösung finden, die alle zufrieden stellt

Durch die Prozedur ist die Diskussion versachlicht worden. Es ist wahrscheinlicher, dass eine gemeinsame Lösung gefunden werden kann. Die Veränderungen sind konkret, praktizierbar zu planen und gemeinsam zu verabschieden.

Überprüfung der Lösung

Erst wenn man die Lösung ausprobiert hat, kann man genau sagen, ob das Problem nun gelöst ist. Wenn nicht, dann müssen neue Wege gefunden werden. Die Veränderungsmöglichkeit von Entscheidungen ist wesentlich für eine gute Zusammenarbeit.

Fördernde Verhaltensweisen beim Problemlösen

Darunter fallen alle Verhaltensweisen, die dem Gesprächspartner vermitteln, dass

- seine Gefühle und Gedanken verstanden, nicht wertend gehört und aufgenommen werden,
- man aktiv, engagiert und beteiligt am Gespräch ist, man sich selbst offen mit seinen eigenen Gedanken und Gefühlen in das Gespräch einbringt.

Beispiele
1. Aktives und aufmerksames Zuhören
2. Paraphrasieren: Wiederholen der Inhalte und Aussagen anderer in eigenen Worten, um das eigene Verständnis zu überprüfen
3. Verbalisieren gefühlshafter Erlebnisinhalte: Mitteilen, welche Gefühle aus einer Äußerung herausgehört worden sind
4. Wahrnehmungsüberprüfung: Mitteilen, wie das Verhalten eines Gruppenmitglieds wahrgenommen wurde und zurückfragen, ob die Vermutungen zutreffen
5. Informationssuche: Nachfragen, um die Äußerungen eines Gruppenmitglieds besser zu verstehen
6. Mitteilen eigener Gefühle: Beschreiben, was man gegenüber dem Gesprächsinhalt empfindet. Das bedeutet nicht, dass andere die Gefühle übernehmen sollen.

Hindernde Verhaltensweisen

Darunter fallen alle Verhaltensweisen, die:

- sich nicht um ein Verstehen der Meinungen und Argumentationen anderer kümmern oder nur eigene Gedanken einbringen.

- anderen ihre Gefühle nehmen. Man vermittelt, dass man die Gefühle gar nicht haben bzw. äußern dürfte.
- anderen Gefühle der Unterlegenheit und Bedeutungslosigkeit vermitteln.
- anderen vermitteln, dass man ihnen nicht zutraut, allein die Lösung für das Problem zu finden.

Beispiele

1. Wechsel des Themas ohne Erklärung: Man zeigt damit Desinteresse.
2. Beenden des Blickkontaktes: Optische Beschäftigung mit anderen Personen oder Gegenständen.
3. Interpretationen: Belehrungen, welche Motive hinter den Handlungen anderer stehen.
4. Ratschläge und Überredung: Zunächst geht es um ein Verstehen, danach erst um Lösungen, die man gemeinsam findet, diskutiert und verabschiedet. Zu schnelles Vorgehen schadet nur.
5. Verneinung der Gefühle: Hemmend wirken Äußerungen, die Gefühle absprechen oder abschwächen.
6. Benutzung von Äußerungen als Kampfmittel: Informationen des Partners werden später gegen ihn verwendet. Dadurch wird das Vertrauen erschüttert.

7.3.6 Feedback

Wenn man seine Verhaltensweisen im sozialen Bereich verändern will, ist man auf die Mitteilungen seiner sozialen Umwelt angewiesen. Die Gruppenmitglieder können über die Wirkungen individueller Verhaltensweisen Auskunft geben. Diese subjektiven Äußerungen (Feedback) sind die Grundlage für eine Auseinandersetzung mit den eigenen Verhaltensweisen. Ob das Feedback Lernprozesse auslöst, entscheidet jeder selbst.

Ein offenes Feedback hilft, sich selbst und seine unmittelbare soziale Umwelt realistischer wahrzunehmen. Hören Sie deshalb genau zu, was man Ihnen sagt. Klären Sie durch Nachfragen, wenn Sie etwas nicht verstanden haben. Auch wenn es für Sie unangenehm ist, denken Sie nicht gleich daran, warum das Gesagte nicht stimmen kann. Beim Feedbackgeben sind bestimmte Regeln zu beachten, damit die Annahme des Feedbacks nicht behindert wird.

In Kurzform **3-K-Regel**:

Konkret:	Beschreibung des konkreten Verhaltens, das stört.
Kurz:	Möglichst knappe Ausführung.
Konstruktiv:	Zusammen über Lösungen nachdenken.

Beispiele

Ich habe das eben so erlebt, dass Sie mir häufig das Wort abgeschnitten und dann selbst weitergeredet haben. (Ausdruck der Subjektivität und der Gegenwart).

Das hat mich geärgert (Beschreibung der emotionalen Wirkung).

Mir macht so ein Gespräch keinen Spaß, deshalb wünsche ich mir irgendeine Lösung. Aber ich weiß nicht, wie Sie darüber denken (Bitte um Veränderung).

Ausführliche Regeln zum Feedback

1. Geben Sie dann Feedback, wenn der andere bereit ist zuzuhören.
2. Feedback sollte so konkret und ausführlich wie notwendig sein.
3. Teilen Sie Wahrnehmungen als Wahrnehmungen, Vermutungen als Vermutungen und Gefühle als Gefühle mit. Vermeiden Sie indirekte Anspielungen.
4. Feedback soll den anderen nicht analysieren. Äußern Sie sich nicht über Motive und Charaktereigenschaften.
5. Feedback soll gerade auch positive Gefühle und Wahrnehmungen umfassen.
6. Feedback soll umkehrbar sein.
7. Feedback sollte sich auf ein begrenztes konkretes Verhalten beziehen.
8. Feedback sollte möglichst unmittelbar erfolgen.
9. Wenn Sie ein Feedback annehmen, hören Sie nur zu.

8. Skript - Kommunikationsgestaltung

8.1 Inhaltliche Gestaltung

Gegenseitiges Verständnis hängt von der Übereinstimmung der Zeichenregister ab, welche u.a. Resultat individueller Erfahrungen und kultureller Eingebundenheit sind. Nichtübereinstimmungen im Zeichenregister werden z.B. durch zusätzliche Informationen ausgeglichen (Redundanz). Über den Erfolg einer Information lässt sich ohne Rückmeldung nur wenig aussagen. Ein Feedback kann helfen, den Austausch von Informationen zu regeln. Diese allgemeinen Regeln können noch weiter präzisiert werden, um Informationen verständlicher zu übermitteln. Es gibt allgemeine Prinzipien, die sich sowohl auf Gespräche wie auch auf Texte übertragen lassen: 1. Einfachheit

2. Gliederung, Ordnung

3. Kürze, Prägnanz

4. Zusätzliche Stimulanz

Für die Beurteilung eines Gespräches formuliert man am besten Polaritäten, um die Ausprägungen festzuhalten und Schwachstellen zu kennzeichnen.

Einfachheit - Kompliziertheit

Zu viel Redundanz, Fachwörter, verschachtelte Satzbildung etc. führen zu einer Kompliziertheit, die oft zu Missverständnissen führt. Natürlich kann man eine komplizierte Informationsübermittlung recht gut für eine Selbstdarstellung benutzen, falls sie nicht als solche durchschaut wird. Redundanz kann die Aufnahme von Informationen unterstützen, wenn sie wiederholend eingesetzt wird. Andernfalls behindert sie die Informationsaufnahme, weil sich ein Aufmerksamkeitsverlust einstellt.

Einfachheit meint, dass kurze Sätze benutzt und vorwiegend bekannte Wörter verwendet werden. Dazu gehört auch eine anschauliche Schilderung, die den Zugang zu den Informationen erleichtert.

Gliederung, Ordnung - Unübersichtlichkeit

Hier geht es insbesondere um die Gestaltung der Informationsübermittlung. Die neuen Einfälle zum Thema oder das Verlieren des roten Fadens, sprechen sicherlich für eine hochausgeprägte Kreativität; allerdings besteht die Gefahr, dass der Gesprächspartner mehr verwirrt wird und nicht weiß, was man ihm eigentlich mitteilen möchte. Eine äußere Gliederung strukturiert die Themen eines Gesprächs: Was soll in welcher Reihenfolge abgehandelt werden?

Innere Ordnung bezieht sich auf die Verknüpfung der Inhalte, die einer Logik folgen sollten. Hier sind insbesondere bestimmte Systematiken gemeint, nach denen Gespräche ablaufen sollten.

Kürze, Prägnanz - Weitschweifigkeit

Tagtäglich erlebt man in Gesprächen, dass bei zeitlich länger ausgedehnten Gesprächsanteilen schnell die Aufmerksamkeit sinkt. Auch das Wesentliche verschwindet meist in dem Wust von Informationen.

Ein lebendiger Dialog wird begünstigt, wenn kurz und prägnant die Sachinhalte dargestellt werden. Es ist nicht nötig, dass schon beim ersten Mal ein vollständiges Verstehen erreicht wird. Ein Nachfragen und Diskutieren von bestimmten noch unklaren Inhalten führt letztlich zu einem intensiveren Verstehen, weil der Gesprächspartner aktiver in den Prozess einbezogen wird.

Zusätzliche Stimulanz - keine zusätzliche Stimulanz

Es geht vor allem darum, den Gesprächspartner gefühlsmäßig anzusprechen. Hat man Stilmittel gefunden, durch die das Thema positiv eingefärbt wird, so erhöht sich die Aufmerksamkeit. Sprachliche Bilder oder Analogien zu elementaren Grunderfahrungen können Brücken bauen, die eine Einbeziehung des Themas in eigene Vorstellungen erleichtern.

8.2 Beziehungsgestaltung

Die Sachbotschaft wendet sich an den Verstand, während sich die Beziehungsbotschaft an das Gefühl wendet. In der Beziehungsbotschaft teilt der Sender seine Wertschätzung dem Anderen mit und bestimmt, in welcher Weise die Beziehung zueinander gesehen wird: So einer bist du (Du-Botschaft), so stehen wir zueinander (Wir-Botschaft). Die empfangenen Du-Botschaften beeinflussen in einer Lerngeschichte langfristig das Selbstkonzept des Empfängers. Abwertungen aus der relevanten sozialen Umwelt führen zu Selbstunsicherheit und/oder Abwehrverhalten.

Nach *Haley* (1978) lassen sich drei Grundkategorien möglicher Beziehungen unterscheiden:

Symmetrische Beziehungen

Beide Partner können gleiche Verhaltensweisen zeigen. Es besteht ein partnerschaftliches und gleichberechtigtes Verhältnis zueinander.

Komplementäre Beziehungen

Die Verhaltensweisen von Sender und Empfänger unterscheiden sich; sie stehen in einem Ergänzungsverhältnis zueinander: Der eine befiehlt, der andere gehorcht; der eine fragt, der andere antwortet; der eine lehrt, der andere lernt. Mit dieser Art der Beziehung ist eine Abhängigkeit gegeben.

Metakomplementäre Beziehungen

Wenn A seinen Partner B dazu bringt, über ihn zu verfügen oder ihn zu lenken oder ihm zu helfen, so liegt eine metakomplementäre Beziehung vor. Dies kann eine paradoxe Situation in der Partnerschaft sein, wenn z.B. ein Partner eine symmetrische Beziehung fordert. "Fordern" gehört zu einer komplementären Beziehungsform. Der Empfänger kann auf Beziehungswünsche unterschiedlich reagieren. Es liegt also letztlich an ihm, welches Interaktionsgefüge sich in einem Gespräch herausbildet.

Im Gespräch hat der Empfänger der Beziehungsbotschaft unterschiedliche Reaktionsmöglichkeiten:

Akzeptieren

Der Empfänger erlebt die Beziehungsgestaltung als angemessen. Eine Zustimmung gleich welcher Art wird gegeben.

Durchgehen lassen

Der Empfänger stimmt der Beziehungsdefinition zwar nicht zu, aber er wendet sich auch nicht sichtbar dagegen. Er lässt sie durchgehen. Dies ist z.B. der Fall, wenn in einem Gespräch eine komplementäre Beziehungsgestaltung geduldet wird.

Zurückweisen

Der Empfänger gibt klar zu erkennen, dass er dem Beziehungsvorschlag des Senders nicht folgt. Man weist z.B. Annäherungsversuche zurück.

Ignorieren (= Entwerten)

Der Empfänger reagiert nicht; der Beziehungsvorschlag wird dadurch entwertet. Auf eine komplementäre Beziehungsgestaltung wird bspw. mit einer symmetrischen geantwortet.

Die Mittel der Beziehungsgestaltung werden in Führungsstilen verwendet. Interessant dürfte der Hinweis sein, dass Machtausübung immer auch eine Angelegenheit der Kommunikation ist. Es bilden sich komplementäre Beziehungen. Aus welchen Gründen auch immer muss also ein Partner die Abhängigkeit akzeptieren. Der Umgang miteinander, die Beziehung, kann selbst Gegenstand eines Gespräches werden. Die Regeln der Beziehung werden analysiert und dazu offen gelegt. Man spricht dann von Metakommunikation: "Wie wollen wir miteinander umgehen?"

8.3 Formen der Verhaltensbeeinflussung

Führen, als Beeinflussung von Verhalten, kann zum einen durch Einsatz von Mitteln der Macht und zum anderen durch Überzeugen geschehen (vgl. folgende Seite). Beides führt zu komplementären Beziehungen. Derartige Beziehungen können situativ durchaus sinnvoll sein, z.B. in Führungssituationen, in denen es um die Kontrolle von Tätigkeiten geht. Nicht sinnvoll ist eine solche Beziehungsgestaltung bei konzeptionellen Aufgaben oder Problemlösungsgesprächen (s. Diskurs und

Bedingungen des Dialog- oder Diskursprinzips). Die Kunst ist es folglich, Beziehungsformen zu wechseln, um Situationen gemeinsam optimal zu bewältigen.

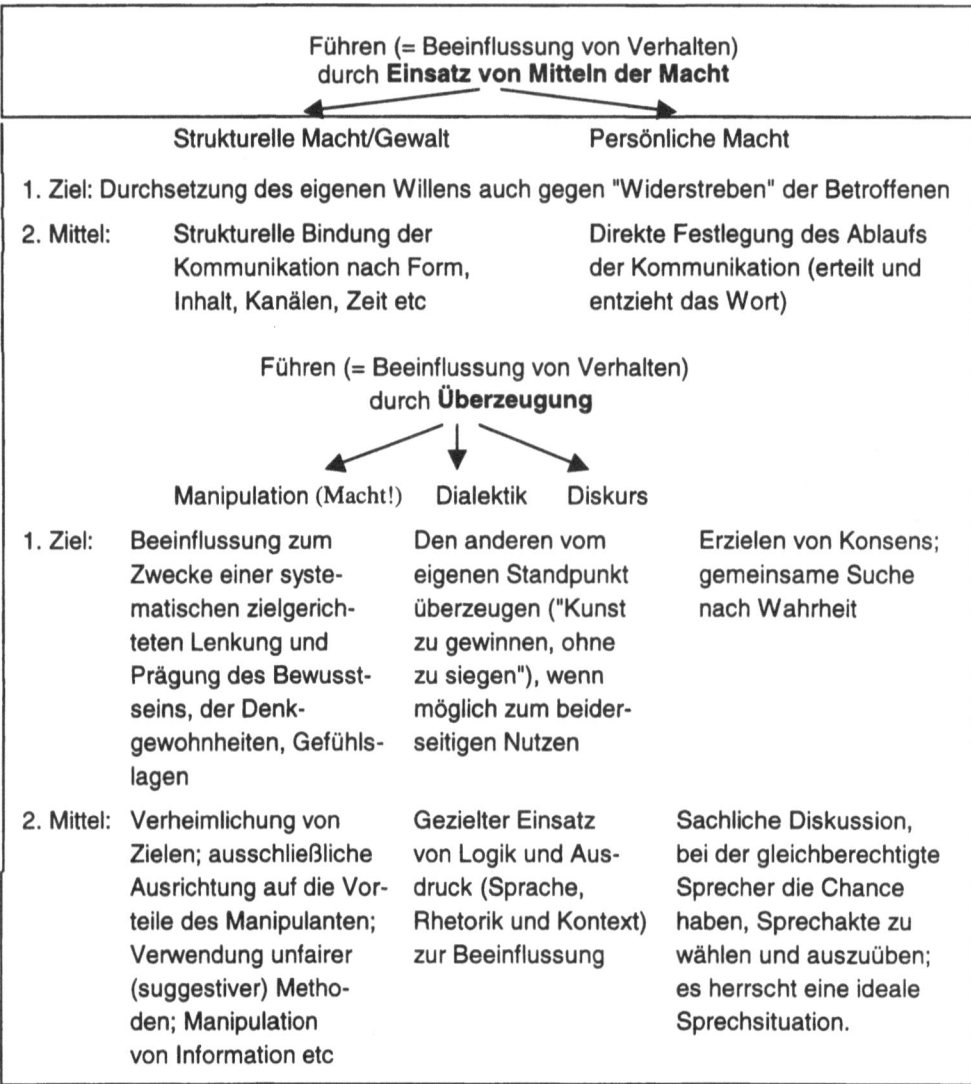

Bedingungen des Dialog- oder Diskursprinzips (nach *Ulrich* 1981)

1. Beteiligung aller Betroffenen. Authentische Einbringung aller Bedürfnisse und Wertungen ist gewährleistet.

2. Argumentative Einigung (Konsens). Nur allgemein akzeptierbare Argumente sind gültig.

3. Chancengleichheit (Machtausgleich). Die Verhandlungsmacht aller Beteiligten muss gleich sein.

4. Zwanglosigkeit. Auf Persuasion und Sanktion wird bewusst verzichtet.

5. Unbeschränkte Information. Alle vorhandenen relevanten Informationen sind allen Beteiligten zugänglich.

6. Argumentative Kompetenz. Alle Dialogteilnehmer müssen fähig sein, vernünftig zu argumentieren.

7. Rationale Motivation ("Wille zur Vernunft"). Dialogteilnehmer müssen gewillt sein, vernünftig zu argumentieren, Gegenargumente unvoreingenommen zu prüfen und einen allgemein akzeptierbaren Konsens zu erzielen.

8.4 Gesprächstypen

Sachgespräch

Inhalte: Übermittlung von Informationen zu einem bestimmten Anlass (Vorgang).

Anlass: Abstimmung von Zielen, Aktivitäten, Ergebnissen etc.

Ziel: Übermittlung von Wissen zu bestimmten Sachproblemen; Aufforderung zur Handlung.

Strukturierung: Weitgehend formal; an die Organisation gebunden; Steuerung des Gesprächs zu weiten Teilen durch den in der Hierarchie Höherstehenden.

Kommunikationsformen: Überwiegend Monologe; bei asymmetrischen Machtverhältnissen der Gesprächspartner überwiegen die Gesprächsanteile des hierarchisch Höherstehenden.

Typische Gesprächsarten: Abstimmungsgespräche, Arbeitsgespräche, Abteilungsgespräche

Innovationsgespräch

Inhalte: Sammlung von Informationen zu neuartigen Problemlösungen.

Anlass: Vorhandene Verfahren, Problemlösungen etc. sind nicht mehr zeitgemäß.

Ziel: Suche von neuen Ideen, schöpferischen Alternativen zur Lösung eines Problems.

Strukturierung: Überwiegend informell; nur in Teilen vorstrukturiert; der in der Hierarchie Höherstehende hält sich zurück.

Kommunikationsformen: Idealer Weise sollten hier die Gesprächsanteile auf die Teilnehmer gleichmäßig verteilt sein.

Typische Gesprächsarten: Gespräche zur Festlegung von Marketingaktivitäten, Neuproduktentwicklungen; Planungsgespräche; Brainstorming

Verhandlung

Inhalte: Austausch von Informationen und Argumenten zu einem bestimmten Problem, wobei die Gesprächspartner nur durch die Verhandlung zu einer Lösung des Problems kommen.

Anlass: Lösung vorhandener Konflikte (ideeller oder materieller Art).

Ziel: Klärung von Spannungen; Beilegung von Konflikten, Treffen von Entscheidungen.

Strukturierung: Weitgehend formal; konkurrierende Haltungen prägen die Struktur; der in der Hierarchie Höherstehende setzt in der Regel seine Macht zur Strukturierung ein, was zur Verhinderung von Problemlösungen führen kann.

Kommunikationsformen: Überwiegend dialogischer Austausch der Argumente; bei ungleichen Machtverhältnissen der Gesprächspartner werden die Gesprächsanteile des Höherstehenden überwiegen. Ein Diskurs sollte dann angestrebt werden, wenn es wichtig ist, dass die Lösungen auch akzeptiert werden.

Typische Gesprächsarten: Gespräche über die Verteilung von betrieblichen Ressourcen; Gespräche mit Kunden, dem Betriebsrat etc.; Kritikgespräch; Schlichtungsgespräch

Personalgespräch

Inhalte: Vorrangiger Bezug auf die Personalangelegenheiten der am Gespräch beteiligten Personen.

Anlass: Klärung demotivierender Arbeitsbedingungen; Probleme der Integration oder des Engagements des Mitarbeiters.

Ziel: Übermittlung von Informationen zu bestimmten personalen Angelegenheiten; Aufforderung zu einer bestimmten Handlung.

Strukturierung: Formale und informelle Teile halten sich die Waage; der in der Hierarchie Höherstehende geht auf den anderen ein.

Kommunikationsformen: In der Praxis zumeist wie die Verhandlung, wobei hier anzustreben ist, dass bei Gesprächen zwischen Personen mit ungleichen Machtbefugnissen ein Gleichgewicht in den Gesprächsanteilen erreicht wird, Anwendung der Diskurstechnik.

Typische Gesprächsarten: Mitarbeitergespräche, Fördergespräche, Kritikgespräche

Soziales Gespräch

Inhalte: Bezug auf Gegenstände betrieblicher und/oder privater Natur.

Anlass: Schaffung von sozialen Verbindungen, Kontakten, Beziehungen etc.

Ziel: Befriedigung sozialer Bedürfnisse (des Bedürfnisses nach mitmenschlichen Kontakten); Mikropolitik.

Strukturierung: Informell, ohne Struktur; Machtverhältnisse der Gesprächspartner haben wenig (nur indirekten) Einfluss.

Kommunikationsformen: Gespräch in Dialogform.

Typische Gesprächsarten: informelle Gespräche mit Kollegen, Mitarbeitern, Vorgesetzten (wobei diese auch betriebliche Problem zum Inhalt haben können); Kantinenplausch (z.B. Klatsch über Kollegen, Vorgesetzte); Gespräche über

Wochenenderlebnisse, Sportereignisse; gezielte Gespräche über die Zusammenarbeit

8.5 Selbstoffenbarung

Im Gespräch teilt man auch etwas über seine Persönlichkeit mit. Gerade in diesem Bereich kommt man oft in ein Dilemma. Meist ist die Selbstoffenbarung mit Ängsten verbunden, die aus Lernerfahrungen stammen. Zu oft sind wir von anderen abgewertet worden. Konkurrenz bestimmt weitgehend die Beziehungen, besonders in der Ausbildung. Deshalb werden unterschiedliche Fassadentechniken benutzt, um die Persönlichkeit zu verbergen. Sprachliche Hilfsmittel zur Selbstverbergung sind z.B. Man-Sätze: "Man wird wütend, wenn man so lange warten muss." Die eigene Erlebensweise wird hinter dem unverbindlichen "man" verborgen. Dieselbe Funktion haben Wir-Sätze, Es-Sätze oder auch Fragen. Man spricht dann von einer indirekten Kommunikation.

Natürlich werden auch Strategien und Taktiken benutzt, um bestimmte Eindrücke bei seinem Gegenüber zu erzielen. Eine Selbstdarstellung soll z.B. Fachkompetenz oder Selbstsicherheit vermitteln, um dem Gegenüber zu beeindrucken. Selbstdarstellungstechniken haben andererseits negative Auswirkungen auf den Gesprächsverlauf. Die Verschleierungstechnik führt meist dazu, dass eine steife und unschöpferische Atmosphäre entsteht. Dies wirkt sich dann auf den sachlichen Ertrag eines Gespräches aus.

Eine direkte Kommunikation offenbart eigene Denkweisen und Haltungen. Man spricht in einer Ich-Form: "Ich bin sehr wütend, weil ich so lange warten musste." *Gordon* (1977) spricht von Du- und Ich-Botschaften. Gemeint ist dabei das Gleiche: Es wird offen die eigene Meinung ausgedrückt.

Für die Bildung zwischenmenschlicher Solidarität wird auch mit den Schwächen und Stärken eines Partners auszukommen sein. Bleibt dies verschleiert, so kann sich keine feste Beziehung bilden. Außerdem führen solche Techniken, werden sie ständig gebraucht, zu Schäden für die eigene seelische Gesundheit. Eine andauernde innere Anspannung führt meist auch zu körperlichen Krankheiten. Sicherlich ist es so, dass die Selbstoffenbarung je nach Situation und Gesprächspartner angemessen eingebracht werden muss. Bekommt man gleich die ganze Lebensgeschichte erzählt, so wirkt dieses eher abstoßend und verhindert ein gegenseitiges Kennenlernen.

Die Kommunikation ermöglicht eine zielgerichtete Zusammenarbeit, indem sie einseitige Informationsdefizite durch Austausch ausgleicht, sodass die Gesprächspartner sich auf ein gemeinsames Ziel ausrichten können. In dieser Weise motiviert die Kommunikation und beeinflusst bzw. reguliert gegenseitig das Verhalten und moderiert die Interpretationsprozesse in Gruppen.

Ein Gespräch ist nie nur rational. Wie bei jedem anderen Verhalten müssen auch irrationale, soziale und vitale Regulationen einkalkuliert werden. Dadurch können

Kommunikationsvorgänge behindert werden, sodass eine Bedürfnisbefriedigung nicht möglich ist. Es kommt dann zu Frustrationen mit allen unerwünschten Folgeerscheinungen.

Insbesondere gegenseitige Beurteilung und Einordnung der Kommunikationspartner kann zu Störungen führen. Die Störung des kommunikativen Verhaltens wird durch die Tatsache zum Problem, dass das Verhalten des Partners nur in äußerst begrenztem Maße vorhersehbar ist. Hinzu kommen situative Gestaltungen durch die Kommunikation selbst.

Störungen können durch Metakommunikation aufgearbeitet werden - ein Gespräch über das Gespräch. Ein solches Gespräch sollte ebenfalls einer systematischen Gestaltung folgen.

8.6 Konflikte zwischen Personen

In den meisten Fällen wird das Wort Konflikt mit negativen Erfahrungen in Verbindung gebracht. Konflikte sind unangenehm, führen zu Spannungen zwischen Personen und können auch Niederlagen enthalten. Daraus resultiert, dass man Auseinandersetzungen aus dem Weg geht, um sich nicht den emotionalen Auswirkungen auszusetzen. Eine andere Erscheinungsform ist, dass man seine eigenen Interessen und Wünsche nur indirekt oder sogar nur über Dritte ausdrückt. Als Begründung hört man dann oft, dass man andere nicht verletzen wolle. Diese bekannten Erscheinungsformen weisen darauf hin, dass das Austragen von Konflikten nur in bestimmten Formen möglich ist, die meist zu den genannten negativen Auswirkungen führen.

Im Folgenden geht es darum, mehr über Konflikte zu erfahren, damit sich neue Handlungsmöglichkeiten in Konfliktsituationen ergeben können. Man sieht ohne weiteres ein, dass durch nicht bearbeitete Konflikte die Probleme nicht gelöst werden und die Spannungen zwischen Parteien erhalten bleiben. Ein Konfliktverlauf muss deshalb so gestaltet werden, dass er eine positive Funktion übernimmt (s. Schaubild).

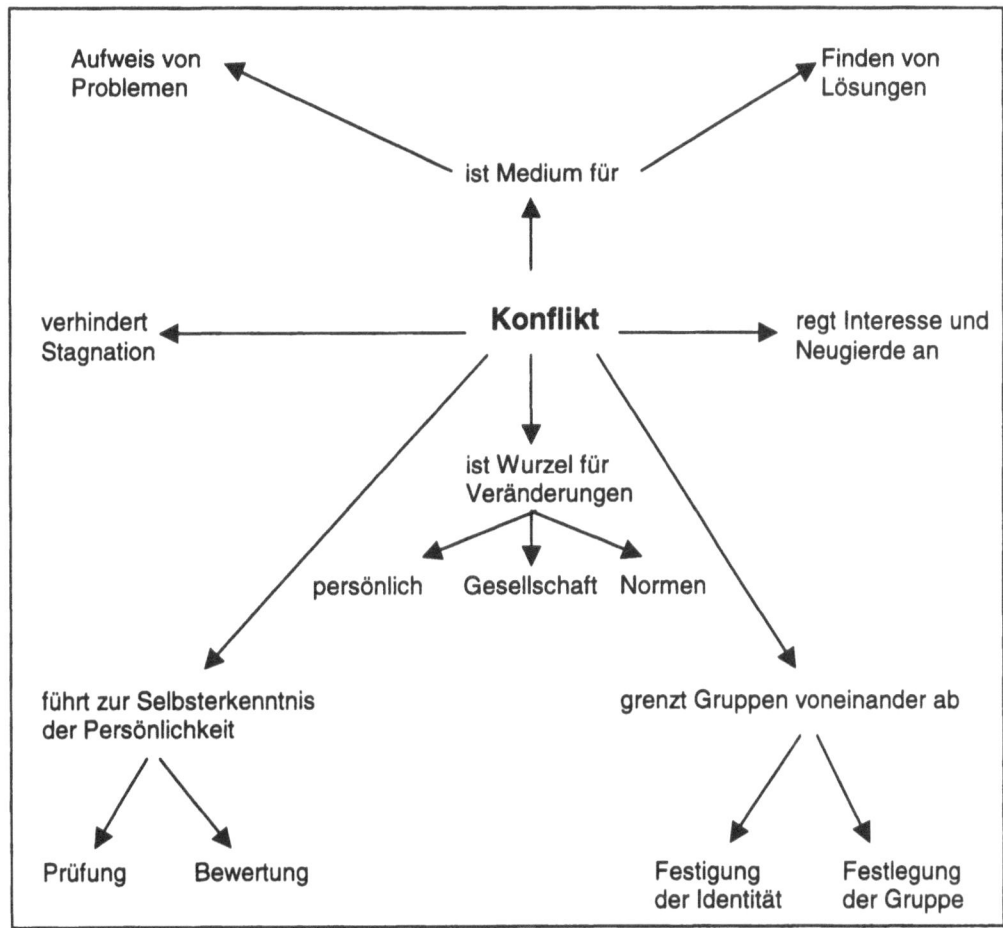

Die negativen Einstellungen zum Konflikt sind vor allem in der Handhabung von Konflikten begründet. Bevor auf diesen Teil eingegangen wird, soll erst ein Modell entworfen werden, das die Erscheinungen bei einem Konflikt besser verständlich macht.

8.6.1 Auslöser von Konflikten

Ein interindividueller Konflikt kann drei generelle Ursachen haben:

a) Streitpunkte können auf objektiven Begebenheiten beruhen. Sie sind Ausdruck von Konkurrenz und Unvereinbarkeit der Ziele.

b) Eine zweite Konfliktquelle ist mit der Wahrnehmung verbunden. Die subjektive Wahrnehmung kann selbst Ursache für Konflikte sein. Dies ist beispielsweise bei Missverständnissen gegeben, wenn Tatbestände und Ereignisse als konkurrierend wahrgenommen werden.

c) Die dritte Quelle des Konflikts sind **Emotionen**. Sie können, ohne dass andere Streitpunkte existieren müssen, aufgrund von Spannungen und Feindseligkeiten als spezifische Konfliktursache zu einem Konflikt führen.

Die allgemeinen Ursachen führen zu verschiedenen Problemarten:

a) **Kontrolle über Mittel.** Mittel wie Raum, Geld, Eigentum, Macht, Prestige, Nahrung etc., können als unteilbar angesehen werden. Ein Konflikt wird bei Neuverteilungen wahrscheinlich. Meist sind solche Konflikte schwer zu lösen, wenn eine starre Haltung besteht und wenig Hoffnung auf Ersatz gegeben ist.

b) **Prioritäten und Ärgernisse.** Überschneidungen von Aktivitäten oder verschiedene Geschmacksrichtungen können zu Auseinandersetzungen führen. Die Vorlieben des einen lösen Empfindlichkeiten bei dem Anderen aus. Eine Lösung kommt meist dadurch zustande, dass überschneidende Bereiche vermieden werden oder eine Trennung erfolgt.

c) **Wertvorstellungen.** Konflikte über Zielvorstellungen (über das, wie es sein sollte). Nicht die Wertunterschiede selbst führen zu einem Konflikt, sondern die Ansprüche, dass ein Wert dominierend oder allgemein anwendbar sein sollte.

d) **Überzeugungen.** Konflikte über das, wie es ist (Informationen, Wissen, Realitätsanschauungen). Überzeugungskonflikte hängen häufig mit Wertvorstellungen zusammen und beruhen auf unterschiedlichen Interpretationen.

e) **Die Art der Beziehung zwischen Parteien.** Es geht um das Wie der Beziehungen zueinander, z.B. um den Wunsch, dominant zu sein, beherrscht zu werden, weniger Distanz zu einander zu haben. Solche Konflikte werden meist nicht direkt ausgedrückt, sondern verborgen oder auf andere Dinge verlagert.

Verschiedene Problemarten können ein Konfliktpotential aufbauen. Das bedeutet noch lange nicht, dass das Potential zu einem offenen Konfliktverhalten führt. Ein bestimmtes Konfliktpotential verändert sich während der Überführung in offenes Konfliktverhalten. Es kommt zu Konflikttransformationen.

8.6.2 Konflikttransformationen

Bevor Konflikte überhaupt transformiert werden können, müssen sie eine Hemmschwelle oder ein Toleranzniveau überschritten haben. Das Individuum als Konfliktpartei muss sich nicht nur der aufgetretenen Konflikte bewusst sein, sondern sich auch von ihnen betroffen fühlen. Die Intensität des Konfliktpotentials drückt sich in der Betroffenheit aus. Hinzu kommt weiterhin, dass die Konflikttoleranz überschritten sein muss. Hiermit ist die Fähigkeit und Bereitschaft des Individuums, Spannungen aushalten zu können, gemeint.

Obwohl das Konfliktpotential das Toleranzniveau überschritten hat, kann es durch Transformationen gewissermaßen "verloren" gehen. Dafür sind folgende Mechanismen verantwortlich:

Verdrängung. Durch die Verdrängung schützt sich das Individuum gegen konfliktäre, nicht wünschenswerte Empfindungen. Sie bewirkt: Abwehr von Frustrationserlebnissen bei Konflikten im Allgemeinen; Verhinderung des Ausbruchs offener Aggressionen gegen den Frustrator oder Ersatzobjekte; Schutz vor erneuten Frustrationen, wenn kein Weg gesehen wird, das Konfliktpotential in offenes Konfliktverhalten zu überführen. Der eigentliche Konflikt versickert dabei nicht für alle Zeit, sondern kann bei entsprechender Gelegenheit bzw. durch bestimmte Stimuli wieder hervorgerufen werden.

Vergessen. Die Bedeutung der Konfliktursache ist für das Individuum verhältnismäßig gering. Auch beim Vergessen kann das Konfliktpotential durch geeignete auslösende Stimuli wieder hervorgerufen werden. Allerdings muss sich durch zusätzliche Stimuli die Spannung erst wieder aufbauen.

Abschalten, Ablenkung, Unterdrückung. Im Unterschied zur Verdrängung und zum Vergessen ist "Abschalten, Ablenkung und Unterdrückung" ein bewusster kognitiver Prozess. Beim Abschalten wird Nachdenken und Informationsverarbeitung auf ein Minimum reduziert. Es eröffnet sich die Möglichkeit, einen bewusst gewordenen Konflikt nicht weiter zu verfolgen. Bei der Ablenkung wendet sich das Individuum anderen Ereignissen, Beschäftigungen und Dingen zu, um das Bedrängende des Konflikts abzuwenden. Bei der Unterdrückung bemüht sich das Individuum bestimmte, die Randschwelle überschreitende Kognitionen abzuweisen, die in diesem Augenblick für unangebracht gehalten werden bzw. unter den gegebenen Umständen nicht geäußert werden dürfen.

Wurden diese Filter durchlaufen, so setzt sich ein Konfliktpotential in ein Konfliktverhalten um.

Konfliktverhalten

Es ist nicht immer der Fall, dass sich ein Konfliktpotential direkt in bestimmten Verhaltensweisen ausdrückt. Verschiedene Ursachen und Umstände führen dazu, dass ein Konflikt umgeleitet wird. Wie dann der Konflikt ausgetragen wird, hängt davon ab, welche Konflikthandhabungsformen dem Individuum zur Verfügung stehen.

Konfliktumleitung

Interne und externe Konstellationen können dazu führen, dass das Individuum bewusst oder unbewusst Reaktionen zeigt, die in keinem Zusammenhang mit dem Konfliktpotential stehen oder aus einer Umwandlung des Konfliktpotentials resultieren. Es ist dann schwierig, aus der Reaktion auf ein bestimmtes Konfliktpotential zurück zu schließen. Solche Ursachen für Konfliktumleitungen können sein:

Externe Konstellationen

- Aufgabenerfordernisse (z.B. Zeitliche Beschränkungen verbieten eine direkte Konfrontation in konfliktträchtigen Situationen)

- Physische Barrieren der Interaktion

Interne Konstellationen

- Gruppennormen (z.B. ein Vorgesetzter hat keine negative Einstellung gegenüber einer abhängigen Person)
- Persönliche Rollenvorstellungen (z.B. Gute Vorgesetzte sind ruhig und ausgeglichen. Sie regen sich nie auf, zeigen nie heftige Emotionen. Gute Vorgesetzte sorgen für eine Umwelt, die anregend und frei, aber jederzeit ruhig und ordentlich ist. Gute Vorgesetzte sind vor allem konsequent. Sie ärgern sich nie, sie vergessen nie etwas, sie fühlen sich nie gut oder schlecht und machen niemals Fehler)
- Aufrechterhaltung des friedfertigen Ansehens
- Vermeidung, andere durch direkte Aktionen zu verletzen
- Wahrnehmung der eigenen Verletzbarkeit durch Aggressionen anderer

8.6.3 Konflikthandhabungsformen

Mit drei Konflikthandhabungsformen werden wir uns ausführlicher beschäftigen:

    a) Konfliktvermeidung

    b) Gewinner-Verlierer-Situation

    d) Probleme lösen

Konfliktvermeidung

Man kann auf verschiedene Weise Konflikte vermeiden, z.B. indem man den Konflikt leugnet, sich zurückzieht oder die Kommunikation und Interaktion einschränkt. Dies kann so weit gehen, dass man bis zu einer Verliererposition nachgibt.

Gewinner-Verlierer-Situation

Die eine Partei strebt den Sieg und die Niederlage der anderen Partei an. Diese Auseinandersetzungsform kann von der reinen Machtausübung bis hin zur sehr sublimen Form der Beeinflussung gehen. In allen Fällen soll die eigene Meinung vom Gesprächspartner möglichst vollständig übernommen werden. Solche Varianten sind z.B.:

- Variante: Erzählen und Verkaufen

Man nimmt an, dass der Partner dann seine Meinung ändert, wenn er in überzeugender Weise einen Standpunkt mitgeteilt bekommt. Man selbst hat den besseren Überblick und die besseren Lösungsmöglichkeiten.

Kennzeichen des Ablaufes: Man selbst redet am meisten. Auf Gegenargumente und Stellungnahmen des Gesprächspartners wird nur insofern eingegangen, als man noch mehr eigene Argumente für seine Meinung anführt.

- Variante: Erzählen und Zuhören

Die eigene Meinung wird mitgeteilt. Der Gesprächspartner hat Gelegenheit zur Aussprache seiner eigenen Meinung, um Abwehrhaltungen abzubauen. Diese Gesprächsstrategie geht davon aus, dass der Gesprächspartner seine Meinung leichter ändert, wenn er Gelegenheit bekommt, selbst Stellung zu beziehen. Man muss jedoch die Fäden in der Hand behalten, d.h. seine eigene Meinung durchsetzen.

Kennzeichen des Ablaufes: Beide Gesprächspartner reden ungefähr gleich viel. Über Probleme, Abwehrhaltungen und Gefühle wird gesprochen. Standpunkte werden ausgetauscht. Hier besteht die Möglichkeit, dass im Bedarfsfall Vorstellungen korrigiert werden können.

Häufige Reaktionen auf Gewinner-Verlierer-Strategien (vgl. *Gordon* 1977)

Gefühle	Verarbeitungsmechanismen
Unmut, Ärger, Feindseligkeit	Rebellieren, Widerstand leisten
Frustration	Sich rächen, zurückschlagen
Hass	Sich wehren, kämpfen
Verlegenheit	Lügen verheimlichen, Gefühle verbergen
Unwürdigkeit	Andere beschuldigen, petzen
Furcht, Angst, Unsicherheit	Schummeln, abschreiben
Unglücklich sein, Traurigkeit	Andere tyrannisieren, kommandieren
Bitterkeit, Rachsucht	Unbedingt gewinnen wollen
Machtlosigkeit, Unbeweglichkeit	Sich organisieren, Bündnisse schließen
Eigensinn, Trotz	Sich unterordnen, nachgeben, des "Liebling" werden
Konkurrenzdenken	Für "Gutes Wetter" sorgen, schmeicheln

Im Falle einer Gewinner-Verlierer-Gesprächsführung besteht die Gefahr, dass sich das Konfliktpotential ausweitet und sich die Konfliktbeziehung intensiviert. Dies liegt an den Verhaltensweisen der Beteiligten, die in hohem Maße durch Feindseligkeiten und Unversöhnlichkeiten geprägt sind. Der Verlierer ist nur in geringem Maße motiviert, Lösungsvorschläge durchzuführen. Zur Durchsetzung muss Zwang angewendet werden. Wenn der Gewinner einmal nicht anwesend ist, richten sich die Verlierer nicht nach den gesetzten Regeln. Das Entstehen von Verantwortung und Planung für die eigene Person wird behindert; Abhängigkeit und Unselbständigkeit werden gefördert. Es entsteht durch Furcht Gehorsam und Unterordnung, die Entwicklung von Kooperation und Rücksichtnahme wird jedoch verhindert.

Gordon (1977) forderte die Teilnehmer eines Kurses auf, sich an ihre eigene Schulzeit zu erinnern und aufzuschreiben, wie sich die Anwendung von Macht auf sie auswirkte (vgl. Abbildung). Die Ergebnisse bedeuten nicht, dass Anweisungen und Anordnungen oder andere Formen autoritären Verhaltens generell destruktive Folgen haben müssen. Es gibt eine Vielzahl von Situationen, in denen diese

Gesprächsäußerungsformen angemessen oder gar notwendig sind, z.B. in Notfällen oder Handlungssituationen, in denen verabredete Abläufe und Regeln zwingend durchgeführt bzw. eingehalten werden müssen. Die Gesprächspartner müssen allerdings die Notwendigkeit der komplementären Beziehung und der gegebenen Sachkompetenz einsehen.

Probleme lösen

Die Probleme werden gemeinsam identifiziert. Es werden gemeinsam Wege zur Problemlösung gesucht und festgelegt. Annahmen: Die gemeinsame Erörterung der Probleme und das gemeinsame Suchen nach Lösungen motivieren den Gesprächspartner mitzuarbeiten und eigene Initiativen zu ergreifen.

Kennzeichen des Ablaufes: der Gesprächspartner redet unter Umständen mehr. Man selbst fragt viel, fördert die Aussprache über Probleme und deren Ursachen. Man sucht gemeinsam, Lösungsansätze und Wege zu finden.

Durch Diskussionen werden möglicherweise neue Ideen und gemeinsame Interessen entwickelt. Der Gesprächspartner wird selbst motiviert mitzuarbeiten. Selbständigkeit und Verantwortlichkeit werden gefördert. Die Gefahr besteht in der Ideenlosigkeit der Gesprächspartner. Die eigenen Diskussionsbeiträge entsprechen dann nicht der eigenen Meinung, weil man bemüht ist, selbst alle als relevant betrachteten Aspekte in die Diskussion einzubeziehen. Es kommt jedoch darauf an, eine Lösung zu finden, die jeder auf der Basis seiner Sachkompetenz akzeptiert und unterstützt.

Schema von Konfliktverläufen aus der Sicht eines Individuums

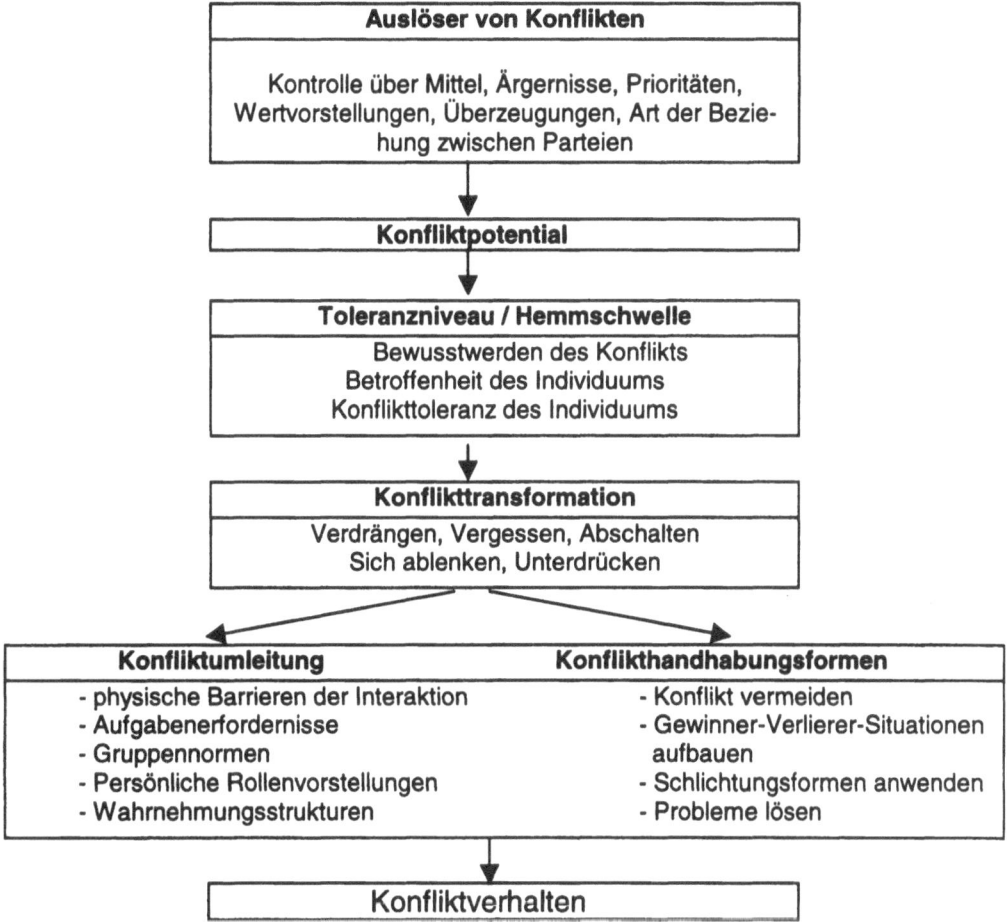

8.7 Regeln für die Gestaltung von Gesprächen

Das Misslingen von Gesprächen ist in der Regel aufgrund fehlender systematischer Durchführung bedingt. Häufig entfällt die Vorbereitung und die Auswertung besteht oft nur aus einem erstaunten, verwunderten Schulterzucken. Es ist notwendig, dass ein Gespräch folgende Phasen durchläuft, damit es selbst zu einem vollständigen Verhalten wird:

a) Das Gesprächsziel wird festgelegt, die Absicht reflektiert: Über den Gesprächspartner, seine Stellung, seine Absichten und seine Lagen werden Informationen eingezogen. Aufgrund dieser Informationen wird das Gespräch geplant. Informationen werden systematisch eingeholt, verglichen, interpretiert. Alle Gesprächspunkte werden der Reihe nach abgehandelt, etc.

b) Das Gespräch wird planmäßig durchgeführt.

c) Erfolgskontrolle: Das Gespräch wird ausgewertet. Fehler werden aufgespürt, reflektiert und korrigiert.

Das Gespräch wird schon im Vorbereitungsstadium in zweifacher Hinsicht geplant und aufgebaut: Im Hinblick auf seine rationale und seine irrationale Seite.

1. Phase

Im Vorbereitungsstadium wird das Gespräch auf das Erreichen der vorgenommenen Ziele hin geplant. Die Ausgangssituation, eigene Argumente, Gegenargumente und die angestrebte Zielsituation werden zu einem Gesprächsgerüst verarbeitet, das schriftlich niedergelegt wird und im Gespräch der Orientierung dient.

Es wird nicht immer möglich sein, die Inhalte entsprechend auszuformulieren und planerisch einzubeziehen. Es hilft jedoch sehr, wenn man sich das formale Ablaufgerüst eines Problemlösungsgesprächs vergegenwärtigt und auf die Situation bezieht. Das Gespräch selbst dient dazu, die Inhalte festzulegen, die Ziele und die Lösungsmöglichkeiten zu präzisieren.

2. Phase

Es ist notwendig, gleich zu Beginn des Gesprächs das Ziel und die Umstände zu klären. Dies erspart viel Arbeit und man kann gleich zum Kern der Sache kommen. Die Notwendigkeit eines klaren Gedankenaufbaus und einer klaren Sprache muss wohl nicht besonders betont werden. In diesem Bereich spielen insbesondere die informativen Aspekte eine Rolle. So stehen bestimmte Äußerungsformen im Vordergrund:

- Sondierende Fragen.
- Nachfragen, um Informationen zu präzisieren.
- Zusammenfassungen zur Überprüfung, ob das Gesagte richtig verstanden wurde.

Natürlich werden durch diese Form des Fragens und Zuhörens auch die Beziehungen zwischen den Partnern gestaltet. Diese Verhaltensweisen signalisieren eine intensive Beschäftigung mit dem Kommunikationspartner, was sicherlich zu einer entsprechenden Beziehungsgestaltung führt.

3. Phase

Die Auswertung des Gespräches kann prinzipiell nach drei Gesichtspunkten erfolgen:

Inhaltsanalyse: Sie beschäftigt sich mit der sachlich rationalen Seite des Gesprächs. Hier geht es um Sachlichkeit, Gedankenaufbau, Verständlichkeit, Systematik des Gesprächsablaufes etc.

Verhaltensanalyse: In diesem Bereich wird der gefühlsmäßige Aspekt des Gespräches zum Gegenstand der Analyse. Insbesondere wird hier der Beziehungsaspekt zwischen den Gesprächspartnern reflektiert, z.B.: Sympathisch - unsympathisch, emotionale und affektive Reaktionen, Interessen, Wertvorstellungen, Konflikte usw.

Verlaufsanalyse: Hier geht es im Besonderen um den Interaktionsverlauf zwischen den Gesprächspartnern. Wer tut was, wer unternimmt was in Bezug auf die Kommunikation, die Lösungsvorschläge, die emotionalen oder rationalen Äußerungen etc.

8.8 Leitung einer Diskussion

Zielsetzungen einer Diskussion

Bei einer Diskussion stehen Probleme und Meinungen im Mittelpunkt. Die Möglichkeiten für Lösungen oder verschiedene Meinungen liegen nicht fest, sondern werden durch die Diskussion herausgearbeitet.

Es geht also vor allem darum:

* In der Diskussion Lösungsmöglichkeiten zu finden.
* Verschiedene Meinungen gegenüberzustellen und evtl. zu bewerten.
* Lösungsmöglichkeiten zu bewerten und zu entscheiden.

Dies soll von den Teilnehmern in einer Diskussion erarbeitet werden. Vom Diskussionsleiter erfordert es, seine eigene Meinung und Stellungnahme zurückzuhalten. Nur so kann erreicht werden, dass die Teilnehmer einer Diskussion selbst Stellung beziehen und ihre Vorstellungen und Meinungen frei äußern.

Folgende Fehler treten immer wieder auf:

* Beeinflussung der Diskussion durch den Leiter.
* Abweichen der Teilnehmer vom Thema.

Fehler in Diskussionen

Zwei wesentliche Fehler werden in Diskussionen immer wieder gemacht: (1) die Beeinflussung anderer Teilnehmer und (2) das Abschweifen vom Thema.

Beeinflussung

Allein durch Fragen kann ein Gespräch in bestimmte Richtungen gelenkt werden, z.B. durch

* **Suggestivfragen.** Die Antwort wird den Teilnehmern schon in den Mund gelegt bzw. dadurch beeinflusst: "Sicherlich sind Sie auch der Meinung, dass ...?" oder "Sie möchten gewiss, dass ...?"
* **Alternativfragen.** Die Antworten werden eingeschränkt. Es gilt nur noch zwischen verschiedenen Dingen zu wählen: "Sprechen Sie sich für Verkaufsförderungs- oder Werbemaßnahmen aus?"
* **Lenkende Fragen.** Auch hier wird die Vielfalt der Antworten von vornherein begrenzt: "Wenn wir davon ausgehen, dass ..., was ergibt sich dann?"

Hinzu kommen noch weitere Möglichkeiten, den Gesprächsverlauf in eine bestimmte Richtung zu lenken:

- bestimmte Meinungsäußerungen werden bekräftigt, z.B. durch Nicken, zustimmendes Ja etc.
- in Zusammenfassungen werden voreilige Schlüsse gezogen.

Abschweifen vom Thema

Das Gespräch darf nicht nach den Ideen einzelner Teilnehmer ins "Schwimmen" kommen. Auf das Thema und die Regeln des Ablaufs ist in solchen Fällen explizit hinzuweisen.

Natürlich können diese "Fehler" auch explizit als Techniken eingesetzt werden, um gezielt Diskussionen zu unterbinden oder zu stören. Im Sinne eines konstruktiven Dialogs sind Beeinflussungen und Abschweifen aber zu vermeiden.

Gestaltung einer Diskussion

Eine bewusste formale Gestaltung kann helfen, die genannten Fehler zu vermeiden.

Formaler Ablauf

- **Klärung des Ziels.** Zuerst muss die Klarstellung des Themas bzw. des Problems gewährleistet sein. Hilfreich für alle ist es, wenn das Thema oder Problem, für alle sichtbar angeschrieben ist.

    Klärung des Diskussionsablaufes. Es muss Klarheit über die einzuschlagende Methode herrschen. Sollen z.B. Lösungsmöglichkeiten für ein Problem gesucht werden, die dann zu bewerten sind, so darf in der Phase der Lösungsfindung keine Bewertung erfolgen. Jede Bewertung eines Lösungsansatzes verhindert weitere Lösungsproduktion. Erst in der nächsten Phase sind Vor- und Nachteile einzelner Lösungen zu diskutieren. Es müssen also bestimmte Regeln verabredet werden. Bei einer Einigung auf ein Verfahren ist durch Fragen sicherzustellen, dass es von allen anerkannt wird.

- **Klarstellen von Teilergebnissen.** Ist ein Punkt ausdiskutiert, so sollte er durch eine Zwischenzusammenfassung erledigt werden. Ein Festhalten, für alle sichtbar, ist dabei recht hilfreich.

Gestaltung des Diskussionsklimas

- **Bemühung um positive Atmosphäre.** Ein Abgleiten ins Negative, z.B. persönliche Angriffe, ist zu verhindern.
- **Ermunterung von "Redeängstlichen".** Auch zurückhaltende Diskussionsteilnehmer haben oft gute Gedanken. Man kann sie durch direktes Ansprechen oder Fragen in die Diskussion einbeziehen.

Gestaltung des Diskussionsablaufes

Eine Diskussion sollte möglichst nicht direktiv geführt werden, um Beeinflussungen zu vermeiden. Dies bedeutet, dass man sich möglichst auf folgende Gesprächsäußerungen beschränkt:

- Informationsfragen: Sie sollen die Teilnehmer veranlassen, Auskünfte und Informationen abzugeben. Sie werden eingeleitet durch: Warum, wann, wo, wie, weshalb etc. Solche Fragen stehen meist am Anfang einer Diskussion, z.B.: "Was halten Sie von dem Gesetz, dass Auslandsgewinne unbesteuert bleiben sollen?"

- Zusammenfassungen mit Kontrollfragen: Der Inhalt von Aussagen wird kurz in eigenen Worten zusammengefasst und überprüft: "Stimmt das?" "Haben Sie das so gemeint?" "Habe ich Sie richtig verstanden?"

- Nachfragen: Bei Unklarheiten und zu allgemeinen Aussagen muss nachgefragt werden: "Können Sie das an einem Beispiel verdeutlichen?"

- Bei Abweichungen vom Thema oder von den Regeln müssen Hinweise erfolgen, die die Diskussion wieder versachlichen.

8.9 Moderation und Visualisierung

8.9.1 Moderieren

Für eine intensive Auseinandersetzung in der Gruppe benötigt man einen Leitfaden, um das Gespräch zu strukturieren. Dies soll an einem Beispiel deutlich gemacht werden. Je nach gewählter Fragestellung werden andere Beobachtungen zu "Problemen" und die Gruppe wird andere Lösungsmöglichkeiten in Betracht ziehen.

Die Beschäftigung mit dem Problem

Welche Probleme sehe ich in unserer Abteilung?   oder

Was sind die Probleme in unserer Gruppe?   oder vielleicht besser

Was sollte in unserer Gruppe verbessert werden?

Gewichtung der Probleme

Hat man die Probleme auf diese Weise gesammelt, so müssen Prioritäten gesetzt werden. Das kann auf verschiedene Weise geschehen. Jedes Gruppenmitglied hat die Möglichkeit, zwei Probleme herauszusuchen, die es für besonders wichtig hält. Das Gruppenmitglied klebt z.B. einen Punkt hinter seine Probleme. Es kommt darauf an, mit welcher Art von Problemen man es zu tun hat. Sind es Konflikte, so bestimmt man die Reihenfolge nach der Schwere der Lösbarkeit. Man sollte mit den leichten Problemen anfangen.

Problembeschreibung

Meistens wissen wir nicht genug über das Problem. Informationen müssen erst gesammelt, erhoben werden. Dazu könnte man folgende Fragen stellen:

1. Was genau ist das Problem?
2. Wo tritt es auf?
3. Wann tritt es auf?
4. Welches Ausmaß hat es?

Wollen wir verstehen, warum das Problem entstanden ist, müssen wir uns mit den Ursachen auseinander setzen. Auch das sollte gründlich geschehen, damit nicht gleich die erstbeste Erklärung als genügend angesehen wird. Es sind nämlich in der Regel mehrere Ursachen, die ein Problem hervorrufen. Dazu könnten folgende Fragen gestellt werden:

- Welche Ursachen könnten für solche Art von Problemen prinzipiell in Frage kommen?
  Wir erstellen ein Einflussnetzwerk, das die vermuteten Ursachen enthält.

- Welche vermuteten Ursachen sind für unser Problem wahrscheinlich? Die Informationen werden ausgewertet, die Ursachenfaktoren differenziert und genauer bestimmt.

In einem weiteren Schritt entwickelt die Gruppe Lösungen. Vielleicht soll nun eine kreative Phase strukturiert werden (Brainstorming): Was könnte unser Problem lösen? Alle Einfälle werden ohne Wertung notiert. Erst anschließend werden die Alternativen bewertet und eine Entscheidung getroffen. Die beste Lösung wird dann konkret geplant und durchgeführt.

Die Fragen strukturieren die Diskussion und die Aktivitäten der Gruppe. Die Diskussionsbeiträge der Teilnehmer füllen die Strukturen inhaltlich aus. Dadurch kommen gemeinsame Verstehensprozesse zustande, die dann zu konsensfähigen Lösungen führen.

Das Beispiel sollte auch zeigen, dass man kurze und offene Fragen stellt. Dabei ist es auch wichtig zu überlegen, ob man mit den Worten "Ich" oder "Wir" eine persönliche Beziehung herstellt. Auf jeden Fall sollten die Fragen zu einer intensiven, gemeinsamen Auseinandersetzung mit dem Problem führen. Je besser ein gemeinsames Verstehen erzeugt wurde, desto größer ist die Wahrscheinlichkeit, dass gute Lösungen erarbeitet werden.

Die Reihenfolge der Fragen ist so aufgebaut, dass ein systematisches Eindringen in den Problembereich möglich wird. Wie der Leitfaden aussieht, richtet sich also nach dem vorliegenden Sachverhalt (inhaltliche Ausgestaltung der Fragen) und der benutzten Systematik (Reihenfolge und Art der Fragen) (*Siemens* 1979).

Auf diese Weise lässt sich sowohl eine kleinere Diskussion als auch eine Konferenz systematisch gestalten:

- Welches ist die Aufgabenstellung und Zielsetzung der Konferenz (vorher schriftlich mitteilen oder Tagesordnung mit den Teilnehmern erzeugen)? Was soll diskutiert werden? Mit welcher Priorität?
- Welches sind die Schwierigkeiten der Aufgabenstellung?
- Welches sind die möglichen Lösungen der Aufgabenstellung?
- Welches ist die optimale Lösung zur Realisierung der Aufgabenstellung?
- Was ist weiter zu tun oder welche Schritte müssen zur Durchsetzung der optimalen Lösung unternommen werden?
  a) Was ist jetzt zu tun (Aufgabenstellung)?
  b) Wer soll was erledigen (Personen)?
  c) Bis wann sollen welche Ergebnisse erreicht werden (Termine)?
  d) Wo sollen die vorgesehenen Aufgaben gelöst werden (Orte)?
  e) Wie sollen die Aufgaben im Einzelnen gelöst werden (Vorgehen)?
  f) Womit sollen die Aufgaben gelöst werden (Hilfsmittel)?
  g) **Begründung**: Warum sollen die Aufgaben gerade so gelöst werden?

8.9.2 Moderatorenverhalten

Der Ablauf eines Problemlösungsprozesses oder eines erfahrungsorientierten Lernprozesses verlangt vom Moderator ein flexibles und in manchen Phasen zurückhaltendes Verhalten. Die Teilnehmer sind dabei die Inhaltsexperten, der Moderator der Methodenexperte. Deshalb sollte der Moderator sich an bestimmte Regeln halten.

- keine bewertenden Stellungnahmen zu Teilnehmeräußerungen abgeben
- Fragen der Teilnehmer an alle weitergeben und nicht selbst beantworten
- nicht zu Kontroversen zwischen Teilnehmern Stellung nehmen, sondern die Kontroversen mit den Teilnehmern präzisieren und ihre Ursachen erforschen lassen
- Dialoge zwischen zwei Teilnehmern wieder in ein Rundgespräch zurückführen
- Meinungsunterschiede festhalten und kennzeichnen
- bei Unklarheiten nachfragen
- bei Sachfragen solange die Diskussion führen, bis ein Konsens hergestellt ist
- bei Wertfragen die Vorstellung feststellen, festhalten und nebeneinander stehen lassen (Aufforderung zur Toleranz).

8.9.3 Bedeutung der Visualisierung

Bei einem Vergleich der Arbeitsproduktivität von Teams wurde festgestellt, dass die in Visualisierung trainierten Teams in der gleichen Zeit zum gleichen Problem fast doppelt so hohe Leistungen erbrachten wie nicht trainierte Teams. Dies gilt auch für das Arbeiten im Plenum. Das ist verständlich, denn fast alle wichtigen Informationen werden durch das Auge wahrgenommen. Daraus resultiert die Forderung: Gedanken müssen veranschaulicht werden!

> Die Aufmerksamkeitskapazität reicht nicht aus, alle in kurzer Zeit angebotenen Informationen aufzunehmen und zu verarbeiten.

Die Visualisierung von Gedanken für alle hat folgende **Vorteile**:

- Jeder Gedanke ist sichtbar gespeichert und ständig abrufbereit, um mit neuen Ideen verknüpft zu werden.
- Der Verstand wird von unnötigen Gedächtnisleistungen während der Sitzung entlastet.
- Jede Person erfährt die Akzeptanz ihrer Ideen, da alles ohne Kritik mitgeschrieben wird.
- Jeder kann somit sichergehen, dass sein eigener, immer als wichtig empfundener, Beitrag nicht verloren geht. Erst dann wird das Teammitglied frei, um neue Gedanken zu suchen.
- Durch Visualisierung wird gleichzeitig alles Ideenmaterial für die Bewertungs- und Entscheidungsphase festgehalten.
- Jedes Teammitglied ist gezwungen, sich kurz zu fassen, da jeder Gedanke - wenn auch meist nur in komprimierter Form - mitgeschrieben wird.
- Die Visualisierung bietet die Chance, Missverständnisse zu reduzieren und besser zu kommunizieren.

8.9.4 Gegenstand und Regeln der Visualisierung

Visualisierung heißt nicht nur, Wörter und Sätze auf Lochkarten, Packpapier und Flipcharts zu schreiben; sondern auch:

- Skizzen aller Art,
- Zeichnungen und Karikaturen,
- Beziehungsdiagramme,
- Organisationsschaubilder,
- Funktionsabläufe,
- mathematische Formeln zu verwenden.

Die wichtigsten Regeln für eine wirkungsvolle Visualisierung:

- So wenig wie nötig, mit sparsamsten Mitteln darstellen.
- Groß- und Kleinbuchstaben benutzen (Großbuchstaben allerdings nur für sehr kurze Wörter. Kleinbuchstaben können besser gelesen werden.).
- Jede längere Information (3-5 Mininuten) muss visualisiert werden.
- Darstellen auf Packpapier ca. 130 x 150 cm und auf farbigen Karten ca. 10 x 21 cm. Nicht mehr als 3 Farben simultan benutzen.
- Die Farben von Karten und Stiften können benutzt werden, um unterschiedliche Gedankengänge optisch hervorzuheben. Die Bedeutung der Farben vor Beginn der Besprechung festlegen und aushängen.
- Auf Lesbarkeit in 6-8 m Entfernung achten.
- Auch Konflikte und Widersprüche visualisieren.
- Bewerten mit Selbstklebepunkten. Verschiedenfarbige Punkte können verschiedene Gewichte bedeuten (z.B. rot gilt dreifach, grün zweifach und schwarz einfach).
- Ja-Nein-Antworten vermeiden. Stattdessen fünfstufige Wertung z.B.:
  ++, +, 0, -, --
- Damit Einwände nicht untergehen: auf Karten schreiben und hochhalten bzw. an die Tafel heften.
- Textblöcke bilden, um die Gliederung auch visuell deutlich zu machen.
- weniger als 30 Stichworte pro Tafel, so bleibt alles übersichtlich.
- Nur Stichworte notieren, keine ganzen Sätze. Das Stichwort charakterisiert den Gedanken.
- Platz sparend schreiben, um während der Gruppenarbeit ergänzen zu können.

8.9.5 Instrumente der Visualisierung

Zur Visualisierung benötigt man bestimmte Hilfsmittel wie zum Beispiel:

- verschiedene Schriftgrößen, Groß- und Kleinbuchstaben,
- unterschiedliche Formen wie Rechtecke, Kreise, Striche, Pfeile, Blitze, gestrichelte oder gepunktete Verbindungslinien,
- Freiflächen, um unterschiedliche Informationsblocks voneinander abzusetzen,
- verschiedene Farben, um einzelne Informationen hervorzuheben und um Zusammengehöriges zu kennzeichnen.

Ordnen Sie die Farben nach steigender Auffälligkeit:

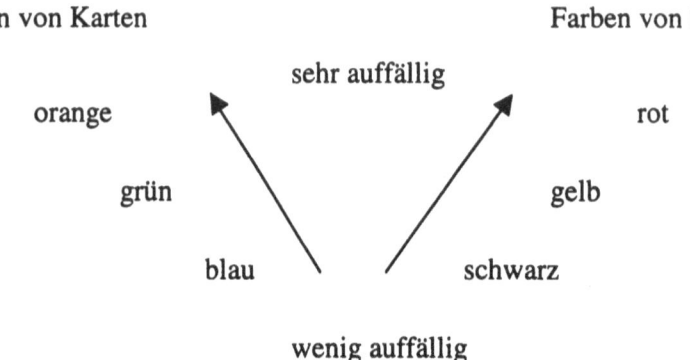

Farben von Karten   Farben von Filzstiften

Eine Reihe von Instrumenten kann man bei einer Moderation und für eine Visualisierung anwenden.

- Skalen: 0% ------------------------------- 100%
- Standardisierte Skalen: ++ + 0 - - -
- Koordinaten: Im Koordinatenfeld werden die einzelnen Schätzungen als Punktwolke erkennbar. Außenseitermeinungen werden sichtbar und können begründet werden.

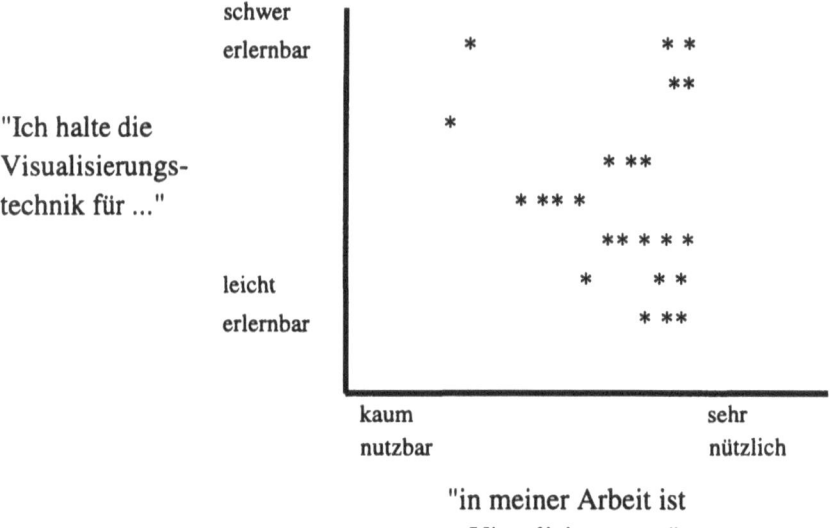

- Listen: helfen, den Umfang einer Arbeit zu erkennen

- Säulen und Scheiben: erleichtern den Vergleich
- Tabellen: stellen Beziehungen her; lassen erkennen, welche Verknüpfungen sinnvoll sind und welche unmöglich oder unwichtig sind. Spalten- und Zeilen-überschriften auf Karten notieren, um sie auswechseln und sie in eine andere Reihenfolge setzen zu können.
- Bäume: werden benutzt, um Über- und Unterordnungen zu kennzeichnen.
- Netze: machen die Vielfalt der Zusammenhänge deutlich. Schwerpunkte werden betont. Vorsicht: Nicht alles miteinander verbinden. Fehlende Beziehungen werden sichtbar. Verbindungslinien können gewichtet (starker oder schwacher Strich) oder gerichtet (Pfeil) werden.
- Rhythmus: macht lange Reihungen lesbarer und übersichtlicher.
  In Tabellen kann man z.B. die Zeilen abwechselnd in 2 Farben herstellen.
  Außerdem kann Rhythmus durch Formwechsel und durch Versetzung erzeugt werden.
- Strukturierungen: Bilden Sie eine Grob-, Mittel- und Feinstruktur.
  Präsentieren Sie eine eindeutige und einprägsame Grobstruktur.
  Sie ist das Gerüst, um das sich alles gruppiert.

Arbeiten Sie mit Reihungen: Die Elemente werden in gleichen Abständen angeordnet und schlagen eine klar erkennbare Richtung ein. Mindestens 3 Elemente, Optimum 5, nicht mehr als 10 - 12.

Literaturliste

Adizes, I.: How to solve mismanagement crisis. Homewood (Ill) 1979

Adizes, I.: Organizational passages: diagnosing and treating life cycle problems in organizations. Organizational Dynamics 7, 1979, 1, S. 3-24

Albach, H.; Gabelin, T.: Mitarbeiterführung. Wiesbaden 1977

Alewell, K.; Bleicher, K.; Hahn, D. (Hrsg.): Entscheidungsfälle aus der Unternehmenspraxis. Wiesbaden 1971

Argyris, C.; Schon, D. A.: Organizational learning: a theory of action perspective. Reading (MA)1978

Bargmann, H.: Innovationshemmnis Industriemeister? Zeitschrift für Soziologie, 13, Heft 1 1984, S. 45-59

Berthel, J.; Langosch, I.: Noten für Führungskräfte? Kriteriumsorientierte Potentialbeurteilung. Zeitschrift Führung + Organisation, 5/1989, S. 319-325

Birke, M.: Interessenvertretungspolitik zur Gestaltung von Arbeit und Technik. WSI Mitteilungen, 9/1988, S. 535-542

Bleicher, K.: Entscheidungsprozesse an Unternehmensplanspielen. Baden-Baden 1969

Bleicher, K.: Unternehmungsplanspiele - Simulationsmodelle für unternehmerische Entscheidungen. Baden-Baden 1976

Böhnisch, W.: Personelle Widerstände bei der Durchsetzung von Innovationen. Stuttgart 1979

Böhret, C.; Wordemann, P.: Das Planspiel als Methode der Fortbildung. Köln, Bonn 1975

Brocher, T.: Gruppendynamik und Erwachsenenbildung. Braunschweig 1967

Bronder, C.; Pritzl, R.: Leitfaden für strategische Allianzen. Harvard Manager 1/91, S. 44-53

Bronder, C.; Pritzl, R.: Strategische Allianzen. Frankfurt 1992

Brünnecke, K. u.a.: Betriebspolitische Aspekte des Bürokratieabbaus in Industrieunternehmen. In: W. H. Staehle und P. Conrad: Managementforschung 2. Berlin 1992, S. 1-38

Clegg, C.W.; Kemp N. J.; Legge, K.: Case studies in organizational behaviour. London 1985

Comelli, G.: Training als Beitrag zur Organisationsentwicklung. München, Wien 1985

Deiß, M.; Döhl, V.; Sauer, D,: Technikherstellung und Technikanwendung im Werkzeugmaschinenbau: automatisierte Werkstückhandhabung und ihre Folgen für die Arbeit. Frankfurt, New York 1990

Dollase, R.: Soziometrische Techniken. Weinheim 1973

Engel, P.; Riedmann, W.: Die neuen Managementtechniken in Fällen. Band 1 und 2 München 1982

Francis, D.; Young, D. (übersetzt von H. Weber): Mehr Erfolg im Team. Essen 1982

Fricke, E. u. a.: Qualifikation und Beteiligung. Das "Peiner Modell". Schriftenreihe Humanisierung der Arbeitswelt 12. Hrsg. vom Bundesminister für Forschung und Technologie, Frankfurt Main 1981

Goerke, W.: Organisationsentwicklung als ganzheitliche Innovationsstrategie. Berlin, New York 1981

Gomez, P.; Zimmermann, T.: Unternehmensorganisation. Frankfurt, New York 1992

Gordon, T.: Lehrer-Schüler-Konferenz. Hamburg 1977

Gray, B.; Ariss, S. A.: Politics and strategic change across organizational life cycles. Journal of Management 11, 1985, S. 83-95

Greiner, L. E. u.a.: Breakthrough in Organization Development. Harvard Business Review, 1974, S. 133-155

Grochla, E.; Thom, N.: Fallmethode und Gruppenarbeit in der Betriebswirtschaftlichen Hochschulausbildung. Hamburg 1975

Groenewald, H.: Fallstudien zum Personalmanagement. Stuttgart 1988

Haley, J.: Gemeinsamer Nenner Interaktion. München 1978

Heideloff, F.: Identitätskonstruktionen in der Zeit - der Einfluss von Nebenzeitlichkeit. Arbeitspapier Nr.3 des Lehrstuhls für Management des technischen Wandels und Personalentwicklung. Chemnitz 1996

Heideloff, F.: Komplexität und Handlungsfähigkeit - ein Planspiel als Instrumentenangebot. In F. Heideloff und T. Radel (Hrsg.): Organisation von Innovation - Strukturen, Prozesse, Interventionen. München, Mering 1998 2. Auflage, S. 167-183

Hentze, J.: Fallstudien zur Personalwirtschaft. Bern, Stuttgart 1979

Hofstätter, P. R.: Gruppendynamik. Reinbek 1967

Kaiser, F.: Entscheidungstraining. Die Methoden der Entscheidungsfindung: Fallstudie, Simulation, Planspiel. Bad Heilbrunn 1976

Knopf, R. H.; Esser, W. M.; Kirsch, W.: Der Abbruch von Reorganisationsprozessen. München 1976

König, R. (Hrsg.): Beobachtung und Experiment in der Sozialforschung. Köln und Berlin 1968

Kohoska, H.: Werkzeugmaschinenbau: Ausleseautomatik. Absatzwirtschaft 11/1985, S. 90-100

Krech, Crutchfield, Balachey: Individual in society. A textbook of social psychology. New York 1962

Langosch, I. : Weiterbildung. Stuttgart 1993

Leavitt, H. J.: Applied organizational change in industry: structure, technilogical and humanic approaches, in March, J. G. (ed.): The Handbook of Organizations. Chicago 1965, S. 1144-1170

Luft, J.: Einführung in die Gruppendynamik. Stuttgart 1971

Mintzberg, H.: Power and organization life cycles. Academy of Management Review 9, 1984, S. 207-224

Moker, A.: Rechnerunterstützte Entwicklung von Simulationsmodellen für Unternehmensplanspiele. Mainz 1978

Moreno, J. L.: Die Grundlage der Soziometrie. Köln 1967 6. Auflage

Müller-Stewens, G.: Strategische Partnerschaften. In: U. Wittmann u.a. (Hrsg.): Handwörterbuch der Betriebswirtschaft. Stuttgart 1993. Spalte 4063-4075

Perich, R.: Unternehmungsdynamik. Bern, Stuttgart, Wien 1992

Peters, T. J.; Waterman, R.H.: Auf der Suche nach Spitzenleistungen. Landsberg 1986

Prim R.; Reckmann H.: Das Planspiel als gruppendynamische Methode außerschulischer politischer Bildung. Heidelberg 1975

Quinn, R. E.; Cameron, K. S.: Organizational life cycles and shifting criteria of effectiveness. Some preliminary evidence. Management Science 29, 1983, S. 33-51.

Rieckmann, H. (1983): OE-Interventionen. Ein Systematisierungsversuch in zwei Teilen. Teil 1. In: OE, 2 (1983) 2, S. 17 - 39; Teil 2. In: OE, 2 (1983) 4, S. 55 – 78

von Rosenstiel, L.: Motivation im Betrieb. München 1972

Sattelberger, T. (Hrsg.): Die lernende Organisation. Wiesbaden 1991

Schnedlitz, P.: Ein ganzheitlicher Ansatz zur Selektion von Produktinnovationen, in: Jahrbuch der Absatz- & Verbrauchsforschung 31, 1985, 2, S. 138-166

Siemens AG (Hrsg.): Organisationsplanung. Planung durch Kooperation. Berlin, München 1979

Shaffer, J. B. P.; Galinsky, M. D.: Handbuch der Gruppenmodelle. Bd. 2. Gelnhausen, Berlin, Freiburg. Stein b. Nürnberg 1977

Sydow, J.: Strategische Netzwerke: Evolution und Organisation. Wiesbaden 1992

Ulrich, H.: Managementphilosophie für die Zukunft. Bern/Stuttgart 1981

Vagt, R.: Planspiel Konfliktsimulation und soziales Lernen. Rheinstetten 1983

von Reibnitz, U.: Szenario-Technik. Wiesbaden 1992

Watzlawick, P.; Weakland, J. H.; Fisch, R.: Lösungen. Zur Theorie und Praxis menschlichen Wandels. 4. Auflage Bern u.a. 1988

Womack, J. P.; Jones D. T.; Roos, D.: Die zweite Revolution in der Autoindustrie. Frankfurt, New York 1991

Die Autoren

Frank Heideloff (lic. oec. HSG, CEMS-Master, Dr. rer. pol.) studierte nach amerikanischem und deutschem Abitur Wirtschaftswissenschaften, Psychologie und Philosophie an der Universität-Gesamthochschule Siegen, der ESC Tours, der WU Wien und an der Universität St. Gallen, HSG. Von November 1995 bis April 1998 war er wissenschaftlicher Mitarbeiter am Lehrstuhl für Management des technischen Wandels und Personalentwicklung an der TU Chemnitz, wo er im Juli 1998 promovierte. Er ist Universitätslektor an der WU Wien im Bereich verhaltenswissenschaftlich orientiertes Management. Seit Mai 1998 ist er bei Bain & Company Germany, Inc. als Unternehmensberater tätig. Publikationen zu folgenden Themen: Innovationsmanagement, Wissensmanagement, Spielregeln der Globalisierung und Organizational Transformation.

Kontaktadresse:
Dr. Frank Heideloff
Bain & Company
Karlsplatz 1
80335 München
Frank.Heideloff@Bain.com

Ingo Langosch (Dipl.-Psych., Dr. rer. nat.) ist an der Universität-Gesamthochschule Siegen, Fachbereich 2, als Akademischer Oberrat im Bereich Organisationspsychologie tätig. Schwerpunkte in Forschung, Lehre und Beratung bilden Organisationsentwicklung und Weiterbildung. Frühere Tätigkeiten waren in der Stabsabteilung Weiterbildung bei der Deutschen Unilever und im Deutschen Institut für Internationale Pädagogische Forschung.

Kontaktadresse:
Dr. Ingo Langosch
Universität-Gesamthochschule Siegen
Fachbereich 2
57068 Siegen
langosch@psychologie.uni-siegen.de

MIX
Papier | Fördert
gute Waldnutzung
FSC® C083411

Zeitfracht Medien GmbH
Ferdinand-Jühlke-Straße 7
99095 Erfurt, Deutschland
produktsicherheit@kolibri360.de